"一带一路"沿线国家汉语教学研究丛书

蒙古和独联体等国家汉语教学研究

钱道静 著

中国社会科学出版社

图书在版编目(CIP)数据

蒙古和独联体等国家汉语教学研究/钱道静著. —北京:中国社会科学出版社,2017.9

("一带一路"沿线国家汉语教学研究丛书)

ISBN 978-7-5203-1203-5

Ⅰ.①蒙…　Ⅱ.①钱…　Ⅲ.①汉语—对外汉语教学—教学研究
Ⅳ.①H195.3

中国版本图书馆 CIP 数据核字(2017)第 256668 号

出 版 人	赵剑英	
责任编辑	陈肖静	
责任校对	杨　林	
责任印制	戴　宽	

出　　版	中国社会科学出版社	
社　　址	北京鼓楼西大街甲 158 号	
邮　　编	100720	
网　　址	http://www.csspw.cn	
发 行 部	010-84083685	
门 市 部	010-84029450	
经　　销	新华书店及其他书店	

印　　刷	北京明恒达印务有限公司	
装　　订	廊坊市广阳区广增装订厂	
版　　次	2017 年 9 月第 1 版	
印　　次	2017 年 9 月第 1 次印刷	

开　　本	710×1000　1/16	
印　　张	21.25	
插　　页	2	
字　　数	289 千字	
定　　价	96.00 元	

丛书序一　打造"一带一路"国家交流合作的"金钥匙"

2013 年 9 月和 10 月，习近平主席在赴中亚和东南亚访问期间，先后提出了共建"丝绸之路经济带"和"21 世纪海上丝绸之路"的倡议，开启了造福沿线国家人民和世界人民的一项伟大事业。

2016 年，第 71 届联合国大会通过决议，欢迎"一带一路"等经济合作倡议，这是联合国大会首次将"一带一路"写进大会决议，这项决议得到了 193 个会员国的一致赞成。

"一带一路"宏伟计划包括沿线 65 个国家，总人口 45 亿人，占全球 63%；经济总量 22 万亿元，占全球 29%。加强沿线国家和地区基础建设、国际产能合作、贸易合作，提高工业化水平，实现沿线国家经济共同发展和富裕，这是中国作为一个负责任的大国高瞻远瞩、因势利导，引领全球资本全方位走向和平经济发展道路的伟大构想。它将成为全球人类发展史上一个划时代的创举。

"一带一路"的实施，要实现沿线国家"政策沟通、道路联通、贸易畅通、货币流通、民心畅通"。这"五通"的实质是"互联互通"，"合作共赢"。那么，用什么"互联"？用什么"互通"？唯有语言。所以，"互通"的前提则首先是"语言互通"。"语言互通"的概念就是，我们要能使用沿线各国人民的语言和文化进行交流，还要沿线各国人民使用我们的语言和文化进行沟通。这应该是一个双向的过程。

习近平主席在"全英孔子学院和孔子课堂年会"上发表的重要讲话指出："语言是了解一个国家最好的钥匙。孔子学院是世界认识中国的一个重要平台。孔子学院属于中国，也属于世界。"

这把金钥匙已使孔子学院在全球灿若群星。熟悉这把金钥匙，掌握这把金钥匙，还必将为"一带一路"国家间互相了解、合作共赢开启畅达之门。作为"一带一路"的倡议国，我们首先应该对沿线国家的语言状况有深入全面的了解，学习他人的语言，与此同时，更重要的是让我国的民族标准语走向世界，推广汉语教学，介绍中国文化，既要了解世界，更要让世界了解中国。由此看来，我们汉语国际教育工作者，使命在身，责任重大，应该走在打造这把金钥匙的前沿。加快汉语走向世界，让汉语更为广泛传播，是我们责无旁贷的历史责任。

千里之行，始于足下。唯有知己知彼，方能百战不殆。汉语国际传播，是一种跨国文化交流行为。因此，对传播的受众的历史、现状及当下的语言文化需求必须了解透彻，融会于心，方能有的放矢，做出符合实际的汉语和中华文化的传播方略与具体策略。那就要从了解沿线国家概况入手，《"一带一路"沿线国家汉语教学研究丛书》正是选取这个视角，介绍沿线国家自然地理、历史国情、人口经济、语言政策，尤其详尽地介绍汉语教学的历史、现状及存在问题，以观全豹。丛书力求为大家提供翔实丰赡的各种相关背景资料。眼观全球，视野开阔，立志高远，务求详备。书中详尽地描述了"一带一路"沿线各国的语言文化历史与现状，为在这些地区发展汉语教学、介绍中国文化提供了必不可少的案头必备参考。

丛书首先对沿线 65 个国家的汉语传播做了全面调查与摸底，依据所得材料，在开展汉语教学方面，展现其国别与地区优势，亦不回避存在的问题；既为汉语的国际传播提出战略目标，又有具体的发展策略。在与汉语教学相关的方方面面，多有涉及。诸如各国的教学环境、教学对象、教学机构的基本情况，孔子学院的发展，特别是汉语师资配备、教材建设和语言教学法的采用，尤多着笔墨。毫无疑问，这是在沿线国家从事汉语传播者最需要了解和掌握的重要背景知识。不仅是国际汉语教师设计汉语教学，介绍中国文化的依据，更可为有关汉语国际传播决策者在筹划顶端设计时参酌，是一份不可或缺的宝贵资料，具有很好的参考价值。

如果将沿线国家置于全球化背景下进行观察，就会观察到多种文化力量作用下的各国的语言社会生活。总体看来，沿线国家目前都正在大力发展各自的民族语言，在明确本国的官方语言的情况下，同时大力发展外语教学。"一带一路"沿线国家语言种类繁多，语言状况复杂多样。65 个国家拥有的官方语言多达 53 种，涵盖了世界九大语系的不同语族和语支。这些国家的主体民族语言就更加绚丽多彩。在这种背景下，地缘政治因素驱使，战略伙伴的国家关系，汉语地位的迅速提升，汉语作为一种应用型语言，正在成为争相学习的一种外语，人们热诚希望了解中国文化，学习汉语已成为一时时尚。

目前，沿线国家的汉语传播，除了少数大中学及教育机构外，所依托的主要教育平台就是孔子学院，这是汉语国际传播的重要场地，是世界认识中国的一个重要平台。就开展汉语教学来说，沿线国家在地缘政治、教育环境方面均具有很大的优势，学科设置的科学性，师资配备的标准，以及教学与学习需求方面，均在发展过程中，自然也存在多方面的问题。就发展汉语教学来说，诸如缺乏适合这些国家国情的孔院运行机制、缺乏适合学生特点的教学体系，师资匮乏，教材不能适应学习者的需求，教学方法不适合当地学习者学习习惯等，都是亟待解决的问题。有鉴于此，为了孔子学院的可持续发展，保持汉语传播的正常运转，丛书有针对性地提出一些改进意见与建设思路，既恰逢其时，又符合科学发展。

放眼"一带一路"沿线国家人民对学习汉语的强烈需求，立足于当地的教育传统和教学环境，在开展汉语教学，介绍中国文化方面，并存着良好的机遇与巨大的挑战。正是任重而道远。在这些国家和地区开展汉语教学，介绍中国文化，是历史赋予我们的义不容辞的责任。要完成这项工作需要大量有责任感、优秀的国际汉语教师。随着汉语教学规模在世界范围内不断扩大，同时也催生了大批立志从事国际汉语教学的各种专业出身的人进入汉语国际教育领域，还有为满足海外教学需求而赴国外任教的一大批汉语志愿者教师。目前，在国内高校汉语国际教育硕士专业攻读的学生，在实习阶段也被匆匆派往国外的孔子学院及其他教育机构，以实习名义从事汉语作为外语教学，还有些专硕生毕业后即被派到国外任教。这些人大多能完成汉语教学任务。但在教学过程中，个别人也暴露了一些弱点与不足，最根本的是汉语和中华文化底蕴不够，汉语作为外语教学技能还掌握得不够全面。由于对所在国家的历史文化了解甚少，对本地教育传统、学习习惯知之不多，以致出现所谓之水土不服的现象。给我们派往国外汉语教师的形象，带来些负面影响。因此，对赴海外任教的教师进行岗前培训，这四本沿线国家汉语教学研究丛书，就成为难得的必备培训材料。

信阳师范学院文学院对"一带一路"倡议的文化交流和汉语推广高度关注，特别是加强沿线国家汉语教学的研究，这套丛书就是他们研究的成果。本书编者多有海外从事汉语教学经验。刘振平博士曾在新加坡南洋理工大学执教六年。钱道静老师曾任教于蒙古国立大学及所建的孔子学院。在教学过程中，感同身受，深知了解所任教国的国情是多么重要。他们的教学经历有助于挖掘沿线国家汉语教学的方方面面的情况，为编写打好了基础。但在材料的搜集与筛选过程中，或有得失不当，在评述与表达中也或有失察之处，敬请读者不吝指教，以便将来修正。

赵金铭

2016 年 12 月 5 日

丛书序二

习近平总书记提出的"一带一路"倡议，是中国进一步走向世界，与各国实现互联互通的开放包容的经济合作倡议，同时也是中国文化走向世界、加快文化交流共通的一条重要路径。

改革开放以来，中国以前所未有的速度融入世界，经济发展迅猛，目前已经成为世界第二大经济体，中国的国际地位大大提升，成为世界经济发展的主要引擎。但是，经济地位的提升，硬实力的增强，并不意味着一定是世界强国，还需要软实力的增强，综合国力的全面提升。软实力即非物质的力量，就是文化和精神的力量。因此，习近平总书记一直强调在不断提高经济竞争力的同时，要增强道路自信、制度自信、理论自信、文化自信，大力推动制度创新、理论创新，积极走出去，促进中华文化与世界文化的交流。

文化交流，首先是语言。语言是人类交往的媒介，也是文化最基本的载体，当然更是文化的本体。任何民族的文化都是与特定的语言联系在一起的，语言就是一个民族文化的标志，也是进入一种文化的密码。理解一种文化，就要学习和掌握一种语言。因此，推动不同文化的交流，必须实现语言的互通。另外，经济的密切而频繁地交往，也离不开语言，语言与人的经济行为结合在一起，既体现为经济交往的方式，也在某种意义上表现为观念融通的方式。

实施"一带一路"倡议,首要的就是汉语的推广。其一,汉语是目前全世界使用人口最多的一种语言,联合国把它作为5种官方语言之一,说明汉语是国际交往的主要语言,推广汉语具有国际意义。其二,中国已经成为世界第二大经济体,对世界的影响越来越大,与世界主要经济体和毗邻国家的经济交往、贸易往来越来越频繁,语言成为交往畅通的钥匙,世界范围的"汉语热"在持续升温。其三,"一带一路"倡议,最重要的是实现中国与沿线国家紧密地联系起来,汉语无疑对沿线国家具有重要的工具意义。其四,汉字作为一种古老的形声义结合的文字,与其他语言文字相比,具有更丰富的蕴含,需要认真地训练、习得,才能在生活和国际交往中有效运用。因此,加强"一带一路"沿线国家的汉语教学研究,对服务国家"一带一路"倡议,具有重要意义。

信阳师范学院文学院在汉语教学研究方面既有历史传统,也有丰富的积淀。早在20世纪80年代,张静先生、吴力生先生、肖天柱先生等就带领中文系汉语教研室的老师们,加强汉语教学的研究和推广,其中张静先生的《现代汉语》教材,成为全国高校选用的三种主要教材之一。后来,许仰民先生、贾齐华先生的古汉语教学研究也取得了重要成果,其中许仰民先生的《古汉语语法》被译介到日本、韩国,并作为韩国釜山大学的研究生教材。20世纪90年代至21世纪,汉语教学的力量进一步增强。为了把汉语教学研究的能量转化到人才培养上,文学院先后开办了汉语言、汉语国际教育本科专业,2006年,汉语言文字学硕士点获批并开始招生,之后,文学院汉语言文学一级学科硕士点获批,语言学与应用语言学专业亦开始招收硕士研究生,文学院的汉语教学和人才培养都取得了新的成绩,而且,培养的人才也逐渐在汉语教学和汉语国际推广中发挥作用,近些年来,每年都有十几名学生作为志愿者到东南亚等国家从事汉语国际教育和汉语推广。与此同时,文学院刘振平教授、钱道静副教授、朱敏霞博士、张庆彬博士也分别奔赴新加坡、蒙古国、美国等开展汉语教育和研究工作,积累了丰富的经验，为进一步开展"一带一路"沿线国家汉语教学研究奠定了较好的基础。

从学术角度看，"一带一路"沿线国家汉语教学研究也是一个学术热点。因为"一带一路"倡议是全方位的，它不仅是经济问题、政治问题、外交问题，也是文化问题，甚至是语言的交融问题，它将给我们带来新的视野。近几年，信阳师范学院文学院在学术研究和学科建设中，一直关注学术前沿，寻找新的学术增长点，进而凝练方向，整合队伍，集中力量开展一些重大学术问题的研究，努力寻求重大突破，形成重要的学术成果，取得了明显的效果。先后整合文艺学、现当代文学、写作学等学科队伍，进行当代河南文学研究，编纂了《中原作家群研究资料丛刊》23卷，包含当代河南文学中最知名的25位作家，第一辑13卷2015年5月出版，在学术界产生了广泛影响。第二辑10卷即将出版。整合中国古代文学学科的力量，开展"何景明研究"，何景明诗文点校整理工作正在有序推进。《"一带一路"沿线国家汉语教学研究丛书》是整合汉语学科队伍进行的一项重要的学术研究，也是服务于国家经济社会发展特殊需要的一项工作。

《"一带一路"沿线国家汉语教学研究丛书》对"一带一路"沿线65个国家的汉语教学进行了细致地梳理、研究，整理出了《南亚和东南亚国家汉语教学研究》《埃及和西亚国家汉语教学研究》《蒙古和独联体国家汉语教学研究》《中东欧十六国汉语教学研究》等，努力为"一带一路"沿线国家开展汉语推广提供有效的参照，积极服务于国家的"一带一路"倡议。4部著作的作者刘振平教授、钱道静副教授、牛利博士和栗君华讲师，或者有丰富的海外汉语教学的经验，或者多年致力于对外汉语教学研究，都有一定的学术积累，因此，这套书既有一定的学术支撑，也有一定的可读性。

当然，由于这项研究刚刚开始，还不够深入；更由于资料收集的渠道有限，作者不可能真正走进所有的国家身临其境地全面考察，研究视野必然受到一定制约，因此，书中疏漏和错误在所难免，敬请专家、读者批评指正！

吴圣刚

2016 年 12 月 19 日

前　　言

　　2013 年 9 月 7 日，中国国家主席习近平访问哈萨克斯坦，在纳扎尔巴耶夫大学发表演讲，首次提出共同建设"丝绸之路经济带"。同年 10 月 3 日，习近平主席出访印度尼西亚，在印尼国会发表演讲时，又倡议建设"21 世纪海上丝绸之路"。11 月，"一带一路"被写入党的十八大三中全会通过的《中共中央关于全面深化改革若干重大问题的决议》，正式上升为党和国家的重大战略。

　　"一带一路"构想把亚、欧两大洲连在一起，并延伸到中东、非洲及世界其他地区，秉持"和平合作、开放包容、互学互鉴、互利共赢"的共同发展理念，与沿线沿路国家共同打造"政治互信、经济融合、文化包容"的利益共同体、命运共同体和责任共同体，是一条贸易之路、发展之路、友谊之路。习近平总书记在哈萨克斯坦首次提出共同建设"丝绸之路经济带"时，就提出要与沿线国家实现"五通"——"政策沟通，设施联通，贸易畅通，资金融通，民心相通"。实现"五通"，当然需要语言互通。① 著名语言学家、世界汉语教学学会原会长陆俭明教授指出："甚至可以毫不夸张地说，语言互通是'五通'的基础。因为没有语言互通，政策难以沟通，也会影响设施联通、贸易畅通、资金融通，更谈不上民心相通。……对沿线沿路国

_____

① 李宇明：《"一带一路"需要语言铺路》，《人民日报》2015 年 9 月 22 日第 7 版。

家来说，要有通晓汉语的人才。……要先搞调查研究，以了解哪些国家已开展汉语教学，哪些国家至今还未开展汉语教学；已开展汉语教学的国家，具体教学状况如何，汉语教学是否已进入对象国的国民基础教育体系。"① 为此，我们从 2015 年 11 月开始，展开对"一带一路"沿线国家汉语教学状况的调查研究。

目前，我们调查完成了"一带一路"沿线 65 个国家的汉语教学概况。这 65 个国家的汉语教学发展情况不一。有些国家汉语教学的历史比较悠久，而有些国家近些年来才开始汉语教学，还有一些国家的汉语教学至今尚未起步。比如，早在半个多世纪前，蒙古国就开始了汉语教学。目前，这个总人口只有 300 万人的国家，约有 2 万人在学习汉语，建有 3 所孔子学院和 1 个独立孔子课堂。从幼儿园到大学、从选修课到学历教育、从本科到硕士、博士，蒙古国汉语教学已经形成了多渠道、多层次、多形式的教学体制。而位于中亚西南部的内陆国家土库曼斯坦是仅次于哈萨克斯坦的第二大中亚国家，直到最近几年，随着两国各领域交流合作的全面实施，尤其是油气能源的合作发展，汉语教学才取得较大进展，学习汉语的人数开始增加。目前，土库曼斯坦没有孔子学院，只有 4 所高校设有汉语专业；根据土库曼斯坦总统别尔德穆哈梅多夫的倡议，从 2016 年开始，土库曼斯坦才在中小学阶段（5 年级至 12 年级）把汉语设为第二外语。南亚的不丹则因国小人少、经济条件落后，目前还未见到有规模的汉语教学。这种情况下，我们在介绍各国汉语教学状况时，势必出现有些国家的资料较多，有些国家资料较少甚至阙如的现象，这也就会造成本套丛书各个章节的内容不够均衡的现象。我们尽可能地多渠道收集资料，尽量全面展现各个国家的汉语教学情况，但受各种因素的制约，定有挂一漏万的现象，个中不足敬请专家学者批评指正。在撰写过程中，我们引用先哲时贤的研究成果时，尽可能地做到注明出处，但由于时间仓促、精力有限，可能还有疏漏之处，如有专家学者发现问题，敬请来电来

① 陆俭明：《"一带一路"建设需要语言铺路搭桥》，《文化软实力研究》2016 年第 2 期。

函与我们联系，我们必当按照要求予以更正，并致以诚挚的歉意。

　　本套丛书是"'一带一路'沿线国家汉语教学研究"项目第一阶段的研究成果，尽可能地全面介绍和分析了"一带一路"沿线国家汉语教学的状况，每个国家包括"国家概况""汉语教学简史""汉语教学的环境和对象""汉语教材和师资"等内容，重点介绍各国现阶段中小学、高等院校、孔子学院（课堂）的汉语教学情况，分析取得的成绩和存在的问题，为下一阶段深入研究各个国家汉语师资培养、教材编写和教学策略与方法等问题奠定基础。

编委会

2017 年 1 月 12 日

目　　录

第一章　蒙古的汉语教学

第一节　国家概况

一　自然地理

蒙古国（蒙古语：Монгол улс，英语：Mongolia）地处亚洲中部的蒙古高原，国土面积为156.65万平方公里。东、南、西三面与中国接壤，北面同俄罗斯的西伯利亚为邻，是一个内陆国家，是世界上国土面积第17大的国家。蒙古国东西最长处2368公里，南北最宽处1260公里，西部、北部和中部多为山地，东部为丘陵平原，南部是戈壁沙漠。山地间多河流、湖泊，自然环境恶劣，属典型大陆性气候。蒙古国边境线总长8219公里，其中中蒙边境线长4676.8公里，与中国有18个对接口岸；蒙俄边境线长3543公里。①

二　历史政治

1206年，成吉思汗统一蒙古各部，建立大蒙古国，称蒙古大汗。

---

① http://www.fmprc.gov.cn/web/gjhdq_ 676201/gj_ 676203/yz_ 676205/1206_ 676740/1206x0_ 676742，2016年8月18日。

1271 年至 1368 年称大元。1911 年 12 月，沙俄支持下的蒙古王公宣布蒙古"自治"，1921 年 7 月，蒙古人民革命党在苏联的支持下建立"人民革命政权"。1924 年 11 月，成立蒙古人民共和国。1992 年 2 月，蒙古新宪法生效，将蒙古人民共和国改名为"蒙古国"，政治体制是议会制共和国。

蒙古是最早与新中国建交的接壤国家之一，1949 年 10 月 16 日与中国建立了正式外交关系。20 世纪 60 年代开始，中蒙关系陷入了停滞。1989 年，中蒙两国关系实现了正常化。2003 年两国宣布建立睦邻互信伙伴关系，2011 年两国宣布建立战略伙伴关系，2013 年双方签署《中蒙战略伙伴关系中长期发展纲要》。2014 年 8 月 21—22 日，国家主席习近平对蒙古国进行国事访问，中蒙两国首脑共同签署并发布《中华人民共和国和蒙古国关于建立和发展全面战略伙伴关系的联合宣言》。2016 年 7 月 13—16 日，国务院总理李克强访问蒙古国并出席在蒙古国首都乌兰巴托举行的第十一届亚欧首脑会议。李克强总理提出了一系列提升中蒙务实合作的新倡议和新举措。①

三　人口经济

蒙古国是仅次于哈萨克斯坦的世界第二大内陆国家，是"一带一路"北线的重要支点。蒙古国按 2014 年国际汇率，GDP 总计 120.16 亿美元，人均 GDP 4170 美元。以畜牧业为主，曾长期实行计划经济。1991 年开始向市场经济过渡，实行国有资产私有化。蒙古国矿产资源非常丰富，传统的畜牧业、采矿业是其主导产业。2015 年上半年，蒙古国与世界 122 个国家和地区的贸易总额为 42.09 亿美元。

蒙古国历史上是万里茶道和草原丝绸之路的关键通道。在中国古代"丝绸之路"的通商历史上，"草原丝绸之路"是其中最为典型的中西方商贸通道之一。2014 年 11 月，蒙古国提出实施"草原

① 孤竹博客：《列国志·蒙古国》，2014 年 8 月 14 日，http://blog.sina.com.cn/u/2547761387，2016 年 8 月 18 日。

之路"计划，通过运输和贸易振兴蒙古国经济。2015 年 7 月 9 日，中蒙俄三国领导人习近平主席、普京总统和额勒贝格道尔吉总统举行了元首会晤，批准了《中华人民共和国、俄罗斯联邦、蒙古国发展三方合作中期路线图》。① 目前，中国是蒙古国最大贸易伙伴，对华贸易占蒙古国总体对外贸易的 62%。蒙古国结合自身国情提出的"草原之路"发展战略与"一带一路"倡议高度契合。两国在铁路和公路建设、电力、清洁能源、旅游、医疗和人文等领域的合作潜力较大。②

蒙古国人口非常少，约 302.5 万（2015 年）。喀尔喀蒙古族约占全国人口的 80%，此外还有哈萨克、杜尔伯特、巴雅特、布里亚特等 15 个少数民族。居民主要信奉喇嘛教（藏传佛教）。蒙古国实行国家普及免费普通教育制，全国 15 岁以上人口中，文盲约占 2%。2004年，全国有 3.3 万名中学生升入 183 所大学，全日制普通教育学校近 700 所，在校生 55 万人，幼儿园在校生 9 万人。

四　语言政策

根据世界上关于蒙古语的研究现状，学者们将世界上蒙古语划分为四部分：卫拉特—卡尔梅克蒙古语、喀尔喀蒙古语、科尔沁—喀喇沁蒙古语、巴尔虎—布里亚特蒙古语。喀尔喀蒙古语是蒙古国的国语，属于阿尔泰语系蒙古语语族。蒙古国在历史上曾经长期使用改良自回鹘文字的传统蒙古文字，自 1946 年起则正式改用以斯拉夫字母为基础的西里尔文，即新蒙文。与中国内蒙古地区蒙古语的发展情况不同的是，在蒙古国，蒙古语是官方语言，因此不存在来自其他语言的竞争和语言濒危等问题。并且，在单一的民族社会中，蒙古语得到了较为充分的发展，受其他民族语言影响较少。

---

① 华倩：《"一带一路"与蒙古国"草原之路"的战略对接研究》，《国际展望》2015 年第 6 期。
② http://fec.mofcom.gov.cn/article/gbdqzn/，2016 年 8 月 18 日。

第二节　汉语教学简史

　　早在半个多世纪前，蒙古国就开始了汉语教学。1949 年中蒙两国建立外交关系后，蒙古国派遣 5 名学生到中国学习，他们顺利完成学业，归国后从事汉语教学和外交工作，他们是蒙古国汉语教学奠基人物。1957 年，蒙古国立大学语言系开设了五年制的"汉语翻译及研究"专业，共培养了 52 名汉语专家，这开启了国立大学培养汉学专家的先河，也可以视为蒙古国现代汉语教学的开始。1965 年，由于政治原因，汉语教学停止。1973 年蒙古国立大学恢复了汉语教学，头两年蒙语专业的学生选修汉语课，1975 年正式开设了汉语翻译专业班。这一时期一共培养了 79 名汉语专业人士。1987 年中国第一次向蒙古国立大学派遣汉语专家教师。1993 年蒙古国立大学成立汉语教研室，由世界汉语教学学会会员、蒙古著名汉学家罗布森扎布任教研室主任。同期，蒙古国立教育大学、乌兰巴托大学等学校也开始开设汉语专业课程。①

　　1994 年，中蒙两国签订了《中蒙文化合作协定》，随后两国文化交流日益密切。2008 年 6 月，国家副主席习近平访蒙期间，与蒙古国教育文化科学部签署《汉语教师志愿者赴蒙古国任教的责任书》。2011 年 7 月，中国政府与蒙古国教育文化科学部签署《关于组织汉语教师志愿者赴蒙古国任教的协议》。2011 年，《中华人民共和国教育部与蒙古国教育文化科学部 2011—2016 年教育交流与合作执行计划》签署。2012 年，中蒙两国成功举办"交流月"活动。2014 年 5 月，中蒙文化教育基金、中蒙社会发展基金揭牌。2014 年 10 月，中国政府与蒙古国教育文化科学部再次签署《关于组织汉语教师志愿者赴蒙古国任教的协议》。这一系列协议的签署，极大地促

---

① 朝格吉乐玛·歌幸福：《蒙古国汉语教学现状》，《世界汉语教学学会通讯》2009 年第 2 期。

进和推动了蒙古国的汉语教学。

蒙古国立大学孔子学院是蒙古国成立最早的孔子学院，从 2008 年 5 月启动运行以来，已累计培养学生 7500 人。2016 年 7 月，蒙古国立大学孔子学院中方院长朱军利在接受"国际在线"特派蒙古记者朱曼君的采访时说："我们孔院的学员，最小的有六七岁的孩子，最大的有 50 多爷爷级的，有时候一个班里就有年龄跨度这么大的人同时在学汉语，社会各界学汉语的都有。我们做过一项调研，目前在蒙古国各类学校里面学习汉语的学生有大约 9000 到 10000 人，同时在中国包括拿了奖学金去的和自费去的，在中国读书的学生也有 8000 多。我们知道蒙古国总人口只有 300 万，其中 2 万人在学汉语，这个比例还是比较高的。"蒙古国规模最大也是唯一一家独立的孔子课堂——乌兰巴托育才中学孔子课堂的负责人都仁吉日嘎拉说，目前在乌兰巴托中小学中，英语双语学校不到 10 所，俄语学校更少，韩语、日语也就一两所，但是汉语学校却至少有 20 所。可即便如此，育才中学的孔子课堂每年入学报名都异常火爆，平均每年不足百人的招生规模根本无法回应蒙古家庭期待孩子们学好汉语的高涨热情。[①] 据不完全统计，目前蒙古国开设汉语课程的大专院校超过 30 所，超过 100 所中小学开设了汉语课程。除了蒙古国首都乌兰巴托市以外，还分布在科布多、达尔汗、额尔登特、鄂尔浑等城市。

由于蒙古学习汉语的人数不断增长，每年参加 HSK 考试的考生也不断增加。据国家汉办统计，2002 年首次在乌兰巴托组织 HSK 考试，仅有 35 人次参加，到 2003 年就增加到 123 人次，2004 年 128 人次，2005 年 172 人次，2006 年 243 人次，2007 年 462 人次，2008 年 624 人次，2009 年 899 人次，2011 年 930 人次。2011 年以前，蒙古国只有蒙古国立教育大学一个 HSK 考点，2011 年增加了蒙古国立大学孔子学院考点。从 2012 年起，蒙古国两个 HSK 考点报名参加考试的总人数超

---

① 国际在线：《蒙古国"汉语热"方兴未艾》，2016 年 7 月 14 日，http://www.hanban.edu.cn/article/2016－07/14/content_ 650741.htm，2016 年 11 月 15 日。

过 1500 人。

第三节　汉语教学的环境和对象

一　高等院校汉语教学

目前蒙古国有 30 多所大学开设了汉语课程，其中 10 所公立大学，20 多所私立大学。① 蒙古国从事汉语教学最著名的高校包括：蒙古国立大学、蒙古国立教育大学、蒙古人文大学、乌兰巴托大学等。

蒙古高校从事汉语教学的教师多为蒙古本土教师，中国教师除了少数中国国家公派汉语专家教师外，全职的中国教师不多。高校一般要求汉语教师的学历必须是硕士以上，所以高校的许多汉语教师在蒙古国和中国的大学攻读硕士和博士学位。蒙古国立大学中文系有 232 名学生，12 位汉语教师。其中，全职教师 7 位（6 位是蒙籍教师，1 位是中国政府公派专家教师），兼职教师 5 位（3 位是蒙籍教师，2 位是蒙古国立大学孔子学院教师）。蒙籍全职教师均已取得博士学位，且具有中国留学经历，其学习研究方向主要为汉语言文学和中国文化历史。兼职教师均已取得硕士学位。汉语教师平均年龄为 40 岁，以中青年教师为主。教师的汉语基础较好，对中国国情、中国历史和中国文化等都有较深的了解，而且大都从事教学多年，有一定教学经验。伊赫扎萨克大学是蒙古国规模较大的私立大学之一，在蒙古国高校中排名第五位，2008 年成立了独立的 "汉语言文化学院"。伊赫扎萨克大学有 17 位汉语教师。汉语教师全部是中国国家汉办派出的国际汉语教师志愿者，其中 12 人已获得硕士学位，5 人硕士研究生在读。这两所高校是蒙古国高校汉语教学和师资情况的代表。②

---

① 琪琪格苏仁：《蒙古国高校汉语教学现状与对策研究——以蒙古国两所高校为例》，硕士学位论文，河北大学，2014 年，第 6 页。
② 同上书，第 9 页。

　　蒙古高校汉语课使用的教材大都来自中国，大部分是中国高校专门为外国留学生编写的对外汉语系列教材。使用较多的包括北京语言大学出版社的《对外汉语本科系列教材》《新实用汉语课本》等。中国国情、中国文化、中国文学、蒙汉翻译、汉语语法、汉语词汇和汉语语音等大部分课程并没有适合蒙古学生的教材，都是由教师收集材料自编。教材使用上有较大的随意性，没有统一的教学大纲和标准。

二　中小学汉语教学

　　蒙古国开设汉语课程的中小学校从 2000 年以后迅速增加。其中，中小学汉语学生人数和增长速度均高于高校，中小学开设汉语的学校增长了 4 倍多，从 2001 年的 18 所增至 2013 年 80 多所。从学校性质来看，既有私立学校也有公立学校。2004 年，经蒙古国教育文化科学部批准，中小学汉语奥林匹克比赛被列入蒙古国家级外语奥赛。

　　蒙古国中小学中最早开展汉语教学的是旅蒙华侨友谊学校（现改名中蒙友谊学校），创办于 20 世纪 60 年代。创办于 1997 年的育才中学是一所私立中小学校，是蒙古国目前公认汉语教学最成功最有成效的中小学，规模也最大，学校总人数超过千人。据统计，蒙古国中小学学习汉语的人数大约有 5000 人。[①]

　　在蒙古国中小学任教的汉语教师以中国政府派遣的汉语志愿者教师为主，也有蒙古本土汉语教师和学校聘请的代课教师。近年来，中国国家汉办汉语教师志愿者派出数量逐年递增，使蒙古国一些中小学校的中国籍汉语教师所占比例大大超过了其本土汉语教师。2005 年中国派赴蒙古国汉语教师志愿者仅 12 人。2006 年，中国派赴蒙古国汉语教师志愿者增加到 31 人，2007 年达到 54 人。2008 年 6 月，国家副主席习近平访蒙期间，与蒙古国教育文化科学部签署《汉语教师志愿者赴蒙古国任教的责任书》，派遣汉语教师志愿者 75 名（含 1 名管理教

---

① 恩和其其格：《蒙古国中小学汉语教学现状调查——以乌兰巴托希望汉语学校为例》，硕士学位论文，河北大学，2014 年，第 6 页。

师)。2009 年,109 名(含 3 名管理教师)汉语教师志愿者赴蒙古国任教,蒙古成立"志愿者之家"。2010 年,派遣汉语教师志愿者 125 名(含 3 名管理教师)。2011 年,中国政府与蒙古国教育文化科学部签署《中华人民共和国教育部与蒙古国教育文化科学部 2011—2016 年教育交流与合作执行计划》和《关于组织汉语教师志愿者赴蒙古国任教的协议》。2011 年 9 月,128 名汉语教师志愿者赴蒙古国任教。2014 年 10 月,中国政府再次与蒙古国教育文化科学部签署《关于组织汉语教师志愿者赴蒙古国任教的协议》。不断增加向蒙古派遣国家公派汉语教师和汉语志愿者,为蒙古国汉语教学的推广和汉语课程的学科建设提供了重要支持。

2015 年 6 月 13 日,蒙古国立大学孔子学院下设乌兰巴托第 23 中学汉语教学点、达尔汗彩虹中学汉语教学点、希望汉语中学汉语教学点举行揭牌仪式。这些中学汉语教学点的建立,标志着中蒙两国在文化教育领域的交流合作进入一个新阶段,对蒙古国中小学汉语教学将产生极大的推动作用。

三 孔子学院(孔子课堂)的汉语教学

蒙古国现有 3 所孔子学院和 1 个孔子课堂。①

(一)孔子学院的汉语教学

1. 蒙古国立大学孔子学院

所在城市:乌兰巴托

承办机构:蒙古国立大学

合作机构:山东大学

启动时间:2007 年 6 月 16 日

2006 年 4 月,中国国家汉办与蒙古国立大学签署孔子学院建设意向书。2007 年 6 月,蒙古国立大学孔子学院启动运行,2008 年 5 月,

---

① 以下有关蒙古孔子学院和孔子课堂汉语教学的信息主要来自国家汉办/孔子学院总部网页,不再一一注明具体出处。http://www.hanban.org/article,2016 年 9 月 18 日。

举行揭牌仪式。2008 年 12 月，孔子学院中方院长兼汉语教师李铭起荣获"孔子学院先进个人"称号。2009 年 12 月 4 日，蒙古国教育文化科学部向蒙古国立大学孔子学院中方院长李铭起颁发"蒙古人民优秀教育家"奖章和证书；2010 年 12 月 10 日，蒙古国立大学孔子学院荣获"先进孔子学院"称号；2011 年 12 月 11 日，蒙古国立大学孔子学院外方院长其米德策耶·蒙热勒荣获"孔子学院先进个人"称号。2012 年，蒙古国立大学孔子学院再次荣获"先进孔子学院"称号。

2010 年 3 月 5 日，蒙古国立大学孔子学院举行第二届"孔子学院杯"汉语征文比赛颁奖典礼，此次比赛得到了蒙古国开设汉语课程的各所大中学校的热烈响应，共收到参赛作品 130 余篇。2009 年，孔子学院成功组织了蒙古国第一届汉语征文比赛，此后每年连续举办。2015 年 9 月 27 日，蒙古国立大学孔子学院举办蒙古国第八届大中学生汉语征文比赛颁奖典礼。汉语征文比赛提高了蒙古国大中学生的汉语写作能力和水平，促进了蒙古国汉语教学事业的发展。

蒙古国立大学孔子学院克服教室紧张、师资不足和教学设备短缺等困难，采取灵活多样的办学模式，在常规的汉语教学班之外，陆续开设了"送课上门""一对一辅导""周末实验班"，最大限度地满足乌兰巴托广大汉语学习者的需要。"送课上门"就是应单位集体学习者（如日本三菱公司驻蒙古国办事处等）的要求，派汉语教师到学习者所在单位授课，公司职员利用中午午休时间就可以学习精彩的汉语课程。"一对一辅导"是应学生家长的要求，为学生量身定制的课程，在特定时间为特定学生授课，提供高端教学服务。由于一些职场人士平时上班很忙，只有周末才有学习时间，"周末实验班"就是专为他们提供的汉语培训班。"周末班"由两位汉语教师志愿者分课型授课，积极探索听说读写全面推进的教学方式。截至 2010 年，蒙古国立大学孔院已培训学员 1021 人。其中，为蒙古国立大学外国语学院本科生开设 11 门学历教育课程，累计培养学生 565 人；非学历教育课程已开设汉语长期班 20 个，HSK 考前辅导班 2 个，师资培训班 2 个，周末班 1

个，"送课上门"和"一对一辅导"班 3 个，累计培训学员 456 人。至此，已形成学历教育和非学历教育齐头并进、长期班与短期班优势互补、常规班与周末实验班错落有致的全方位立体化的办学模式，在蒙古国树立了"学汉语，到孔院"的良好口碑和品牌。学院的发展呈现出蒸蒸日上的大好局面。

2010 年 11 月 9—19 日，蒙古国立大学孔子学院组织了首期蒙古国汉学家访华团到山东大学进行文化研修活动。访华团由 15 位来自蒙古著名大学、研究机构、出版社等单位的汉学研究精英组成。在华期间，组织方精心设计和安排了"当代中国国际关系""中华传统文化"等专题讲座，并举办"中蒙文化论坛"，中蒙学者围绕蒙古汉语教学的历史与现状、蒙古汉学研究史及中蒙文化比较等问题进行热烈研讨。同时，还组织学员赴山东力诺集团、海尔集团等中国知名企业以及青岛大学等机构考察交流，在北京、上海等地进行文化体验活动。为适应当地持续增长的汉语和中华文化需求，促进中蒙教育文化交流，蒙古国立大学孔子学院因地制宜，于 2010 年 9 月组织成立了"蒙古国汉学家俱乐部"，该俱乐部聚集了蒙古国汉学研究高精尖人才，为蒙古汉学研究提供了良好的交流与合作平台。此次山东大学和蒙古国立大学孔子学院共同组织策划首期俱乐部成员访华项目，使汉学家们更加真切地感受了中国经济的快速发展和悠久灿烂的文化，增进其对中国的了解，有利于更好地发挥其在中蒙文化交流中的桥梁和纽带作用，推动汉语和中华文化在蒙古的传播。

2009 年，在中蒙建交 60 周年之际，蒙古国立大学孔子学院在乌兰巴托举办了首届"中蒙文化论坛"。2011 年 6 月 17 日，蒙古国立大学孔子学院在蒙古国立大学主办第二届"中蒙文化论坛"。中国驻蒙古国大使馆官员、蒙古国立大学校长以及来自中蒙两国的 80 多位专家学者围绕"中蒙传统宗教与哲学"的主题进行了深入探讨。2012 年 5 月 7 日，第三届"中蒙文化论坛"在中国山东大学举行。共有来自蒙古国立大学、北京大学、山东大学、内蒙古大学的 37 位专家学者围绕

"中蒙语言、哲学与社会学研究"的主题进行了学术探讨。"中蒙文化论坛"已成为中蒙教育文化交流的知名品牌。

2013 年 11 月 23 日，由蒙古国立大学孔子学院、国立大学外国语言文化学院和社会科学学院以及山东大学共同主办的"蒙古国—中国语言文化及社会学"国际学术研讨会在乌兰巴托举行，来自蒙古国立大学、山东大学的专家、教授以及蒙古国汉语教师等分别就中蒙两国的语言文化和社会学相关课题进行研讨。

2015 年 3 月 2 日，由蒙古国—内蒙古经济文化促进会、中国内蒙古自治区对外文化交流协会和蒙古国立大学孔子学院联合主办的"首届中蒙翻译研讨会暨蒙中文翻译家协会揭牌仪式"在乌兰巴托举行，这是中蒙两国首届翻译研讨会，也是蒙古国汉学家首次研讨中蒙翻译的专门会议。蒙中文翻译家协会的成立旨在积极探索中蒙文化双向传播，培养更多中蒙翻译人才，为促进中蒙两国文化交流事业的健康发展发挥积极作用。

2015 年 4 月 11 日，由蒙古国立大学孔子学院联合蒙古国立大学、蒙古国立教育大学、蒙古科技大学相关院系共同主办的"亚洲研究国际研讨会"在蒙古国立大学召开。来自蒙古、中国、日本、韩国、土耳其等国专家学者参加会议。会议主题为"加强亚洲研究、促进亚洲繁荣"。来自不同国家、不同学术研究领域的学者从不同的视角对亚洲研究进行了积极有益的探讨。2016 年 5 月 28 日，以蒙古科技大学为主办方，来自蒙古、中国、日本、韩国、土耳其等国专家学者再次举行"亚洲研究国际研讨会"。

2014 年 11 月 22 日，韩国东西大学孔子学院主办首届"东亚地区孔子学院发展论坛——2014"，韩国、蒙古、日本三国 14 所孔子学院的中外方院长及教师参加论坛。此次论坛为东亚地区孔子学院间的交流与合作搭建了平台，推动了东亚地区孔子学院事业的发展。2015 年 10 月 3 日，蒙古国立大学孔子学院举行"东北亚孔子学院可持续发展国际论坛"，来自日本、韩国和蒙古的 30 多位孔子学院中外方院长、孔子课堂负责人、蒙古国的汉语教学和汉学研究代表参加了论坛。本次论坛以"东北亚地区孔子学院面临的挑战和机遇"为议题，主要讨论了地区间孔子学院的分工合作、统筹发展，孔子学院本土教师培养、本土教材研发，孔子学院与当地企业的合作等问题。

2014 年 10 月 3 日，蒙古国立大学孔子学院举办第三届汉语图书展暨图片展。展览展出的图书超过 600 册、图片 50 余幅。图书包含了孔子学院课程教材、中国文化典籍、影视教学资源、HSK 真题与教辅书籍等几大门类，图片题材涉及中国风光、中国文化、中外文化交流等，吸引了蒙古国立大学的广大师生驻足翻阅观赏。本次展览是"孔子学院十周年庆典"系列活动之一，除了蒙古国立大学，还将在蒙古国主流大学和中小学巡回展出。

2012 年 10 月 27 日，蒙古国立大学孔子学院举办"第一届蒙古国大学生中文歌唱大赛"。比赛得到全蒙多所高校的积极响应。26 位选手参赛。2014 年 11 月 14 日、15 日，蒙古国立大学孔子学院分别举办"第一届蒙古国中学生中国民族舞蹈大赛"和"第三届蒙古国大学生中文歌唱比赛"。参加歌唱比赛的有 16 个节目，27 个节目参加舞蹈大赛。2015 年 10 月 24 日，蒙古国立大学孔子学院举办"第四届蒙古国大学生中文歌唱比赛"，来自 11 所高校的 24 名选手参赛。2015 年 11 月 14 日，蒙古国立大学孔子学院举办"第二届蒙古国中学生中国民族舞蹈大赛"。孔子学院的发展理念是"立足大学，服务社会"，举办中文歌唱比赛和中国民族舞蹈大赛，可以让大家体验中文歌曲、中国舞蹈的独特魅力，加深对中国文化的理解，促进汉语教学。

2012 年 11 月 3 日，第二届"新华影廊"蒙古校园巡展开幕式在蒙古国立大学大礼堂拉开帷幕。中国驻蒙古国大使及文化参赞、蒙古对外关系部副局长、蒙古国立大学副校长/蒙古孔院理事长、蒙古孔院中外方院长、新华社乌兰巴托分社社长等 70 多位中蒙方嘉宾及 100 多名师生出席图片展开幕式。"新华影廊"图片展由蒙古孔院和新华社共同举办，精选了 150 多幅摄影作品，内容涵盖自然风光、文化教育、文艺体育三大主题，力求将当代中国的美丽瞬间展示出来。此次校园图片展是蒙古国教育界的一件盛事，为蒙古国师生打开了一扇认识中国的窗口。图片展还将陆续走进蒙古人文大学、伊赫扎萨克大学、乌兰巴托大学、中蒙友谊学校、育才中学、中蒙友谊学校、育才中学、乌兰巴托第 23 中等大中小学，让更多蒙古国学子了解今日之中国。

2012 年 11 月 24 日，首届"孔子学院杯"蒙古中学生中华典籍朗诵大赛在蒙古国立大学大礼堂隆重举行。比赛由蒙古国立大学孔子学院和蒙古国汉语教师协会主办，得到全蒙多所中学的积极响应。51 位选手依次登台吟诵中华经典诗文。2013 年 10 月 26 日，蒙古国第二届中学生"中国银行杯"中华典籍朗诵比赛在蒙古国立大学孔子学院落下帷幕，来自蒙古国十余所中学的学生为现场观众朗诵了 32 首中华传统诗歌。2014 年 10 月 25 日，蒙古国第三届中学生"中国银行杯"中华典籍朗诵比赛在蒙古国立大学大礼堂成功举办。中国历代典籍中的名言名句，非常适合中小学生朗诵以加强语感。中华典籍的朗诵既展示了全蒙中学汉语教学的优异成果，又展现了蒙古中学生的精神风采。

为开拓蒙古国学生的视野，增进他们对中华优秀传统文化的了解，2012 年秋季学期，蒙古国立大学孔子学院举办了中华文化体验系列讲座，内容涵盖太极拳、中华美食、毛笔书法、中国剪纸与结编、硬笔书法和京剧等六大方面。这些讲座的最大特点是体验与互动，学生不仅可以听讲座，还可以边听边实践，在互动活动中体验到中华传统文化的鲜活生命力。

2013 年 2 月 23—24 日，首届在蒙汉语教师志愿者岗中培训在乌兰巴托成功举办。此次培训由国家汉办主办，蒙古国立大学孔子学院及山东大学国际教育学院承办。岗中培训不仅极大地激励了各位汉语志愿者老师，而且为各位老师提供了一个彼此交流与学习的机会，极大地提高了业务素质与教学能力。

2015 年 1 月 9 日，由中蒙文化教育基金会发起，中国银行乌兰巴托代表处承办、蒙古国立大学孔子学院协办的"卓越之星"奖学金、

"栋梁计划"助学金颁奖仪式在乌兰巴托隆重举行。中蒙文化教育基金会倡议发起的"卓越之星"是在蒙古全国开设汉语课程的大学内公开选拔品学兼优、热爱中国文化、积极参加各类汉语文化活动和比赛的大学生。"栋梁计划"助学金项目则是在蒙古开设汉语课程的公立大学内,从家境贫寒、全家年均收入低于一定水平的大学生中,通过考试选拔一批品学兼优、成绩突出的学生给予一定资助。这两个项目均由蒙古国立大学孔子学院统一组织命题、统一组织考试,共有近百名蒙古大学生参加角逐。整个选拔过程公开透明,在经过媒体公告、学校推荐、集中测评等多个环节的筛选后,最终评选出"卓越之星"奖学金获得者14人,"栋梁计划"助学金获得者22人,合计捐助金额人民币15万元。中蒙文化教育基金会举办此活动的目的,在于进一步增进蒙古国大学生学习汉语的热情、推动蒙古国汉语教育的发展、促进中蒙两国间的文化交流。2015年3月27日,中蒙文化教育基金会主办,中国银行乌兰巴托代表处、蒙古国立大学孔子学院承办的蒙古国中小学生"希望之星"奖学金、"雏鹰计划"助学金颁发仪式在中国银行乌兰巴托代表处举行。"希望之星"奖学金颁发给蒙古国全日制中小学汉语成绩优秀的学生;"雏鹰计划"助学金颁发给蒙古国公立全日制中小学家境贫寒、品学兼优的学生。两个项目均由蒙古国立大学孔子学院统一组织命题、考试,共有11所学校的314名学生参加考试。最终评选出"希望之星"奖学金获得者31人,"雏鹰计划"助学金获得者12人,每人获得3000元人民币奖助学金。2015年10月19日,由中蒙文化教育基金会发起,中国银行乌兰巴托代表处、蒙古国立大学孔子学院联合承办的蒙古国2015—2016年度大、中小学生奖助学金颁奖仪式在乌兰巴托举行。中蒙文化教育基金会倡议发起的蒙古国大、中小学生奖助学金选拔活动,由蒙古国立大学孔院统一组织命题和考试,旨在表彰蒙古国优秀学子学好汉语,为中蒙友好交流培养栋梁之材。本次选拔考试共370余名学生参加不同层级和类别的角逐,参赛人数创历史新高。最终评选出大学生奖学金12位、助学金9位;

中小学生奖学金 28 位、助学金 7 位，共计颁发奖助学金达 21 万元人民币。

2016 年 2 月 26 日，调查报告《蒙古人眼中的中国和中国人》首发式在蒙古国立大学举行。大型社会调查《蒙古人眼中的中国和中国人》由中国国家汉办立项，蒙古国立大学孔子学院承办，蒙古国立大学副校长兼孔院理事长孟和巴特教授率领社会学系 30 多名教师和研究生调研了蒙古国 20 多个省区的 3000 多名民众，调研数据具有广泛的代表性和权威性。

自蒙古国立大学孔子学院运营以来，一直承办"汉语桥"世界大、中学生中文比赛蒙古赛区预选赛。作为在蒙古国最具专业性和高端性的权威汉语综合赛事，"汉语桥"比赛覆盖了蒙古国所有开设中文课程的大中学校。这项活动已经成为孔子学院最具影响力的"品牌赛事"之一。除了中国驻蒙大使馆官员、蒙古国立大学孔子学院师生、蒙古国教育和汉语教学界有关专家，开展汉语教学的几乎所有大中学校领导及师生代表、学生家长都积极参与。参赛选手人数逐年增加、水平逐步提高，参与活动的人员也越来越多、越来越广泛。参赛选手由主要来自乌兰巴托扩展到额尔登特、达尔罕等城市，再到千里之外的东方省、科布多省。参赛选手都是从开展汉语教学的大中学校推选出的优秀选手，先参加蒙古全国大学生、中学生汉语奥林匹克笔试，再从参加笔试的学生中选出优胜者，参加"汉语桥"比赛。在"汉语桥"蒙古赛区预选赛中获胜的最优秀的选手，代表蒙古国参加在中国举行的"汉语桥"世界大、中学生中文比赛复赛和决赛。历届"汉语桥"蒙古赛区预选赛都吸引了蒙古国国家通讯社、新华社、人民日报等媒体的记者前来采访报道。2010 年 4 月 24 日和 5 月 22 日，成功举行第九届"汉语桥"世界大学生中文比赛和第三届"汉语桥"世界中学生中文比赛蒙古赛区预选赛。2011 年 4 月 8 日，成功举行第十届"汉语桥"世界大学生中文比赛蒙古赛区预选赛。2012 年 4 月 7 日，成功举行第十一届"汉语桥"世界大学生中文比赛蒙古赛区预选

赛。2013 年 4 月 7 日和 5 月 4 日，举行第十二届"汉语桥"世界大学
生中文比赛和第六届"汉语桥"世界中学生中文比赛蒙古赛区预选
赛。2014 年 5 月 12 日举办第七届"汉语桥"世界中学生中文比赛蒙
古赛区预选赛。2015 年 4 月 5 日和 4 月 25 日，成功举行第十四届"汉
语桥"世界大学生中文比赛和第八届"汉语桥"世界中学生中文比赛
蒙古赛区预选赛。

2013 年 4 月 20 日，蒙古国立大学孔子学院举行汉语水平考试
（HSK），共有 703 名考生参加，比去年同期增长近 30%。自 2011 年
10 月设立考点以来，前来孔子学院报考的人数不断攀升，蒙古国立大
学孔子学院成为蒙古汉语学习者最认可的汉考中心。

2. 蒙古国立教育大学孔子学院

所在城市：乌兰巴托

承办机构：蒙古国立教育大学

合作机构：东北师范大学

启动时间：2013 年 10 月 31 日

2010 年 12 月，蒙古国立教育大学设立孔子课堂；2013 年 10 月，
由中国东北师范大学和蒙古国立教育大学联合建立孔子学院；2014 年
9 月，蒙古国立教育大学孔子学院揭牌运行。蒙古国立教育大学孔子
学院在汉语教学、文化推广、教师培训、HSK 考试、孔子学院奖学金
推荐、本土教材编写、中蒙教育和学术交流等方面取得了一系列显著
成绩。特别是在培养蒙古国本土汉语教师方面，经过多年实践，取得
较大进展。在孔子学院的推动下，蒙古国立教育大学与东北师范大学
已经合作设立了汉语师范专业和汉语国际教育专业的双学位项目。孔
子学院计划通过此项目的实施，提高蒙古国汉语师范专业毕业生的汉
语能力和汉语教学水平。

2011 年 3 月 27 日，由中国驻蒙古国大使馆主办，蒙古国立教育大
学孔子课堂承办的蒙古国"第三届汉语水平考试（HSK）国际研讨
会"在蒙古国立教育大学举行。蒙古国立教育大学校长、中国驻蒙使

馆参赞、中国政府公派汉语专家教师、蒙古国本土汉语教师以及中国汉语教师志愿者 40 多人参加了此次研讨会。本次研讨会以"贯彻考教结合原则,将新 HSK 考试与蒙古国汉语教学有机结合"为主题,共收到了 20 多篇 HSK 研究论文。

2011 年 9 月 30 日,蒙古国立教育大学孔子课堂、蒙古国立教育大学汉语俱乐部共同举办"庆祝中华人民共和国成立 62 周年汉语才艺比赛",来自蒙古国立教育大学等学校的师生 200 多人参加。紧张精彩的比赛激发了学生们学习汉语的热情,加深了他们对中国文化的理解,促进了汉语教学。

2011 年 10 月 8 日至 2011 年 12 月 24 日,蒙古国立教育大学孔子课堂举行"文化月"活动。在 10 月 8 日的启动仪式上,蒙古国立教育大学校长、新华社驻乌兰巴托分社社长、蒙古国立大学孔子学院院长以及中蒙汉语汉学专家、乌兰巴托大中学校师生代表 500 多人参加。此次"文化月"为期两个多月,每个周末都安排一个文化项目,包括"游览中国风光 品味汉语文化"大型摄影图片展、太极拳、书法、饮食文化、中文网络文献检索、文化学术讲座、学术文章征文比赛、中国文化才艺比赛等。

2012 年 4 月 9 日,蒙古国立教育大学孔子课堂举办一年一度的"汉语节",蒙古国立教育大学各院系师生共 500 余人参加。本次活动共分中国文化图片展、中国文化及汉语知识竞赛、文艺演出等三个板块,既是展现学生汉语学习成果的平台,也是激发蒙古青年文化艺术才能的舞台。

2012 年 7 月 21—23 日,蒙古国立教育大学孔子课堂举办蒙古国第一届"汉语言学暨国际汉语教学"国际学术研讨会。蒙古国立教育大学校长、中国驻蒙古国大使馆官员、蒙古国汉语教师协会秘书长以及蒙古国各高等院校、中国东北师范大学等中蒙两国汉语教学界的二十余位学者专家应邀参加。研讨会分为开幕式、论文交流、自由讨论、文化考察等多个环节。会议收到中蒙专家提交的学术论文 20 余篇。本次研讨会的召开对于增进两国汉语教师的交流沟通，促进蒙古国汉语教学事业的发展具有十分积极的作用。

2012 年 9 月 26 日—10 月 26 日，蒙古国立教育大学孔子课堂举行了为期一个月的"迎中秋，庆国庆"系列文化活动，包括中华才艺比赛、中国国情主题征文比赛、中国国情文化知识竞赛等。这些活动激发了蒙古国学生学习汉语的兴趣与激情，提升了蒙古国汉语教师与学生对中国历史国情的认识与了解，反响良好，在蒙古国立教育大学乃至蒙古国汉语教学界刮起了一股浓郁的"中国风"。

2002 年 9 月，蒙古国第一次汉语水平考试（HSK）在蒙古国立教育大学举行。此后，蒙古国立教育大学一直是汉语水平考试（HSK）考点。其中，2002 年 9 月—2011 年 9 月是蒙古国汉语水平考试（HSK）唯一考点。

3. 蒙古科布多大学孔子学院

所在城市：科布多

承办机构：蒙古科布多大学

合作机构：新疆职业大学

启动时间：2015 年 9 月 10 日

蒙古科布多大学孔子学院是蒙古国在首都乌兰巴托以外地区创办的第一所孔子学院。

（二）孔子课堂的汉语教学

乌兰巴托育才中学广播孔子课堂

所在城市：乌兰巴托

承办机构：育才中学

合作机构：中国国际广播电台

启动时间：2008 年 10 月 16 日

育才中学是蒙古规模最大的私立中文学校。2009 年 6 月，育才中学广播孔子课堂正式揭牌运营。

2010 年 4 月，育才中学广播孔子课堂举办了蒙古国第一届中小学生"中国历史文化"汉语征文演讲比赛。自此,育才中学广播孔子课堂每年举办一次蒙古国中小学生"中国历史文化"汉语征文演讲比赛。2011 年 4 月 15 日,举办第二届"中国历史文化"汉语征文演讲比赛,育才中学、胜利者中学、启明中学、达尔汗彩虹中学、伊赫扎萨克大学中学部、乌兰巴托第 23 中学等 7 所开设汉语课程的中小学共选拔 20 名选手参加比赛。2012 年 3 月 23 日,举办第三届"中国历史文化"汉语征文演讲比赛,此次比赛扩展到 10 所开设汉语课程的中小学 30 名选手参加。2015 年 3 月 27 日,举办第六届"中国历史文化"汉语征文演讲比赛,8 所开设汉语课程的中小学 20 名选手参加。2016 年 3 月 11 日,举办第七届"中国历史文化"汉语征文演讲比赛,7 所开设汉语课程的中小学 16 名选手参加。每年一次的蒙古国中小学生"中国历史文化"汉语征文演讲比赛是育才中学广播孔子课堂最主要的文化活动之一,被称为"小汉语桥比赛"。蒙古国家电台、蒙古 TV–5、这份报纸的名称为《蒙古消息报》以及中国国际广播电台等媒体每次都对此项活动进行跟踪报道。

2011 年 4 月 27 日,育才中学广播孔子课堂举办蒙古国第二届中小学生"东方之韵"中文歌曲大赛,来自乌兰巴托市 13 所中学以及外省 2 所中学的 64 名选手参加比赛。2012 年 4 月 7 日,育才中学广播孔子课堂举办蒙古国第三届中小学生"东方之韵"中文歌曲大赛,共有 16 所中学的 50 名选手参加比赛。2015 年 3 月 13 日,育才中学广播孔子课堂举办蒙古国第六届中小学生"东方之韵"中文歌曲大赛,共有 12 所中学的 60 名选手参加比赛。比赛分 6—7 岁组、8—9 岁组、10—14 岁组和 15—17 岁组。通过中文歌曲大赛,加深了蒙古国中小学生对中国文化的了解,提高了汉语水平。

2011 年 6 月 21 日—7 月 10 日,育才中学广播孔子课堂在距离乌兰巴托 70 多公里的国家森林公园开办汉语夏令营,有 130 多名学生参加。2012 年 6 月 20 日—7 月 15 日,育才中学广播孔子课堂在特列尔基国家森林公园开办"走进中国文化"夏令营,有 70 多名学生参加。2014 年

6月21日—7月10日，育才中学广播孔子课堂在特列尔基国家森林公园开办"体验中国文化"夏令营，有120多名学生参加。2015年6月10日—7月10日，育才中学广播孔子课堂在特列尔基国家森林公园开办"体验中国文化"夏令营，有150多名学生参加。这是育才中学广播孔子课堂连续第六年举办夏令营活动。夏令营活动既有中国古诗、成语故事、蒙汉互译等汉语学习，也有中国电影欣赏、学唱中文歌曲、学习中国传统舞蹈、学打中国算盘等文化体验。每天的太极拳、武术、广播体操、拔河等更是深受小营员的欢迎。夏令营不仅提高了学生的汉语水平，也使他们对中国文化有了更多的了解和体验。

2011年9月10日，育才中学广播孔子课堂前杭爱省祖勒苏木中心学校汉语教学点正式开始汉语教学。前杭爱省地处蒙古国中心地带，距首都350多公里。祖勒中心学校是当地一所全日制公立学校，有500多名学生，首批招收30名学生进行汉语教学。孔子课堂的老师定期赴乡下给学生上课同时培训本土汉语教师，组织学生收听CRI（中国国际广播电台）汉语教学栏目，并将网络教学作为辅助教学手段。

2014年9月11日，应蒙古国外交部、蒙古青年联合会邀请对蒙古进行友好访问的中国青年代表团一行来到蒙古国育才中学广播孔子课堂参观访问。青年代表团由60名中国各省市区的团委工作者、青年企业家、艺术家组成。

第四节   汉语教材、师资和教学法

一   教材的选用与开发

蒙古国高校主要开设汉语翻译专业，培养汉语翻译人才。中小学汉语教学最常见的课程设置类型为汉语综合课。只有部分大学开设除汉语综合课外的其他汉语训练课程。蒙古国立大学中文系开设有听说课、阅读课、词汇课、写作课、翻译课等。总体上来说，蒙古汉语课

程模式化、单一化的现象比较严重。

教材使用上，蒙古国的各个学校间有较大的差异。部分中小学选择同国内中小学统一的《语文》（人教版）教材，比如：育才中学、中蒙友谊学校、贺西格中学、查斯特中学等。一些中学选择《快乐汉语》《跟我学汉语》等国家汉办捐赠教材，如蒙古科技大学附属中学、伊赫扎萨克大学中学部等。还有一些中学选择了《体验汉语》《汉语会话301句》等国内学者为外国人学习汉语而专门撰写的教材。相对于中小学汉语教材选择的多元性，蒙古国各所大学对教材的选择比较统一，通常都采用《新实用汉语课本》《发展汉语》《成功之路》等汉语教材。虽然各大学对于教材的选择相对一致，但课程开设的进度、深度等均有较大差异，因而各所学校学生的汉语水平也差距较大。由刘珣主编，北京语言大学出版社出版的《新实用汉语课本》是目前蒙古国高校广泛使用的一套汉语教材。[①]

2011年9月，由蒙古国立大学孔子学院师生共同编译的蒙汉双语漫画读物《兔子ZAAT的故事》正式出版发行，是蒙古国历史上第一本面向少年儿童汉语学习爱好者的蒙汉双语读物，填补了蒙古国内此类书籍的空白。此前，蒙古国立大学孔子学院已经组织编译《对外汉语本科系列教材》《简明汉语词典》《实用汉蒙分类词典》《论语》《大学》《孙子兵法》等，正在编译中的有中国四大名著《三国演义》《红楼梦》《水浒传》《西游记》以及中国名人传记等一批中国文化普及读物，以缓解蒙古国内汉语文化读物短缺的现状。

2012年11月9—10日，蒙古国立教育大学孔子课堂举办"蒙古国2012年汉语教材培训"，来自蒙古国各地区的大中小学汉语教师四十余人参加。培训以"汉办教材以及汉语教学资源介绍""蒙古汉语教材使用及教学法研讨"为主题，介绍了《快乐汉语》《新概念汉语》《跟我学汉语》等汉办推广教材及汉语教学网络资源的寻找与利用等内容，学

---

① 王玮琦：《汉语蒙古语亲属称谓对比及其在对蒙汉语教学中的应用》，硕士学位论文，吉林大学，2012年，第25页。

员互相交流了汉语教材使用情况以及在使用过程中产生的问题。在蒙古国国内培训后，二十余名蒙古国本土汉语教师赴中国厦门继续参加汉语教材培训活动。此次教材培训增进了蒙古国本土教师对汉语教材的认识和了解，有利于推动蒙古国本土汉语教材资源的开发与利用。

2014 年 10 月 31 日，蒙古国立大学孔子学院举办蒙方院长其米德策耶教授的新书——《中国现当代女作家优秀短篇小说精选》发行仪式。《中国现当代女作家优秀短篇小说精选》将中国不同时代具有代表性的三位女作家冰心、张洁和铁凝的几篇短篇小说译成蒙古语结集出版，铁凝为该书作序。2015 年 1 月 9 日，蒙古国立大学孔子学院蒙方院长其米德策耶的专著《我们所知晓的与不知晓的中国：思维与文化》荣获蒙古国"金羽毛"文学奖。"金羽毛"文学奖是蒙古国文化界的最高荣誉，共设长篇小说、短篇小说、诗歌、儿童文学、文学翻译、文学研究等 8 类奖项。其米德策耶院长曾于 2005 年凭借翻译《论语》首次获此殊荣。

2015 年 3 月 12 日，由蒙古国立大学孔子学院主持编撰的《蒙古国汉学研究》创刊号发行仪式在乌兰巴托举行，这本季刊是全球孔子学院范围内出版的第一本汉学研究刊物。《蒙古国汉学研究》集纳了蒙古国各界汉学家们的研究成果，刊物分为蒙中两国关系、中国历史文化哲学、蒙汉语言文化对比、汉语国际教育、蒙古国汉语教学等章节。2015 年 8 月 25 日，第九届"中华图书特殊贡献奖"颁奖大会在人民大会堂举行，国务院副总理刘延东会见了获得本届中华图书特殊贡献奖和青年成就奖的外国专家，并为获奖代表颁奖。本届获奖者共有 15 名外国作家、翻译家和出版家。蒙古国立大学孔子学院蒙方院长其米德策耶是全球孔子学院系统的唯一获奖者。

二　师资培训

2013 年 2 月 7 日，由蒙古教育文化科学部主办，蒙古国立教育大学外语学院承办的蒙古国乡村外语教师培训活动，在蒙古国立教育大学外语学院举行，蒙古国立教育大学孔子课堂承担其中的汉语教师培训任务。培训活动共有 60 名蒙古乡村中小学汉语教师参加，蒙古国立教育大学外语学院院长、孔子课堂蒙方院长朝格吉乐玛教授担任主讲。2013 年 3 月 29 日，蒙古国立教育大学孔子课堂举行了"词汇模块联想"外语教学法大型学术讲座。全校 7 个语种、200 多名师生参加了这次讲座。蒙古国立教育大学外语学院院长兼孔子课堂蒙方院长朝格吉乐玛教授在会议上做了"以德育人，言传身教——模块联想外语教学法"的主题报告。

2013 年 11 月 25 日—12 月 1 日，蒙古国立教育大学孔子课堂举办"蒙古国 2013 年度本土汉语教师培训"，来自蒙古国十余所大中学校的 40 多位本土汉语教师参加。培训内容包括蒙古国汉语教学研究现状、汉语语音教学、语法教学、汉字教学、词汇教学、听力教学、HSK 5 级阅读和写作教学以及中国文化专题教学等，分专题讲座、观摩公开课、互动研讨三个环节。本次培训提高了蒙古国本土汉语教师的汉语教学与研究水平。

2015 年 10 月 5—7 日，蒙古国立教育大学孔子学院举办"孔子学院总部 2015 年专家组赴蒙古国汉语教师培训班"，来自蒙古国 20 余所大中小学和社会培训机构的本土汉语教师 70 余人参加。孔子学院总部派遣了两名对外汉语教学与研究专家承担此次培训任务。培训内容包括"汉语作为第二语言教学法总论""语法教学""词汇教学""近义词辨析""教学法流派""HSK 特点及辅导方法"等。培训理论结合实践，针对蒙古汉语课堂教学中的一些典型问题，提出了解决方案与建设性意见，使教师们在教学观念、教学原则、教学方法等多方面得到提高。

三 教学法

蒙古国的汉语课堂教学中，很少使用单一的教学方法，基本上都是使用多种教学方法的综合教学，应用较多的教学方法有实物展示法、语法翻译法、情境法、任务法、演绎法、归纳法、小组合作讨论法等。

蒙古国孩子受西方教育影响比较大，形成了"多言、多语、多动作""无拘、无束、无组织"的特点，怎样对这些中小学生进行汉语教学？育才中文中学经过多年的摸索、总结，形成了一套适合蒙古国中小学生的汉语教学模式。这一模式被多所蒙古中小学采用，实践证明比较有效。育才中学采用的是"听说读写译循环教学法"。以《语文》课为例，学校规定上课伊始的前 5 分钟是演讲环节，演讲人演讲完毕，要求老师随机邀请学生进行复述。精讲课文时，要求教师先范读，然后学生们跟读，教师作简短的讲解以后，找学生就该段内容进行提问，其他学生则需要认真思考同学提出的问题并回答，所有的疑问解决以后要求进行复述，最后翻译。育才中学校长非常重视听、说、读、写、译这五种能力的培养。学校也分别针对这五种能力开设了汉语文、口语、阅读、写作、综合课、听力等汉语课程，以培养学生们的听说读写译能力。每个月都会有所谓的口语考试。说它是"所谓的口语考试"是因为这种考试不是纯粹的只考口语。考试是一个一个的学生去抽题，比如抽到的是《少年闰土》，你就要把《少年闰土》这一课的汉字全部会读并且要求组词造句翻译，接下来要求你回答这篇课文里学过的 5 个问题，如果你能回答出来，你的"汉字""组词""问题"就可以分别得 5 分。成语的考试也是把 20 个成语全部写在一张纸上，要求你把这 20 个成语全部翻译成蒙语并且造句，然后在这20 个成语里面挑至少 5 个成语说一段话，这也是 5 分制。最后是考查口语材料掌握情况，随便给你一篇最近学过的口语题目，要求你复述出来，满分 5 分。最后学校综合你的汉字、组词、造句、问题、成语、口语这几项算出来你的总成绩。总成绩会分为 A、B、C、D、F 这几个级别，A、B 是优秀，C 是良好，D 是及格，F 是不及格。学校最终会根据学生的优秀率和及格率来评价教学效果和学生掌握情况。学校要求每个班优秀率要达到 85% 以上，及格率要求至少达到 90%。老师们为了达到学校要求，想尽各种办法教会基础较差的学生。这个模式有一些弊端，比如在实践教学中过分强调翻译能力的培养，即使是一首唐诗宋词，甚至是文言文也要求翻译成蒙语。①

本章主要参考文献

华倩：《"一带一路"与蒙古国"草原之路"的战略对接研究》，《国际展望》2015 年第 6 期。

王玮琦：《汉语蒙古语亲属称谓对比及其在对蒙汉语教学中的应用》，硕士学位论文，吉林大学，2012 年。

琪琪格苏仁：《蒙古国高校汉语教学现状与对策研究——以蒙古国两所高校为例》，硕士学位论文，河北大学，2014 年。

朝格吉乐玛·歌幸福：《蒙古国汉语教学现状》，《世界汉语教学学会通讯》2009 年第 2 期。

隽娅玮：《蒙古国汉语教学状况及相关对策的研究》，硕士学位论文，黑龙江大学，2012 年。

郭颖：《蒙古国乌兰巴托市汉语教学现状的分析》，硕士学位论文，吉林大学，2010 年。

赵桂真：《蒙古国育才中学汉语教学模式研究》，硕士学位论文，吉林大学，2012 年。

恩和其其格：《蒙古国中小学汉语教学现状调查——以乌兰巴托希望汉语学校为例》，硕士学位论文，河北大学，2014 年。

---

① 赵桂真：《蒙古国育才中学汉语教学模式研究》，硕士学位论文，吉林大学，2012 年，第 20 页。

第二章　俄罗斯的汉语教学

第一节　国家概况

一　自然地理

俄罗斯联邦（俄语：Российская Федерация，英语：The Russian Federation），简称俄罗斯。地处欧亚大陆北部，跨欧、亚两大洲，国土面积为 1707.54 万平方公里，是世界上面积最大的国家。

俄罗斯东西长为 9000 公里，横跨 11 个时区；南北宽为 4000 公里，跨越 4 个气候带。北邻北冰洋，东濒太平洋，西接大西洋，西北临波罗的海、芬兰湾，与日本、加拿大、格陵兰、冰岛、瑞典和美国隔海相望，海岸线长 37653 公里。陆地邻国西北面有挪威、芬兰，西面有爱沙尼亚、拉脱维亚、立陶宛、波兰、白俄罗斯，西南面是乌克兰，南面有格鲁吉亚、阿塞拜疆、哈萨克斯坦，东南面有中国、蒙古和朝鲜。①

---

① http：//www.fmprc.gov.cn/web/gjhdq_676201/gj_676203/oz_678770/1206_679110/1206x0_679112/，2016 年 9 月 22 日。

二　历史政治

15 世纪末至 16 世纪初，以莫斯科大公国为中心，逐渐形成多民族的封建国家。1547 年，伊凡四世（伊凡雷帝）改大公称号为沙皇。1721 年，彼得一世（彼得大帝）改国号为俄罗斯帝国。1917 年 2 月建立俄罗斯共和国，社会革命党赢得议会选举，布尔什维克发动政变，1917 年 11 月 7 日建立俄罗斯苏维埃联邦社会主义共和国，列宁任人民委员会主席，托洛茨基任革命军事委员会主席。1922 年 12 月 30 日，俄罗斯联邦、外高加索联邦、乌克兰、白俄罗斯成立苏维埃社会主义共和国联盟（后扩至 15 个加盟共和国）。1991 年 12 月 26 日苏联解体，1993 年 12 月 12 日，经过全民投票通过了俄罗斯独立后的第一部宪法，规定国家名称为"俄罗斯联邦"，和"俄罗斯"意义相同。俄罗斯联邦现由 85 个联邦主体组成，包括 22 个共和国、9 个边疆区、46 个州、3 个联邦直辖市、1 个自治州、4 个民族自治区。[①]

三　人口经济

俄罗斯拥有世界最大储量的矿产和能源资源，是最大的石油和天然气输出国，其拥有世界最大的森林储备和含有约世界 25% 的淡水的湖泊。俄罗斯工业、科技基础雄厚，苏联解体后，经济一度严重衰退。2000 年普京执政至今，俄经济快速回升，连续 8 年保持增长（年均增幅约 6.7%），外贸出口大幅增长，投资环境有所改善，居民收入明显提高。主要工业部门有机械、冶金、石油、天然气、煤炭及化工等；轻纺、食品、木材加工业较落后；航空航天、核工业具有世界先进水平。2006 年黄金外汇储备居世界第三位，2014 年，以国际汇率计算，国内生产总值（GDP）总量 1.86 万亿美元，人均 GDP 12937 美元。[②]

---

① 孤竹博客：《列国志·俄罗斯联邦》，2014 年 8 月 29 日，http://blog.sina.com.cn/u/2547761387，2016 年 9 月 22 日。

② http://fec.mofcom.gov.cn/article/gbdqzn/，2016 年 9 月 22 日。

俄罗斯总人口 1.43 亿（截至 2014 年），是世界上人口减少速度最快的国家之一。俄罗斯共有 193 个民族，其中俄罗斯族占 79.82%。主要少数民族有鞑靼族、乌克兰族、楚瓦什族、巴什基尔族、车臣族、亚美尼亚族、哈萨克族、摩尔多瓦族、白俄罗斯族等。居民多信奉东正教，其次为伊斯兰教。俄罗斯人被认为是最具宗教品格的一个民族，在现实生活和文学作品中，东正教所宣传的爱与宽恕的思想处处可见。在陀思妥耶夫斯基、果戈理、列夫·托尔斯泰等俄罗斯著名作家的作品中都充满了种种宗教哲理。领土跨越欧亚两洲，融合了东西方两种文化。俄罗斯文学源远流长，出现了普希金、莱蒙托夫、果戈理、别林斯基、陀思妥耶夫斯基、托尔斯泰、契诃夫、高尔基、肖洛霍夫等世界驰名的大文豪和作家。俄罗斯的美术源远流长，绘画有着悠久的历史，著名的艺术大师有列维坦、列宾、苏里柯夫、克拉姆斯科伊等。俄罗斯的宗教音乐和民间音乐有着深远的历史传统，歌剧、交响乐和室内音乐具有鲜明的民族气质，奔放豪迈。

四　语言政策

俄罗斯是一个典型的多民族、多语言国家，193 个民族使用 277 种语言和方言。① 俄语是俄罗斯联邦的官方语言，也是联合国的官方工作语言之一。俄罗斯联邦的主要语言分属四大语系的八大语族，即印欧语系的斯拉夫语族和伊朗语族，阿尔泰语系的突厥语族和蒙古语族，乌拉尔语系的芬兰—乌戈尔语族，伊比利亚—高加索语系的阿布哈兹—阿迪盖语族、纳赫语族和达吉斯坦语族。其中俄语属于印欧语系斯拉夫语族的东斯拉夫语支。2014 年底，俄罗斯联邦出台《保存和发展俄罗斯联邦各民族语言的国家纲领的构想》明确规定：国家要大力支持少数民族语言的保护和发展，俄罗斯各共和国有权规定自己的国语，并在该共和国境内与俄语一起使用。② 俄罗斯政府 2002 年修订《俄罗

---

① 李迎迎：《评析俄罗斯语言政策调整的新变化》，《民族教育研究》2016 年第 1 期。

② 齐桂波：《俄罗斯语言政策：现状与发展》，硕士学位论文，黑龙江大学，2014 年，第 32 页。

斯联邦共和国民族语言法》，在其增补条款中规定："俄罗斯联邦国语
和各共和国国语文字必须以基里尔字母为基础。"

第二节 汉语教学简史

俄罗斯汉语学习与研究的历史源远流长，据有关资料显示，公元
13 世纪起，俄罗斯便在蒙古草原开始了俄中两国历史悠久的交往。中
国的《元史》中曾记载蒙古人将战争中俘获的俄罗斯青壮男子编成
"宣忠斡罗思扈卫亲军"，屯田于北京北部。从 17 世纪初开始，俄国
先后向中国派出多批使团，有些使团甚至到达了中国明朝的首都北京，
并带回了中国皇帝用汉字写的文书。但由于当时的俄罗斯无人知晓汉
语汉文，这些文书被束之高阁达半个多世纪之久。第一个认识到研究
汉语必要性的俄国沙皇是彼得大帝。1724 年在彼得堡创立科学艺术
院，第二年就聘请来自柯尼斯堡（现名加里宁格勒，属俄罗斯联邦）
的德国历史学家、语文学家郭特里伯·吉格弗里德·拜耶尔（Bayer，
1694—1738）任古希腊语和罗马语教授。拜耶尔有卓越的语言天赋，
掌握拉丁语、希腊语、汉语、古希伯来语、阿拉伯语、叙利亚语等多
种语言。1730 年在彼得堡出版了拜耶尔的主要东方学著作《中国学纪
念集·欧洲汉学著作的历史概述》。从 1734 年开始，拜耶尔改任东方
语教授，出版了欧洲第一部《汉语语法》，还编辑了汉语—拉丁语词
典。他还在彼得堡出版用汉字印刷的文章，这是在欧洲印刷中国方块
字的最初尝试。1700 年，彼得一世下谕挑选"两三个素质好、有学问
并且年龄不太老的修士"派往中国，要求"他们能学会汉语、蒙语和
中国文书"。1712 年，中国清朝康熙帝批准向北京派遣俄罗斯宗教使
团。1715 年，第一个根据彼得一世谕旨组成的宗教使团到达北京。驻
北京的俄罗斯宗教使团里汉语教学的方法很简单，基本课程设置是：
中国老师授课；学员借助天主教会教士编辑的拉丁—汉语词典研究语

言；学员到中国机关（衙门）中去工作，以深入汉语环境。中国教师采用的是传统的教学方法，语言教学和写作都直接以中国古典书籍为教材。1724 年，东正教主教公会发布了关于在伊尔库茨克教会人员子弟和孤儿中开办培养汉语和蒙语翻译学校的命令。驻北京宗教使团从一开始就着手编写俄华词典和教科书。在 18 世纪，宗教使团学员编写出了第一批俄—汉—满语教科书和词典。到 18 世纪末，驻北京宗教使团成员中开始有人撰写严肃的汉学研究著作。在整个 18 世纪，俄罗斯向北京总共派出了 8 批宗教使团，人员有上百人次。其中近一半人研究汉语。1741 年 6 月 28 日，俄国参政院颁布了中文学校教学大纲，包括"中国字与汉语会话教学"和"展示全部中国礼节，以便学生随时了解中国政治"。1798 年，俄罗斯外交部开办了培养汉语、满语、波斯语、土耳其语和鞑靼语翻译的学校。① 随着 18—19 世纪欧洲地缘政治利益的扩大，欧洲许多国家对东方语言产生了长期稳定的需要，东方学也因此成为一门独立的学科。1855 年，为了提高东方学家的水平，根据沙皇尼古拉一世的命令，喀山大学的东方语言部被迁到圣彼得堡大学，在那里隆重创立了东方语言系。1899 年在符拉迪沃斯托克市设立远东国立东方学院汉语系，并在哈巴罗夫斯克建立了一所开设中国语文学的中学。从此，俄罗斯出现了两个汉语教学与研究中心，一个是西部的圣彼得堡大学中文系，另一个是东部的符拉迪沃斯托克东方学院。

1921 年，拉扎列夫斯基东方语言学院改名为莫斯科东方学学院，1954 年划归莫斯科大学东方语言学院管辖。1972 年东方语言学院变成莫斯科大学的亚非学院。从 1960 年开始，苏中两国关系的变化直接影响到汉语教学。社会上对汉语人才的需要量下降。20 世纪 70 年代中期曾有所好转，1976 年汉学系的学生使用的汉语教科书是中苏合编的《汉语基础》，这套教材经过时间的论证受到好评，曾被多次翻印。20

---

① 李逸津：《俄罗斯汉语教学与汉学研究的发端》，《天津师范大学学报》（社会科学版）2004 年第 4 期。

世纪 80 年代中期，苏中两国各层次的交往，特别是民间交往日益频繁，苏联对汉语人才的需求量不断增加。教学汉语的各种短期训练班应运而生。莫斯科大学亚非学院中国语文教研室也增设了一个公共汉语教学中心，为莫斯科各高等院校提供公共汉语师资，在中国出现了常规的苏联语言进修生和研究生。1991 年以后，莫斯科语言大学（前外语学院）和新办的俄罗斯文科大学相继设置了汉语专业。① 过去汉语专业一直不是冷门，但第一志愿报考汉语的人数总是少于日语。近年来，在报考莫斯科大学亚非学院十多个语种的新生中，第一或第二志愿报考汉语的学生占全部考生的 40% 左右，超过报考日语和阿拉伯语的人数。直到今天，在俄罗斯汉语仍是最热门的语种之一。② 苏联解体后的第一年，教授汉语的高校有 20—30 所，学习汉语的人数不到 100 人。然而 2002 年，俄罗斯联邦教授汉语的高校达到了 50 所，学习汉语的人数也增加到了 3000 人。2005 年以后学习汉语的大学生和研究生队伍不断扩大，目前已经达到了 1.5 万人。这些人中，有 6700 人将汉语作为自己的一外或者专业，有约 5000 人将汉语作为二外，还有 3000 余人是在大学或者科学院的语言培训机构学习汉语。

在长达 160 多年的汉语教学与研究的过程中，不仅形成了一套行之有效的机制，积累了丰富的经验，而且培养了一批又一批的汉语教师和通晓汉语的人才。俄罗斯的汉语教学与研究具有悠久的传统，为现在进一步扩大汉语教学的规模创造了必要的条件。

自 1988 年起，根据俄罗斯与中国政府间教育文化交流协议，俄罗斯政府每年选派 250 余名学习汉语的学生到中国作为期 1 年或 3 年的留学。据中国驻俄罗斯大使馆统计，2004 年在大使馆注册的来华俄罗斯留学生为 2288 人，如果加上通过旅游签证、商务签证等短期来华学习汉语的俄罗斯留学生，总数约为 4000 人，占外国留学生总

---

① 朱宪生：《汉语教学在苏联——莫斯科第十四寄宿学校参观记》，《语文教学与研究》1987 年第 4 期。

② ［俄］谭傲霜：《俄罗斯汉语教学的实践与思考》，《语言文字应用》1994 年第 2 期。

数的 4% 左右。① 2009 年 12 月 31 日，中俄两国共同启动俄罗斯 "汉语年"，促使两国的关系提升到一个新的历史高度。俄罗斯爆发前所未有的汉语学习热潮，大中小学积极着手开设汉语课。根据 2010 年俄罗斯联邦教育与科学部的社会学中心研究最新数据表明，在俄罗斯有超过 26000 人学习中文，其中在小学和中学有将近 11000 名汉语学习者，137 所俄罗斯大学有近 14000 名大学生和研究生在学习汉语，还有2000 名学生在孔子学院（课堂）学习中文。2015 年 7 月 28 日，俄罗斯联邦教育与科学部第一副部长娜塔莉亚·特列季亚克透露，从 2016年开始，俄罗斯正式试行将汉语作为统一国家考试（相当于中国的高考）科目之一。此外，俄罗斯全国 19 个联邦主体在 2015—2016 学年试举行中文奥林匹克竞赛，优胜选手获得中国驻俄罗斯大使馆提供的留学奖金。俄罗斯联邦教育与科学部称，增设奥林匹克语言类竞赛目的是促进学生学习第二外语的兴趣，并为将汉语引入高考做准备。②

目前，中俄双方正积极开展 "百校万人" 大学生交流活动，不断扩大互派留学规模，力争使双方留学生总数到 2020 年达到 10 万人。中国驻俄罗斯大使李辉表示，希望能借助语言这一桥梁，不断促进两国各领域交流。俄罗斯驻华大使杰尼索夫说，俄罗斯的目标不仅仅是培养会讲汉语的人才，更要培养航空航天、能源、法律、经济等专业领域的中文人才。③

2015 年 4 月 17 日，俄罗斯总理梅德韦杰夫在俄罗斯国立（古布金）石油天然气大学主持召开经济现代化和创新发展委员会主席团会议，建议年轻人不仅可以学习英语，还可以学汉语，汉语虽然比较难学，但汉语对年轻人在未来取得成功大有裨益。梅德韦杰夫说："总之，我认为，已经掌握了汉语的人，正在过着全新的生活，因为汉语

---

① 石传良、果戈里娜、张文福：《俄罗斯学生汉语学习现状的调查分析》，《世界汉语教学》2006 年第 2 期。

② 曲颂：《俄罗斯汉语教学方兴未艾　汉语已列入明年高考科目》，《人民日报》2015 年 7 月 31日第 3 版。

③ 同上。

中蕴含着完全不同的世界观。"①

第三节　汉语教学的环境和对象

一　高等院校汉语教学

俄罗斯高等经济学院著名汉学家马斯洛夫说："目前俄罗斯有超过 160 所大学教授汉语……几乎占到俄罗斯大学总数的 20%。无论是美国，还是世界上的其他国家，都没有达到这个数字。"② 在俄罗斯，会汉语的高校毕业生就业形势越来越好。

俄罗斯高校中排名第一的莫斯科大学，其亚非学院是培养东方学人才最早的学府之一，汉语是其中最重要的一门语言。该校翻译了《水浒传》《西游记》《金瓶梅》《庄子》《论语》《道德经》《儒林外史》等中国古典文学作品。

远东联邦大学，其前身是成立于 1899 年的符拉迪沃斯托克东方学院，1920 年更名为俄罗斯远东国立大学，2010 年末又与当地其他学校合并改名为远东联邦大学。这所以研究东方语言为主的大学已成为俄罗斯远东地区最大的汉语教学及汉学研究中心，同时也是全国培养汉学专业人才的第三大中心。远东国立大学东方学院中文系是俄罗斯高校中规模最大的中文系，2004 年中文系的学生约 400 人，2005 年发展到 500 多人，同时，该校国际关系学院、哲学与历史学院等学院学习汉语的学生也有 500 多人（俄罗斯 1980 年孩子出生的数量比较少，很多学校在招生方面面临生源不足的困难，远东国立大学学习汉语的人数有较大幅度增加，也可见"汉语热"之一斑）。远东国立大学东方学院中文系设有 5 个专业：汉语和文学、中国历史、中国经济、

① 中新网：《要成功学汉语——来自俄罗斯总理的建议》，2015 年 4 月 20 日，http：//www. hanban. edu. cn/article/2015 –04/20/content_ 589279. htm，2016 年 9 月 1 日。
② 阎国栋：《俄罗斯汉学的危机》，《国外社会科学》2015 年第 6 期。

经济管理、中国对外政策。现有汉语教师 26 人，其中包括 4 名中国教师。在远东国立大学东方学院，汉语是第一外语，学习的人数最多。到了 2014 年，中文系已有六个专业：汉语言专业、中国文学专业、区域经济专业、经济管理专业、中国历史专业、中国政治专业；有 37 名本土汉语教师，8 名国家汉办派出的中国教师。①

后贝加尔地区东南部与中国接壤，历史上与中国经济交往频繁，学汉语的人历来很多，汉语教学的历史也很长，如后贝加尔人文师范大学的外语系成立于 1952 年，20 世纪 60 年代开设汉语专业。赤塔的几所主要大学都开设汉语课，如赤塔师范大学外语系，有专门的对外汉语教研室；赤塔大学法律学院国际信息联系教研室，用汉语讲授国际关系、中国历史、地理课。俄罗斯乌苏里国立师范学院东方系开设的汉语专业，为适应当时中俄两国间的经济贸易交流与合作，于 1989 年正式面向社会教授汉语。

位于俄罗斯西南部、斯塔夫罗波尔边疆区的皮亚季戈尔斯克语言大学，从 1939 年开始加入了俄罗斯主要语言大学的行列。2007 年初，皮亚季戈尔斯克语言大学与长春师范学院签订了校际交流协议，包括每年互派教师到对方大学任教，开设暑期汉语班及建立 2＋2 汉语本科体系等。自 2007 年起，根据两校的协议，长春师范学院每年派汉语教师到皮亚季戈尔斯克语言大学任教；从 2009 年 9 月开始，皮亚季戈尔斯克语言大学首批"2＋2 班"的学生开始在长春师范学院学习。"2＋2 班"的学生一、二年级在皮亚季戈尔斯克语言大学学习汉语，三、四年级在长春师范学院学习汉语，毕业时可获得皮亚季戈尔斯克语言大学和长春师范学院两个学校的学位。2008 年，在我国大使馆的帮助下，中国语言文化中心在皮亚季戈尔斯克语言大学正式成立，这使该校的汉语教学迈上了一个新台阶。②

① 石传良、果戈里娜、张文福：《俄罗斯学生汉语学习现状的调查分析》，《世界汉语教学》2006 年第 2 期。
② 郭晓沛、逯红梅：《俄罗斯国立皮亚季戈尔斯克语言大学汉语教学现状及分析》，《职业教育研究》2009 年第 12 期。

　　俄罗斯高校专业汉语教学在课程设置上以汉语实践课贯穿教学全过程，是训练学生掌握汉语的主要课型，体现了培养学生汉语能力的终极目的。在实践课中，语音、词汇、语法综合提高，听、说、读、写综合训练，在初级阶段，取得了很好的教学效果。在不同教学阶段（基础阶段后）适时、适当地开设诸如视听课（二年级）、报刊课（四年级）等侧重单科训练的课程。课程设置在注重语言技能训练和培养的同时，注重专业性，针对学生不同专业需求、特点开设不同分科课型（汉语词汇学、汉语修辞学、商务语体实践、中华文化交流基础、跨文化传播理论与实践、翻译理论与实践等），寓专业知识于语言教学中、语言教学中贯彻专业知识。①

　　俄罗斯远东科学院远东研究所研究员 E.K. 舒鲁诺娃认为，俄罗斯高校教授汉语的方法主要是交际法、传统教学法和社会语言学教学法。以前教授学生汉语主要以书面语、文学和古代汉语为主，但学生毕业后却无法用汉语自如交流。现在的教学注重理论与实践相结合，重点放在训练汉语的熟练程度上，而不仅仅是传授语言知识。②

　　目前，俄罗斯高校的汉语教学和汉语研究状况形势喜人，发展势头越来越好，这与中国国力的提升和中俄友好不无关系。国之交在于民相亲。随着学习汉语的俄罗斯人越来越多，中俄两国人民之间的了解也得到了加强。我们应利用此契机，大力推进俄罗斯的汉语教学和研究，从而对中俄两国语言文化交流起到一定促进作用。俄罗斯国立人文大学孔子学院俄方院长易福成告诉《人民日报》记者，现在孔子学院组织文化活动已经成为常态，而且活动内容已经从初期的学剪纸、编中国结上升到了诸如莫言作品讨论会、中国传统哲学思想介绍等话题，能够吸引有一定汉语基础的人前来参加。③

---

① 孙克文：《俄罗斯远东国立大学的汉语教学》，《世界汉语教学》2000 年第 1 期。
② 崔钰：《当代俄罗斯汉语教学现状》，《开封教育学院学报》2015 年第 4 期。
③ 曲颂：《俄罗斯汉语教学方兴未艾　汉语已列入明年高考科目》，《人民日报》2015 年 7 月 31 日第 3 版。

二　中小学汉语教学

据 2005 年 5 月统计，符拉迪沃斯托克有四所普通教育（指进入大学之前的小学、初中、高中教育）学校开设汉语课，总计 1915 名学生学习汉语。[①] 远东联邦大学孔子学院 2011 年在符拉迪沃斯托克市的 4 所中学设有汉语教学点，共计 10 个汉语课程班，学习人数为 140 人；2012 年该孔子学院的中学汉语教学点增长到 7 个，而且还在符拉迪沃斯托克第 63 中学成立了汉语中心，7 所中学共开设了 29 个汉语课程班，学习人数增长为 363 人。符拉迪沃斯托克市报名参加 YCT 中小学生汉语水平考试的人数也在不断增长，2011 年参加 YCT 考试的人数为 185 人，而 2012 年共有 228 人参加了考试。[②] 1987 年，莫斯科第 14 寄宿学校是莫斯科仅有的两所将汉语作为外语教学的学校之一，全苏联一共有 15 所这样的学校[③] 2010 年，仅在莫斯科市就有 10 多所中小学开设了汉语课程，学习汉语的中小学生达到 2000 多人，但还是难以满足家长们的需求。2012 年 9 月，经俄罗斯圣彼得堡地区教育局审批，圣彼得堡第 32 中学的汉语课正式纳入学历教育课程，从而使该中学成为圣彼得堡继 652 汉语中学之后（652 汉语中学是 20 世纪 50 年代中苏友好时期成立的）第 2 所将汉语课程纳入正式教学大纲的学校。圣彼得堡地区原仅有 1 所学校开设汉语课程，到 2014 年已有 7 所中小学不同程度开设了汉语课。[④] 2013 年 4 月，伊尔库茨克国立大学孔子学院在伊尔库茨克第 26 中学举办了中国文化日活动。26 中学教导主任介绍说，他们学校的学生升入五年级后，可以自由选修外语的语种，绝

---

① 石传良、果戈里娜、张文福：《俄罗斯学生汉语学习现状的调查分析》，《世界汉语教学》2006 年第 2 期。
② 孙杰：《海外少儿对外汉语教学策略研究——以远东联邦大学孔子学院为例》，《家教世界》2013 年第 20 期。
③ 朱宪生：《汉语教学在苏联——莫斯科第十四寄宿学校参观记》，《语文教学与研究》1987 年第 4 期。
④ 圣彼得堡孔子课堂：《圣彼得堡 YCT 考试人数再创历史新高》，2014 年 4 月 1 日，http：//www.hanban.org/article/2014 - 04/01/content_ 530450.htm，2016 年 9 月 1 日。

大多数的学生和家长选择了汉语。因为中国经济发展快，又是近邻，中俄两国合作前景广阔，家长们非常清楚这一点，所以支持自己的孩子选择汉语。① 新西伯利亚市 112 小学与新西伯利亚国立大学孔子课堂合作，成立了专门的汉语中心。2014 年 112 小学一至五年级学习汉语的学生共有 59 人。

2015 年 4 月，俄罗斯伊尔库茨克国立大学孔子学院在第 53 中学和第 44 中学举行中国文化系列推广活动。孔子学院教师介绍了中国的概况和中国文化，以及孔子学院的性质、功能、开展的文化活动等。这两所中学已经开设了汉语课，此次活动的举办，旨在帮助他们学校学习汉语的学生进一步了解中国，了解中国文化，激发他们学习汉语的积极性②。2015 年 5 月 7 日，俄罗斯圣彼得堡市教育局正式发布批文，批准在 547 全日制学校建立"汉语实验学校"。547 中学是第一所也是目前唯一一所由中国投资建设的"汉语实验学校"，目前该校正在研发符合俄罗斯国情和教育体制的小学汉语教学大纲、教学计划及教材。

2015 年 9 月，俄罗斯政府宣布汉语正式列为俄罗斯高考科目，汉语考试成为俄罗斯教育与科学部主办的全俄中学生奥林匹克竞赛考试科目。2015 年 9 月 30 日—10 月 1 日，莫斯科国立语言大学召开俄罗斯首届"基础教育汉语教学标准与汉语全国统考标准"筹备会。中国驻俄罗斯大使馆公使衔参赞赵国成、莫斯科国立语言大学校长哈列耶娃、俄罗斯教育与科学部代表及来自俄罗斯各地中小学代表出席此次会议。会议围绕如何制定"标准"这一问题进行热烈讨论，代表们针对目前没有符合本国教育体制的教材、没有统一标准的教学大纲及缺

---

① 伊尔库茨克国立大学孔子学院：《俄罗斯伊尔库茨克国立大学孔子学院系列文化活动巡礼》，2013 年 5 月 9 日，http://www.hanban.org/article/2013 - 05/09/content_ 494289. htm，2016 年 9 月 1 日。

② 伊尔库茨克国立大学孔子学院：《俄罗斯伊尔库茨克国立大学孔子学院举行中国文化系列推广活动》，2015 年 4 月 20 日，http://www.hanban.org/article/2015 - 04/21/content_ 589901. htm，2016 年 9 月 1 日。

少师资等现状纷纷发表见解。①

三　孔子学院（孔子课堂）的汉语教学

截至 2016 年 6 月，俄罗斯已经建有 18 所孔子学院和 4 个孔子课堂。②

（一）孔子学院的汉语教学

1. 圣彼得堡大学孔子学院

所在城市：圣彼得堡

承办机构：圣彼得堡大学

合作机构：首都师范大学

启动时间：2006 年 11 月 10 日

2006 年 3 月，中国国家汉办与俄罗斯圣彼得堡大学签署孔子学院建设协议；2007 年 9 月，国务委员、国家汉语国际推广领导小组组长、孔子学院总部理事会主席陈至立为圣彼得堡大学孔子学院（圣大孔院）揭牌；2010 年，圣大孔院荣获"先进孔子学院"称号。2013 年，圣大孔院院长罗流沙荣获"孔子学院先进个人"称号。

2010 年 11 月 22 日，正在俄罗斯访问的国务委员刘延东访问圣彼得堡大学孔子学院，与孔院师生进行了亲切交谈。刘延东充分肯定圣彼得堡大学东方系与孔子学院密切合作的成果，以及该孔子学院在汉语教学和研究方面做出的努力。她强调，中俄战略协作伙伴关系不仅会造福两国人民，而且对世界的和平和人类的进步有重要意义。人文交流和语言的交流是人与人之间心与心的交流，将为中俄的战略合作伙伴关系奠定雄厚的基础。希望圣彼得堡大学，特别是东方学系和中国有关高等学校加强合作，办好孔子学院，共同为中俄的人文交流和

---

① 莫斯科圣彼得堡独立孔子课堂：《莫斯科召开俄罗斯首届"基础教育汉语教学标准与汉语全国统考标准"筹备会》，2015 年 10 月 20 日，http：//www. hanban. org/article/2015 – 10/20/content_ 619386. htm，2016 年 9 月 1 日。

② 以下有关俄罗斯孔子学院和孔子课堂汉语教学的信息主要来自国家汉办/孔子学院总部网页，不再一一注明具体出处。http：//www. hanban. org/article，2016 年 9 月 25 日。

文化合作做出贡献。2014 年 5 月 22 日，正在圣彼得堡访问的中国国家副主席李源潮专程到访圣彼得堡大学，与孔子学院师生亲切交流。李源潮站在中俄两国战略协作互补性强、合作空间巨大的高度，从人文交流在发展两国关系中所起到的基础性作用的角度，殷切寄语圣彼得堡大学孔子学院，希望师生共同努力，为促进中俄两国青年人才的交流互动，为克服语言、信息、法律等各方面的文化差异和障碍做出应有的贡献，培养出更多的汉学专家。

2013 年 2 月，圣大孔院承担的对外推广中国现当代文学的重要项目，翻译并出版了中国文学作品选集——《上海人》《红云》《命若琴弦》《雾月牛栏》《第四十三页》《边城》《红鞋》《重瞳》等作品集。

2015 年 4 月 22 日，来自世界各国百余名专家学者参加第 28 届亚非国家文献及历史学国际学术研讨会，主题是"变换世界中的亚非各国"。该研讨会是俄罗斯及独联体地区规模和影响力最大的东方学学术研究论坛，从 1961 年起每两年举办一次。中国问题研究是本次会议重要的主题和亮点，四十多位来自圣彼得堡、莫斯科、符拉迪沃斯托克、布拉格维申斯克、新西伯利亚等地的汉学家参加了研讨会。

2015 年 9 月 3 日，由圣大孔院资助，北京大学和圣彼得堡大学共同主办的"中国当代艺术展——国风"拉开帷幕。当地艺术家、观众及媒体记者等 300 余人前来参观。此次活动有中国各地区 37 名艺术家的 70 多件作品参展，包括绘画、艺术视频和雕塑等类。此外，主办方还组织了多场中国传统绘画艺术讲座，其中有香港知名艺术家吕丰雅为圣彼得堡大学师生主讲的"中国传统绘画发展历史"，国内知名雕塑家牟柏岩教授的小型雕塑现场制作和讲解展示以及书画大师林天行墨宝展示等，吸引了众多当地艺术爱好者，他们对中国艺术的巨大魅力和感染力赞叹不已。圣彼得堡"第一频道"电视台、《涅瓦时报》等十多家当地主流媒体对此次展览进行了采访和报道。

2015 年 10 月 8 日晚 7 时，由圣大孔院联手中国广州话剧团十三号剧院与俄罗斯艺术家共同创作编排的托尔斯泰文学巨著《复活》话

剧，在圣彼得堡波罗的海之家剧院国际戏剧节期间隆重推出。这是继
2014 年北京人艺与波罗的海之家剧院共同推出话剧《我的荆轲》之
后，中俄艺术家又一次成功合作。

2015 年 10 月 20 日至 25 日，根据圣大孔院年度工作计划安排，举
行了圣彼得堡地区本土汉语教师教学教法培训活动。来自圣彼得堡大
学东方系、圣彼得堡人文大学、圣彼得堡高级经济学校等近 10 所高校
和圣彼得堡 652 中学等中小学的本土汉语教师参加了此次培训活动。
培训主讲专家付玉萍、王宇分别由国家汉办和首都师范大学国际文化
交流学院委派。

2016 年 3 月 3—4 日，圣大孔院和俄罗斯科学院东方文献研究所
共同举办首届圣彼得堡"中国及其邻国"东方学青年学者国际研讨
会，当地多所高校的 50 余名青年学者齐聚一堂，研讨俄罗斯当今最热
门的话题。参加这次研讨会的青年学者大部分是各高校硕士博士研究
生，他们在指导教师的帮助下，分别从中国历史文化、当今中俄两国
政治经济发展趋势以及从全球视角观察探讨两国多层面交流合作的意
义等方面撰写科研报告并发言，引起了在场学者的积极反响和热烈讨
论。圣彼得堡当地多家媒体报道了此次研讨会。

2. 俄罗斯远东联邦大学孔子学院

所在城市：符拉迪沃斯托克

承办机构：远东联邦大学

合作机构：黑龙江大学

启动时间：2006 年 12 月 21 日

1999 年 9 月，俄罗斯远东国立大学（2010 年末更名为远东联邦大
学）设立了俄罗斯第二个 HSK 考试中心，2006 年 12 月开办了推广汉
语和中国文化的孔子学院。2006 年 12 月，中国国家汉办与俄罗斯远
东国立大学签署孔子学院建设协议并挂牌；2008 年，远大国立大学孔
子学院荣获"先进孔子学院"称号、俄方院长古丽洛娃荣获"孔子学
院先进个人"称号。2013 年 1 月，全国人大常委会委员长吴邦国访问

俄罗斯远东联邦大学孔子学院。

俄罗斯远东联邦大学孔子学院（远大孔院）有教师 13 人，开设有汉语班、书法班、武术班、HSK 辅导班、儿童汉语班等 25 个教学班。截至 2012 年 5 月，注册学习人员近 3000 人。在远大孔院的带动下，远东地区各大中小学均开设武术班，其中，符拉迪沃斯托克市第 2 中学、第 9 中学、第 63 中学、第 76 中学、技术中学、远东联邦大学附属中学等学校开设有汉语课，供学生选修，远大孔院在部分中学建有汉语中心，每周有孔子学院老师授课和讲授中华才艺课，其中主要包括中国结、剪纸、书法等。太极拳和毛笔书法在当地广泛流传。

2010 年 3 月 21 日上午，中共中央政治局常委、国家副主席习近平在教育部部长袁贵仁、中国驻俄罗斯大使李辉等陪同下，参观了远东国立大学孔子学院。习近平副主席认真观看了孔子学院成就展，并为孔子铜像揭幕。他在讲话中说，远东国立大学孔子学院从 2006 年成立以来，为俄罗斯远东地区民众学习汉语、了解中国文化搭建了新的平台，在提高汉语教学水平，推动中国文化传播方面做出了巨大贡献。他表示，年轻人既是国家的未来，也是中俄友好事业的未来，勉励两国青年以青春的热情、智慧的头脑，携起手来，为共同推进两国世代友好贡献力量。2013 年 1 月 29 日，中国全国人大常委会委员长吴邦国参观远东联邦大学孔子学院。吴邦国向孔子学院赠送孔子画像、观摩孔子学院的书法体验课并即兴为师生们挥毫，为孔子学院题词"书法艺术"。与俄罗斯学生交流时，接受一名学生用中文书写的新年贺卡，与孔子学院的青年教师合影。

2010 年 10 月 13 日，北京大学、上海师范大学、复旦大学和俄罗斯莫斯科国立大学、远东国立大学东方学院及孔子学院的师生、国际汉语教师志愿者等 100 多人共同参加了"俄罗斯汉语教学法的现实问题"国际学术研讨会。

2012 年 5 月 24 日，远大孔院成功举办了第四届中俄导游大赛。此次比赛是为了结合中俄旅游年，由俄罗斯滨海边疆区旅游厅、黑龙江省旅游局及吉林省旅游局与远东联邦大学孔子学院联合举办的。参加此次比赛复赛的是来自中国黑龙江省和吉林省的 6 名选手，以及俄罗斯滨海边疆区的 4 名选手。中国选手参赛语言为俄语，俄罗斯选手参赛语言为汉语。两国选手在比赛中都表现出了自己不凡的实力。俄罗斯是中国游客的主要旅游目的地国家之一，汉语导游奇缺已成为制约俄罗斯旅游业的重要因素。为此，远大孔院申办了旅游汉语两年学位班（毕业后授予远东联邦大学第二学位）。

2012 年 10 月 27—28 日，为提高国外本土教师的教材使用能力和教学水平，提高汉办教材的影响力和覆盖面，远大孔院举办了汉语教材培训活动。参加此次教材培训班的本土教师共有 51 位，分别来自俄罗斯远东地区滨海边疆区（符拉迪沃斯托克、乌苏里斯克、纳霍德卡、列萨扎沃斯克）及哈巴罗夫斯克、马加丹、南萨哈林、雅库特及布拉戈维申斯克市。培训聘请了中国对外汉语教材编写专家，从教材编写理念、教学设计、教案编写及课件制作等方面向学员们深入浅出地进行了理论介绍和实践操作。

远大孔院成立以来，举办或承办了"汉语桥"、汉语奥林匹克等多项文化活动。主要包括："汉语桥"世界大学生中文比赛选拔赛、中俄大学生联欢节、滨海边疆区书法大赛、中学奥林匹克汉语竞赛、滨海边区及远东地区中学汉语日、摄影展、教材巡展等。2016 年 4 月 8 日，主办首届滨海边疆区中学生"汉语桥"比赛，来自符拉迪沃斯托克和乌苏里斯克的 18 名优秀选手参加了本次比赛，200 余名中小学生及家长观看了本次比赛；2016 年 4 月 20 日，远大孔院举办第 19 届远东及后贝加尔地区汉语比赛暨第 15 届"汉语桥"世界大学生中文比赛选拔赛，8 个城市 9 所高校的 39 名选手参与了此次角逐。来自滨海边疆区的 600 余名大中小学生到场观赛。

每年远大孔院的考试中心都承办国家汉办组织的 HSK、YCT 和 BCT 考试。2016 年 3 月 20 日，远大孔院举办 2016 年第一次 HSK 汉语水平考试，330 名考生参加，考生人数首次突破 300 人大关，较去年同比增长 43%。

3. 伊尔库茨克国立大学孔子学院

所在城市：伊尔库茨克

承办机构：伊尔库茨克国立大学

合作机构：辽宁大学

启动时间：2006 年 12 月 22 日

2006 年 12 月，中国国家汉办与俄罗斯伊尔库茨克国立大学签署孔子学院建设协议；2007 年 9 月 8 日，国务委员、国家汉语国际推广领导小组组长、孔子学院总部理事会主席陈至立为伊尔库茨克国立大学孔子学院（伊大孔院）揭牌。自成立以来，学生人数从 2007 年成立之初的 30 人，发展到 2010 年的 187 人；班级数目从 2 个发展到 12 个；培训种类从单一的通用汉语扩展到专业汉语；汉语教师人数从 2007 年的 5 人增加到 2010 年的 9 人。由于在汉语教学、传播方面的突出贡献，俄方院长斯维特兰娜·拜拉莫娃女士 2010 年 11 月 24 日在莫斯科接受了温家宝总理的颁奖、2012 年荣获"孔子学院先进个人"称号。

伊大孔院会同中国驻伊尔库茨克总领馆、中国驻俄罗斯大使馆教育处联合举办了多次俄罗斯西伯利亚地区"汉语桥"世界大学生、世界中学生中文比赛预赛。包括 2012 年 4 月 26 日"汉语桥"世界中学生中文比赛预赛、2012 年 5 月 4 日"汉语桥"世界大学生中文比赛预赛、2013 年 4 月 24 日"汉语桥"世界中学生中文比赛预赛、2014 年 4 月 23 日"汉语桥"世界大学生中文比赛预赛、2015 年 4 月 2 日"汉语桥"世界中学生中文比赛预赛、2015 年 5 月 31 日"汉语桥"世界大学生中文比赛预赛等。

2012 年 9 月，由辽宁省文化厅、州文化局主办，伊大孔院协办的辽宁省非物质文化遗产展览在伊尔库茨克举行。这个展览向当地居民展示了独特的关东风情和浓郁的民俗民风，让俄罗斯人民真切地感受到了辽宁悠久的传统文化和迷人的文化风采。

2012 年 11 月 12—15 日，伊大孔院举办第三次汉语教师培训。北京师范大学周奕教授和卢华岩教授就对外汉语课堂教学、拼音教学等方面的理论和实践问题对 42 位中俄汉语教师进行了培训。2014 年 11 月 17—18 日，伊大孔院举办第五次汉语教师培训。46 名来自高校、中学、语言中心等各单位的中俄汉语教师参加了培训。北京语言大学刘谦功教授就"外国人学习汉语词汇的难点及解决法"及"汉字文化概说"两大专题，从词汇的教学原则、教学方法、外国人学习词汇难点、汉字中的文化、汉字教学如何体现文化等多个层次进行了详细的阐述；北京师范大学胡秀梅教授就俄罗斯学生语音、汉字学习的难点及这些难点的解决原则和途径、会话课口语能力训练、跨文化交际等问题进行了分析和讲解。

2014 年 6 月 2 日，原全国人民代表大会常务委员会副委员长成思危先生访问了伊尔库茨克国立大学孔子学院。成先生首先简要地向师生介绍了中国改革开放 30 年来取得的成绩、面临的挑战及对策，阐述了中俄两国能源协议签订的意义及战略合作伙伴关系的展望，接着回答了师生感兴趣的问题。座谈会结束后，成先生兴致勃勃地参观了孔子学院。拜拉莫娃院长向成先生介绍了孔子学院成立以来的各项工作及在当地产生的良好影响，得到了成先生的充分肯定。

4. 俄罗斯国立人文大学孔子学院

所在城市：莫斯科

承办机构：俄罗斯国立人文大学

合作机构：对外经贸大学

启动时间：2006 年 12 月 26 日

2006 年 12 月，中国国家汉办与俄罗斯国立人文大学签署孔子学院建设协议；2007 年 9 月，国务委员、国家汉语国际推广领导小组组长、孔子学院总部理事会主席陈至立为俄罗斯国立人文大学孔子学院揭牌。2013 年，俄罗斯国立人文大学孔子学院荣获"先进孔子学院"称号。

2010 年 3 月 24 日，正在俄罗斯访问的国务委员刘延东考察了设立在俄罗斯国立人文大学的莫斯科首家孔子学院。刘延东指出，语言作为文化载体和交流工具，是促进不同文明之间对话、交流和理解的桥梁。中俄互办"语言年"是继成功互办"国家年"之后，两国领导人基于促进中俄世代友好做出的又一重大决策，对深化中俄战略协作伙伴关系具有重要而深远的意义。希望学院师生继续努力，不断提高学习、研究和理解中华文化的能力，成为中俄两国友好交流的使者。

2010 年 2 月 4 日—3 月 7 日，俄罗斯国立人文大学孔子学院（国大孔院）在俄罗斯外文图书馆"白色大厅"举行了题为"我们学习汉语"大型教材展。该图书馆是目前全俄最大的外文图书馆，历史悠久，藏书丰富，影响广泛，馆内有五层楼的图书为中文图书。此次展览目的是向更多的俄罗斯汉语教师和学习汉语的学生展示中国在涉及对外汉语教学法、国情学、动画教学及书法艺术等领域的最新图书资料。此次教材展展示了孔子学院图书馆馆藏的部分教材、教学参考资料、教学工具书、音像图书等。这些资料都是孔子学院在中国收集的知名出版社近年来出版的最新汉语教学图书。此前，孔子学院已在俄罗斯国立人文大学、莫斯科财政工业大学、莫斯科 1441 中学相继举办了教材展。

如何培养俄罗斯的中小学生学习汉语的兴趣，让他们在学习中体验快乐，提高学习效率，是目前俄罗斯中小学汉语教学中亟待解决的课题。2013 年 3 月 21 日，国大孔院举办了全俄中小学生汉语教学法研讨会。莫斯科第 11、第 548、第 1441、第 1599、第 1535、第 1947 中学、莫斯科大学、莫斯科语言大学、莫斯科师范大学均派代表参加了会议，圣彼得堡大学、下诺夫哥罗德国立语言大学、托木斯克国立大学、乌拉尔联邦大学、卡尔梅克国立大学、喀山联邦大学、梁赞国立大学、阿穆尔国立人文师范大学等高校的孔子学院也以远程视频的形式参加了研讨。发言的代表均是在俄罗斯从事中小学汉语教学的一线教师，他们把自己在一线教学中积累的经验和发现的问题毫不吝啬地拿出来与大家分享。研讨会上，孔子学院俄方院长易福成还向大家隆重介绍了刚刚面世的《新编汉语新目标》教材第一册。该教材在国家汉办/孔子学院总部的支持和关心下，由易福成教授主编、中俄双方一线骨干教师参编，集理论性、实用性、趣味性于一身，专门面向俄罗斯汉语教学的需求。与会教师对教材中的有关内容进行了研讨，并提出了进一步改进的希望和建议。

2013 年 12 月 26 日，国大孔院举行纪念毛泽东诞辰 120 周年活动。孔子学院的中方教师分别用中俄两种语言向在场的俄罗斯学生介绍了毛泽东的伟大一生、他对中国和中国人民做出的贡献以及官方对他的评价。为了这次活动的成功举办，孔子学院中方教师特别准备了记录毛泽东生平的相关影片和 PPT，组织学生排练了毛泽东诗词朗诵等节目。国大孔院俄方院长伊甫琴科表示，毛泽东是对中国历史进程产生重大影响的人物，孔子学院举办这次活动，有助于俄罗斯年轻人了解并进一步认识这位中国领袖。

2014 年是中俄青年交流年。为了让更多的俄罗斯青少年了解中国，感知中国，3 月 14 日，国大孔院成功举办了《领略中国——2014》主题日活动，来自孔院的学生、莫斯科学习汉语的中小学生以及对中国文化、历史、艺术和汉语感兴趣的莫斯科各界来宾 200 多人参加了此次活动。在活动中，大家不仅可以欣赏中国的书法绘画作品和茶道文化，还可以直接参与书法绘画的创作和泡茶品茶的过程，通过亲身参与有关的活动来增加对中国历史、文化、社会等的了解，激发更多的汉语学习热情。

每年的 9 月 28 日，国大孔院都要举行各种形式的纪念孔子的活动。2014 年是孔子诞辰 2565 周年，孔院特别在莫斯科著名的巴达尼切斯基植物园举办纪念活动。纪念活动以俄方院长易福成与中方李正荣教授为大家介绍孔子创立的儒家学说以及在此基础上发展起来的儒家思想对中华文明产生的深刻影响拉开序幕。最令来宾们兴奋不已的是孔院请来了两位中国道士为大家表演太极拳，他们的一招一式深深吸引了来宾们的目光。众多的俄罗斯人，有的甚至是全家出动，参加了整个纪念活动。

2014年12月19日及26日，国大孔院针对中小学实验班和大学及社会汉语学习班举办了两场期末会演。据了解，国大孔院目前已形成集汉语学习、茶艺国画书法体验、文化讲座为一体的汉文化学习中心。2014年9月招生会后，学院新开设7个班级，学生人数激增至380人，预计2015年春季学期学生人数还会增加。

2016年6月21日，由俄罗斯国立人文大学孔子学院、中国作家协会、莫斯科中国文化中心、俄罗斯翻译学院、俄罗斯《十月》杂志社联合举办的第二届中俄文学论坛顺利召开，舒婷、陈应松、马克西姆·阿梅林、叶普盖尼·希施金、弗拉基米尔·别列金等中俄著名诗人和作家参加了本次论坛。围绕"诗歌的使命与当代处境"和"文学与社会"两个主题，两国作家就诗歌与小说在当今世界的地位、诗人和作家的使命与社会责任、传统意识在中俄当代作家创作中的地位等问题进行了深入交流讨论。论坛结束后，中俄作家表示，这次活动实现了中俄文学的对话，机会十分难得，与会作家将自己的作品赠送给孔子学院。

5. 新西伯利亚国立技术大学孔子学院

所在城市：新西伯利亚

承办机构：新西伯利亚国立技术大学

合作机构：大连外国语大学

启动时间：2007年4月8日

2007年9月，国务委员、国家汉语国际推广领导小组组长、孔子学院总部理事会主席陈至立为新西伯利亚国立技术大学孔子学院揭牌；2010年，新西伯利亚国立技术大学孔子学院荣获"先进孔子学院"称号。

由孔子学院总部主办，新西伯利亚国立技术大学孔子学院（技大孔院）承办的欧亚地区孔子学院 2010 年联席会议 7 月 8—9 日在俄罗斯新西伯利亚召开，来自俄罗斯、乌克兰、白俄罗斯、摩尔多瓦、亚美尼亚、吉尔吉斯斯坦、哈萨克斯坦、乌兹别克斯坦、塔吉克斯坦等 9 个国家的 31 所孔子学院和中国北京大学等 25 所著名高校以及中国驻俄罗斯、乌克兰、白俄罗斯使领馆的 100 多位代表参加。2016 年 5 月 29 日，技大孔院主办了全俄孔子学院/孔子课堂联席会议，来自全俄 17 所孔子学院、5 家孔子课堂的中外方院长和负责人等 51 名嘉宾齐聚一堂。联席会议使更多的人了解到孔子学院和孔子课堂在俄罗斯的发展现状，有助于促进中国文化和汉语事业的推广。

2015 年 11 月 4—6 日，"一带一路框架下中俄二十一世纪战略协作关系论坛"在技大孔院举办，来自中国、俄罗斯、哈萨克斯坦等国的 70 余名政要和相关学者参加了此次论坛。中国驻俄罗斯大使馆公参赵国成做了专题报告"中俄关系在教育领域的发展"，介绍了中俄青年交流、中俄高校合作、中国驻俄罗斯大使馆教育处为中俄战略合作所举办的各项活动等内容。莫斯科国际关系学院教授、俄罗斯著名语音学家阿列克萨欣做了题为"汉语实践语音学导论"的报告，对汉语语音教学提出了极具建设性和指导性的意见。莫斯科国防大学教授、俄罗斯著名语言学家卡切尔金做了题为"语言在中俄协作中的重要作用"的报告，强调了在俄罗斯进行汉语教学和在中国进行俄语教学的必要性。俄罗斯著名汉学家、考古学家科米萨洛夫的报告"丝绸之路的历史回顾"，从考古学和历史学的角度探讨了"一带一路"对中国与俄罗斯战略合作的重要意义。

"西伯利亚地区中文歌曲大赛"是新西伯利亚国立技术大学孔子学院精心打造的品牌文化推广活动。2010 年 3 月 12 日，第三届中国歌曲大赛举行，来自 4 个城市 8 所高校的大学生参加。2013 年 3 月 15 日，第六届中国歌曲大赛举办，共有来自 5 个城市 10 所大学的 50 多位汉语爱好者参加。2014 年 3 月 12 日，第七届中文歌曲大赛举办，比赛的有 75 位选手，比上届多了一倍。2015 年 3 月 18 日，第八届"孔子学院杯"西伯利亚地区中文歌曲大赛拉开帷幕。2016 年 3 月 16 日，第九届"友谊之声孔子学院杯"大学生中俄歌曲比赛成功举办，来自俄罗斯的 10 余个城市的 65 位选手参加了比赛。

作为 2010 年俄罗斯"汉语年"的一项重要活动，技大孔院与新西伯利亚 РБК 电视台合作，推出《今日中国》电视系列节目。目的是让俄罗斯民众对中国的传统文化及当今中国的发展与变化有更直接和深入的了解。节目共 24 期，分别于每周三和周日播出，历时一年。每期节目由一个主题组成，如"中国传统节日""中国饮食""中国茶艺""中国服装""中医文化""中国名胜""中国乐器""中国民乐""中国武术"等。

技大孔院继 2008 年 10 月 6 日在诺瓦古兹涅斯克市和西伯利亚国立工业大学联合开设首个汉语文化中心之后，2010 年 2 月 16 日，在阿尔泰边疆区首府巴尔瑙尔市阿尔泰经济法律管理学院开设了第 2 个汉语文化中心。2012 年 2 月 22 日上午，技大孔院第 3 个中国文化与汉语中心——科迈罗沃文化艺术大学"中国文化与汉语中心"举行揭牌仪式。

2011 年 9 月 7 日，技大孔院迎来了四周岁生日。从 2007 年 9 月 7 日成立以来，孔院取得了令人瞩目的成就：由最初的 1 个班到四年后的 12 个班，由在孔子学院授课到走进周边城市开设汉语教学点，由向社会推介汉语和中国文化到社会主动找到学院要求学习汉语和中国文化，由名不见经传到跻身全球优秀孔子学院前 30 名。2013 年 9 月 6 日上午，新西伯利亚国立技术大学孔子学院成立六周年庆典活动在孔子学院会议厅隆重举行。孔子学院注册学员已累计达 1000 多人次，举办夏令营、中国文化体验等文化活动累计 200 余场次，成立了本土汉语教师联合会，编写出版了适合本土汉语教学的教材和文化读物，在新西伯利亚地区确立了自己中国文化推广和汉语教学的核心地位。

为进一步加强汉语教材的本土化建设，推动汉语教学再上新台阶，2011 年 11 月 17—18 日，技大孔院举办了"俄罗斯新西伯利亚地区汉语教材建设与使用"研讨会。这是继 2008 年"汉语教学法研讨会"、2009 年"汉语教学在俄罗斯研讨会"后的第三次研讨会。10 所高校的三十余名汉语教师参加研讨会。研讨会注重理论联系实际，将教材建设与教学实践有机结合起来，解决汉语教学中遇到的各种难题。2014 年 11 月 28—29 日，技大孔院举办第六届汉语教学研讨会暨第三届西伯利亚地区本土汉语教师联合会。新西伯利亚地区 15 所高校和中小学的校长、教师代表及孔子学院全体教师出席。本次研讨会旨在解决汉语教学中遇到的各种实际问题，为中俄汉语教师搭建相互了解、经验交流的平台，推动汉语教学水平不断提高。十余位参会教师就翻译教学、商务汉语教学、小学汉语教学等内容做了报告，重点推介了孔子学院与本土教师合作编写的高级汉语报刊阅读教材——《当代报刊阅读》。

2012 年 5 月 29 日，为了进一步加强区域汉语教师之间的交流与合作，推动汉语教学再上新台阶，"区域汉语教师联合会"在技大孔院宣布成立。"区域教师联合会"的成员由来自新西伯利亚地区 15 所高校的 30 余名汉语教师组成。"区域汉语教师联合会"集各高校优势联合编写汉语教学专著，通过开展一系列的研讨活动，将汉语教学和科研气氛营造得更为热烈。

"汉语桥"中文比赛是促进俄罗斯青年学习汉语和中国文化、展示汉语能力的重要平台。2013 年、2014 年，技大孔院连续承办西伯利亚地区"汉语桥"世界大学生中文比赛选拔赛。2015 年 4 月 27 日，技大孔院不仅承办新西伯利亚赛区"汉语桥"世界大学生中文比赛选拔赛，同时承办新西伯利亚赛区"汉语桥"世界中学生中文比赛选拔赛。2016 年 5 月 27 日，技大孔院承办"汉语桥"第五届全俄大学生中文比赛。25 名选手参加比赛。

6. 喀山联邦大学孔子学院

所在城市：喀山

承办机构：喀山联邦大学

合作机构：湖南师范大学

启动时间：2007 年 4 月 24 日

喀山联邦大学孔子学院（喀大孔院）自 2007 年 9 月正式成立以来，除开设汉语教学课程外，还多次举办国际学术研讨、"中俄友谊之春"文艺演出，以及各种形式的中国文化的宣传推广活动，内容涉及中国的历史、音乐、书法、摄影、饮食等方面，通过现场教授中国剪纸、书法、茶艺、传统美食等文化课程，让参与者近距离感受中国文化的魅力，为汉语学习和爱好者了解中国架起了一座沟通的桥梁。2011 年，俄罗斯喀山联邦大学孔子学院荣获"先进孔子学院"称号。

喀大孔院自 2007 年成立以来，一年一度主办以"俄罗斯—中国：历史与文化"为主题的国际学术研讨会，从未中断。中方合作院校湖南师范大学每年由校领导率团出席。2011 年 10 月 14—15 日举行了第四届研讨会，大会围绕"中国文化和汉语教学""俄中关系的历史、现状与前景"等论题展开热烈讨论。2014 年 10 月 9—11 日举行了第七届研讨会，这次国际会议达到了前所未有的规模，与会代表除来自俄罗斯本土外，还有来自中国、美国、英国、印度、中国香港、乌克兰、以色列等 10 余个国家和地区，围绕"汉语教学理论及方法中存在的问题""中—俄之间的关系和中国内政""中国历史""中国哲学和文化"等论题，提交论文近 100 篇，展开激烈讨论。2015 年 10 月 8—10 日举行了第八届研讨会，此次会议的中心议题包括"中俄关系""汉语教学的理论和方法""中国的历史和文化"等，俄罗斯、中国、波兰、保加利亚等国的专家学者提交了 90 余篇论文。

2010 年 2 月 13 日，是中国春节的除夕之夜，俄罗斯喀山市"2010 年中俄学生春节联谊会"在喀大孔院举行，来自喀山大学、鞑靼斯坦共和国人文师范大学、喀山经济法律管理学院、喀山第 18 中学等大中学校学习汉语的学生，与喀山市各高校中国留学生一道庆祝中国春节，孔子学院全体教师及部分夜校班学员也参加了此次联谊会。联谊会上，中俄师生表演了武术、京剧、中国民族舞蹈、中国诗歌朗诵、乐器演奏等极具中国文化特色的节目。喀大孔院组织此次联谊活动，旨在让俄罗斯人民，特别是俄罗斯的大中学生更好地了解中国和中国文化，增进两国学生的友谊和交流。2012 年 3 月 15 日晚，由国家汉办/孔子学院总部委派，湖南师范大学一行 25 人组成"孔子学院大春晚艺术团"在俄罗斯鞑靼斯坦共和国内务部音乐厅举行了以"中俄友谊"为主题的演出，全面展示中国文化的独特魅力，巧妙地将中国艺术和中国文化的传播结合起来。为迎接蛇年新春和庆祝喀大孔院切尔内分校汉语教学点成立四周年，2013 年 2 月 28 日，喀大孔院在切尔内组织了一场别开生面的文艺演出。这是切尔内市第一次举办大型的关于中国的文艺演出，切尔内电视台、切尔内《消息报》、切尔内《统一报》等媒体都进行了跟踪报道，在切尔内小城引起强烈反响，获得一致好评。2014 年 1 月 30 日，喀大孔院举办了新春联谊会，中俄朋友欢聚一堂，体验中国新年传统文化：写春联、剪窗花、包饺子、看春晚；欣赏中国茶艺、民乐演奏，品尝中国美食、观看焰火。晚会期间欢声笑语，其乐融融。2015 年 2 月 15 日，在庆祝中国春节的喜庆气氛中，喀大孔院举办了面向俄罗斯儿童，主题为"新年好，中国"的"儿童大学"中华文化体验活动，300 余名儿童及他们的父母来此了解和体验中国文化，包括汉字认读、中国传统乐器展示、毛笔字临摹、京剧服饰体验、武术和太极拳现场教学等活动和别具一格的文化讲座，这些活动在俄罗斯家长和孩子们心中播下了中华文化的种子。2016 年 2 月 8 日，喀大孔院举办第二届"儿童大学"活动和中国春节联欢晚会。喀山各中小学校长、师生及社会民众 1500 余人次参与其中。此次"儿童大学"活动设立了中国传统服饰、民族乐器、书法、工艺品、太极拳、象棋围棋、乒乓球等七个展览板块，通过拍照、讲解、提问、发放奖品等形式与学生进行互动，极大地提高了学生参与活动的积极性。据了解，此次活动是喀大孔院场面最为盛大的一次活动。

2011 年开始，喀大孔院连续主办中俄双语辩论赛。2011 年 4 月 8 日举办了第一届，辩题为"大学生应该学博还是学专"。2012 年 4 月

17 日举办了第二届，辩题为"当今社会需要全才还是专才"。这些活动不但促进双方语言水平的提高，也极大鼓舞了中俄学生学习双方语言的热情。2016 年 4 月 5 日，举办"2016 大学生汉语辩论赛"，参赛选手为孔子学院高级汉语学习者，有 16 人进入初赛，8 人进入决赛，辩题为"爱和被爱谁更幸福"。辩论赛旨在提高孔子学院高年级学生的人文素质和思辨能力，考察学生的汉语口语表达能力，同时也为学生营造了良好的汉语学习氛围。

喀大孔院从 2010 年起，连续举办鞑靼斯坦共和国中俄歌曲大赛，已经成为喀大孔院的品牌文化项目。比赛形式为俄罗斯选手演唱中国歌曲，中国选手演唱俄罗斯歌曲。2011 年 4 月 16 日举办第二届大赛、2012 年 11 月 24 日举办第三届大赛、2014 年 11 月 25 日举办第五届大赛、2015 年 11 月 21 日举办第六届大赛。来自鞑靼斯坦共和国多所高校和部分开设汉语课的中学的选手参加比赛。一年一度的中俄歌曲大赛提升了学生们的汉语学习热情，丰富了学生们的文化生活，同时也为鞑靼斯坦共和国中俄文化的交流搭建了平台。

喀山市第 18 中学 2003 年开设汉语课，是鞑靼斯坦共和国当时唯一一所将汉语列为外语必修课的学校。2015 年 4 月 3 日，"鞑靼斯坦共和国中小学外语教学大会"在第 18 中学召开。出席大会的有地方教育局各级主管官员、中小学校长及部分外语教师。教育厅厅长菲达诺娃表示，3 年内，喀山及周边地区将有 20 所中小学开设汉语课，有条件的学校可以将汉语兴趣课发展为课程体系中的必修课。

2014 年 3 月 9 日—4 月 9 日，喀大孔院开展了第一届"汉语月"活动，组织了硬笔字书法比赛、汉语朗诵比赛、孔院 LOGO 设计大赛、鞑靼斯坦共和国汉语知识大赛和由俄罗斯国立人文大学孔院学院俄方院长"中国通"易福成教授主持的学术论坛。2015 年 3 月 16—31 日，开展第二届"汉语月"活动，举行了"中国经典电影展播周""喀山市中小学汉语教学校长论坛""硬笔字书法比赛""中俄电影配音大赛"等精彩活动。这一系列汉语活动，为鞑靼斯坦共和国及周边城市汉语水平不同层次的学习者和爱好者创造了浓厚的汉语学习氛围，让俄罗斯人更多地了解汉语和中国文化的魅力。鞑靼斯坦共和国政府决定在全境中小学推广汉语教学。

2014 年 9 月，喀大孔院与喀山市第 2 中学、第 3 中学和第 13 中学签订协议，这 3 所中学正式成为喀大孔子学院的下属教学点，喀大孔院在这 3 所学校开设了 15 个初级汉语教学班，学员年龄从 7 岁到 16 岁不等，人数近 300 人。2015 年 1 月 25 日，喀大孔院与契斯达波雷市政府及中心图书馆签订合作协议书，建立孔子学院汉语教学点，开课教授汉语。

2014 年 11 月 18 日，喀大孔院的下设教学点——楚瓦什共和国切巴克萨雷国立师范大学中国文化教育中心举行成立庆典与剪彩仪式。11 月 19 日，作为中国文化教育中心成立庆典系列活动，切巴克萨雷国立师范大学举行了"比秋林学术研讨会"。切巴克萨雷是俄罗斯第一代汉学家比秋林院士的故乡，他编写的《汉语语法》是俄罗斯第一部较系统全面介绍汉语语法的著作，开启了俄罗斯汉学研究的历史。

2015 年 5 月 13—15 日，来自湖南中医药大学两位专家李铁浪教授和曾光博士走进喀大孔院，分别在孔子学院和喀大医学院介绍了中医的基本理念及中医主要外治技术，受到喀大师生和广大市民的热烈追捧，在喀山掀起了一股"中医热"。

2015 年 6 月 10 日，全国人大常委会委员长张德江一行访问了喀山联邦大学孔子学院。张德江委员长与师生们一一握手，他向孔子学院中方院长李苗询问了孔子学院相关情况，并与孔院师生亲切合影。

2016 年 3 月 1 日，喀大孔院中方院长李兰宜应邀出席"鞑靼斯坦共和国中小学汉语教学研讨会"。各中小学校长、汉语教师 100 余人参加此次活动。研讨会总结了鞑靼斯坦共和国中小学外语教学尤其是汉语教学的现状，分析了目前汉语教学所面临的困境与问题。喀山市目前共有 8 所中学开设汉语课，孔子学院与其中的多所学校建立了合作关系。

7. 布拉戈维申斯克国立师范大学孔子学院

所在城市：布拉戈维申斯克

承办机构：布拉戈维申斯克国立师范大学

合作机构：黑河学院

启动时间：2007 年 5 月 15 日

　　布拉戈维申斯克国立师范大学孔子学院（布大孔院）自 2007 年建院以来，除了致力于对俄罗斯学生的"汉语教学"，也非常重视"文化培养"。不但开设了书法等课程，还积极举办中国电影欣赏、剪纸、编中国结、茶艺演示、民乐武术表演等多种形式的中国传统文化活动。旨在通过这样的活动，激发更多的俄罗斯学生学习汉语、了解中国文化的兴趣，为中俄两国文化交流与发展架起沟通的桥梁。2012 年，俄罗斯布拉戈维申斯克国立师范大学孔子学院荣获"先进孔子学院"称号。

　　2010 年 4 月 26—29 日，布大孔院组织来自中俄两国 15 所高校的近千名师生代表，开展中俄民族文化展示、中俄青年研讨会、汉语教学成果汇报、孔子学院课堂观摩、中俄传统文化文艺演出、中俄青年参观黑河敬老院并为老人提供志愿服务、中俄青年祭扫苏联红军烈士墓以庆祝反法西斯胜利 65 周年、中俄共植友谊树等一系列活动。2010 年 9 月 23—26 日，举办了"大学及中学汉语教学问题"国际学术研讨会，组织阿穆尔州大学、中学及孔子学院的 50 余名汉语教师参加，旨在提高本土汉语教师的专业基础知识及教学技能，探讨大学及中学汉语教学方法、交流教学经验。

　　2011 年 5 月 20 日，由黑龙江省教育厅、阿穆尔州政府内政局、阿穆尔州教育厅主办，黑河学院、布拉戈维申斯克国立师范大学、布拉戈维申斯克国立师范大学孔子学院共同承办的中国黑龙江省・俄罗斯阿穆尔州"学生交流年"暨"携手青春・共享阳光"第二届国际青年大会开幕式在黑河学院拉开了帷幕。此次活动历时 5 天，先后在中国的黑河市和俄罗斯的布拉戈维申斯克市举行，共有中俄 20 余所高校的近万名大学生参加。活动期间中俄青年开展了丰富多彩的中俄教育文化交流活动。黑龙江省教育厅和阿穆尔州教育厅本着沟通友谊、互惠互利、取长补短、共谋发展的原则，广泛开展合作办学、互派教师讲学、互派留学生学习，交换教材和教学信息、科研合作、召开学术会议等全方位、宽领域、多层次的教育交流与合作，为推动两省州乃至两国高校的合作交流做出积极的贡献。2012 年 5 月 12 日，"携手青春·共享阳光"第三届国际青年大会在俄罗斯布拉戈维申斯克市文化广场拉开序幕。本次活动在布拉戈维申斯克市和黑河市历时 5 天，中俄大学生积极参与了国际青年科技研讨会、中俄民俗文化展览、中俄青年文艺会演、中俄大学生篝火晚会、祭扫苏联红军烈士墓、中俄大学生科技创新作品展、中俄大学生素质拓展训练等 10 余项丰富多彩的活动。

2012 年 3 月 12—17 日，布大孔院成功举办了"汉语周"。来自布拉戈维申斯克市和腾达市的国立大中小学及私立外语学校的中文教师和学生代表参加了本次活动，这是在阿穆尔地区从事汉语教学人员的一次盛会。"汉语周"期间，举办了"汉办教材培训班""第二届大学及中学汉语教学问题国际研讨会""阿穆尔州中学生国情文化知识竞赛""布拉戈维申斯克市第 14 中学汉语公开课大赛""茶艺培训课"等一系列活动。

2012 年 5 月 30 日，布大孔院在布拉戈维申斯克市第 14 中学和第 25 中学举行了汉语教学点揭牌仪式。越来越多的俄罗斯学生对汉语产生了浓厚的兴趣，教学点的设立能够为更多的俄罗斯中学生提供学习汉语的机会。加上之前的老年大学汉语学习中心，3 个汉语教学点学员已达 1000 多人。5 年来，总计已为近 2000 名俄罗斯学生进行了各类汉语培训。2014 年 9 月 10 日，布大孔院又在腾达市成功建立了汉语课堂。

2012 年 11 月 8 日，布大孔院举办涉外汉语培训班开班仪式，为当地俄罗斯边检、海关、移民局共 26 名工作人员进行为期半年的免费汉语培训。近年来随着中俄两国经济文化交流的日益频繁，到俄罗斯的华人商旅、游客逐渐增多。设立汉语培训班目的是使俄罗斯涉外人员在工作中能用简单的汉语与中国人进行交流，提高海关、边检部门的工作效率，使他们进一步了解中国文化和中国人的性格特征及思维方式等，在工作中减少因语言障碍而产生的误会和摩擦，为增进中俄人民的相互了解和友谊做出贡献。

2012年11月26日—12月4日，布大孔院成功举办了"汉语节"系列活动。来自布拉戈维申斯克市大中小学生共600多人参加了本次活动。此次"汉语节"以"中国民族风情"为主题，孔子学院组织了"中国少数民族风情展演""小品大赛""中国烹饪大赛""中国风摄影大赛"等一系列活动。

2013年5月19日，布大孔院举办了第三届中俄合作历史与前景理论问题国际学术研讨会。10余所高校和研究机构的20余位专家学者参加了本次研讨会。研讨会上，与会专家学者就中国未来发展的前景及国际影响力、《中俄地区合作规划纲要》落实情况以及中波（波兰）、中欧、中俄国际关系等感兴趣的话题进行了交流与探讨。

2015年5月15日，布大孔院迎来成立8周年纪念日。5月21—22日，孔院全体师生举行了系列庆祝活动。布大孔院2012年"获全球优秀孔子学院"荣誉称号，是当时俄罗斯唯一获此殊荣的孔院；2014年，汉语教师张航被评为"全球最美汉语教师"，这是唯一一名在俄罗斯孔院任教的获奖教师。8年来，孔院培训各类学员累计已达11500余人次，各种文化活动参与人数超过9000人，开设了4个汉语学习中心。

8. 布里亚特国立大学孔子学院

所在城市：乌兰乌德

承办机构：布里亚特国立大学

合作机构：长春理工大学

启动时间：2007年7月6日

2010年4月12日，布里亚特国立大学孔院在布里亚特共和国第3语言中学举行了"神奇的中国"中学生汉语知识竞赛。竞赛内容包括中国地理、中国文化、中国历史，整个比赛知识性和趣味性相结合，大大提高了俄罗斯中学生学习汉语和中国文化的兴趣。2010 年 4 月 24 日，布里亚特孔院举办"布里亚特共和国首届汉语演讲比赛"。参赛选手来自布里亚特国立大学各院系、孔子学院、布里亚特师范学院、国立艺术大学、第 3 语言中学和东西伯利亚国立工艺大学等多所大中学校的 35 名选手。比赛主题为"我眼中的中国"，选手们表达了对"既传统又现代"的中国由衷向往，展示了毛笔书法、诗词朗诵、中华茶道、扇子舞和剪纸等精彩的才艺。2010 年 12 月 2 日，布里亚特孔院和乌兰乌德市图书馆共同举办了中国诗歌鉴赏会。本次活动吸引了来自布里亚特共和国各高校、3 所中学以及孔子学院的师生、中国留学生等 50 余名中国诗歌爱好者参加。

2011 年 4 月 25—30 日，布里亚特孔院主办了首届布里亚特共和国中学"中国文化周"活动，活动内容包括中国饮食与民族服饰图片展、汉语图书与资源展、奥林匹克中国文化知识竞赛、中国电影日、茶艺、剪纸、"我与中国"汉语演讲比赛等丰富多彩、生动有趣的中国文化活动。2015 年 3 月 2—8 日，布里亚特孔院和布里亚特国立大学东方学院共同主办"汉语周"系列活动。本次"汉语周"活动主要内容有：介绍留学中国、体验中华传统美食、综合汉语比赛、中国才艺表演。其中，"介绍留学中国"是本次"汉语周"活动的新增环节，由曾在中国各高校留学的高年级学生介绍留学期间的学习与生活，让低年级学生对中国高校、中国文化与风俗习惯、人文情怀等都有了较为形象的认知与了解。2016 年 3 月 14—20 日，布里亚特孔院与东方学院再次联合举办"汉语周"系列活动。本次"汉语周"系列活动主要有两个部分：一、二年级学习汉语的学生的综合汉语比赛和全体学习汉语学生的中华才艺表演。综合汉语比赛包括汉字书写、汉语短文朗读、中文讲演和中华才艺展示等；中华才艺表演分为个人表演和集体表演，表演形式有中文歌曲演唱、舞蹈表演、诗歌朗诵、中国寓言故事演绎和中国现代生活小品表演等。

2012 年 3 月 6 日，布里亚特孔院乌兰乌德市第 3 语言中学汉语教学点举行了隆重的揭牌仪式。仪式后，第 3 语言中学的学生们为来宾表演了"中国武术""中国传统舞蹈""中国流行歌曲"等自编节目，充分展示了中学生们对中国文化艺术的热爱。第 3 语言中学汉语教学点的成立为当地中学的汉语教学注入了新的活力，为中国文化能够更好地走进孩子们的世界奠定了基础。

2012 年 6 月 14—15 日，布里亚特孔院建院 5 周年区域汉语教学研讨会隆重召开。来自多所高校近 30 位中俄汉语教师参加了此次研讨会。与会者就高级商务汉语教学、汉语教学中"字"意识的培养、汉语写作教学方法、网络多媒体教学法、汉语教材的选用与编写、多元化汉语教学法、汉语娱乐教学法和俄语区汉语学习者常见错误研究等问题展开了热烈的讨论。2012 年 11 月 7—9 日，布里亚特孔院举办了汉语教材培训班。培训内容包括汉语教材专题讲座、汉语教学示范课、汉语教材研讨与授课展示、汉语教材书展等。此次培训为本地汉语教师提供了丰富的汉语教学资源、高质量的汉语教学交流平台。

2015 年 12 月 3 日，布里亚特孔院举办后贝加尔地区中学生"中国国情知识竞赛"。2015 年 12 月 4 日，布里亚特孔院和布里亚特国立大学东方学院联合举办非汉语专业大学生汉语比赛。来自该校法律系、经济管理系等院系近二百余名非汉语专业大学生参加此次汉语比赛。2016 年 4 月 1—2 日，布里亚特孔院举办了布里亚特共和国、伊尔库茨克州及后贝加尔湖地区的中学生汉语比赛，来自多个城镇的 60 余名中小学生参加了比赛。

9. 莫斯科大学孔子学院

所在城市：莫斯科

承办机构：莫斯科大学

合作机构：北京大学

启动时间：2007 年 9 月 6 日

2007 年 9 月，国务委员、国家汉语国际推广领导小组组长、孔子学院总部理事会主席陈至立出席俄罗斯莫斯科大学孔子学院协议签字仪式。莫斯科大学孔子学院（莫大孔院）办有超过 20 个初、中、高级汉语学习班，开设了书法、中医、武术、太极拳等文化特色课程，多次举办中国文化的系列讲座，已有千余名学员从孔子学院毕业。已举办超百次丰富多彩的大型文化活动，以及中俄大学生联欢节、汉语教学讨论会、"学习汉语，感受中国"研讨会等活动，累计吸引数万人前来参加。莫大孔院文化活动种类繁多，包括书法展、摄影展等展览以及音乐会、电影节、知识竞赛、文化节等文化活动。其中，每年举办中国文化节已成为莫大孔院的传统和莫斯科大学的盛大节日，每届文化节都有特定的主题，吸引着众多莫斯科的大学生及俄罗斯友人前来参加。2010 年 10 月 29 日，莫大孔院和中国驻俄罗斯大使馆教育处共同举办了"汉语年"音乐会，为中俄文化交流添上浓墨重彩的一笔。2012 年，莫斯科大学孔子学院任光宣荣获"孔子学院先进个人"称号。

2014 年 6 月 18 日，莫大孔院与俄罗斯国立人文大学孔子学院、莫斯科国立语言大学孔子学院联合举办了首届莫斯科地区孔子学院"我与孔子学院"汉语比赛。比赛分为初级组和高级组，共有来自 3 所孔院的 15 名学生参加，他们中既有在校大学生、中学生，也有在莫斯科地区生活和工作的普通市民。

2014 年 12 月 16 日，莫大孔院举办"中俄文学名著翻译国际研讨会"。中俄翻译家和从事文学翻译的青年译者就中国文学和俄罗斯文学的翻译与研究等问题进行了深入的交流和探讨。其中，中国和俄罗斯文学作品的翻译选题、翻译方法和翻译技巧等成为研讨会的主要议题。

2015 年 6 月，由莫大孔院承办的全俄孔子学院（课堂）联席会议在莫斯科举行，共有来自 17 所孔子学院 3 个孔子课堂的 39 名中俄代表出席。

2016 年 2 月 12 日和 2 月 19 日，莫大孔院分别在莫斯科武术学校和莫斯科第 1293 中学两个教学点举办了两场迎春活动。孔子学院在武术学校举办了"中国文化周",不仅举办了书法比赛、绘画比赛、唱歌比赛等活动,还进行了汉语教学公开课展示和综合会演。公开课教师精心设计了以中俄友谊为主题的课堂教学,将听说读写融入课堂教学环节。综合会演有诗歌朗诵、讲故事、唱歌、舞蹈和武术表演等。

10. 卡尔梅克国立大学孔子学院

所在城市:卡尔梅克

承办机构:卡尔梅克国立大学

合作机构:内蒙古大学

启动时间:2007 年 11 月 22 日

2014 年 9 月 27 日,俄罗斯卡尔梅克国立大学孔子学院(卡大孔院)举办了庆祝首个"全球孔子学院日"及孔子学院成立 10 周年庆典活动。当天活动内容相当丰富多彩,有汉语体验课、太极拳表演、书法比赛、摄影作品展、剪纸比赛、茶艺表演、中华美食品尝以及中俄两国学生的文艺表演。活动现场,近千名埃利斯塔市民积极参与,踊跃学说汉语;很多学生和家长积极投入学写中国书法、学习中国剪纸,市民对汉语学习和中国文化认识的热情空前高涨。2015 年 9 月 26—27 日,为庆祝第二届"全球孔子学院日",卡大孔院举办了太极拳拳法学习和表演活动。中国武当派第十八代嫡传弟子、2015 年香港国际武术大赛金奖获得者特卡琴科和特兹罕·马尔基罗斯应邀担任本次拳法教学的教练。通过本次活动,学员们对太极拳的理论和拳法有了初步的认识和接触,激发了对中国传统武术文化了解的兴趣。

2014 年 11 月 20—22 日,由卡大孔院举办的全俄汉学研讨会举行。本次研讨会的主题是"汉学与汉语教学法",来自莫斯科等地的著名汉学家和汉语教学专家参加。卡尔梅克共和国政府副总理巴德玛耶夫参加了开幕式并致辞。研讨会气氛热烈,超过 15 位与会者宣读了报告并展开讨论。此次研讨会为俄罗斯高校汉语教师提供了交流经验、互动提高的平台。

2015 年 2 月 18 日，卡大孔院举办汉语知识竞赛，此次竞赛设诗歌朗诵、唱汉语歌、汉字书写和文化知识抢答四个板块，参赛选手均是该孔院学员。2015 年 5 月 8 日，卡大孔院举办了中国语言与文化知识竞赛。比赛分三个环节：情景对话、知识问答和才艺展示，全面考察了学生的汉语能力和综合素质。比赛的优胜者将代表卡尔梅克孔院赴莫斯科参加"汉语桥"世界大学生中文比赛俄罗斯赛区决赛。

2016 年 2 月 25 日，俄罗斯卡尔梅克共和国总统 Орлов Алексей Маратович 在卡尔梅克国立大学校长 Салаев Бадма Катинович 的陪同下到访卡尔梅克国立大学孔子学院汉语文化中心。总统走进正在上课的汉语教学课堂和中华文化体验课堂，亲切地与学员们进行交流，询问他们学习汉语的感受。学员们纷纷表示，学习汉语很有挑战性，但是在学习过程中，自己逐渐对中国文化产生了浓厚的兴趣。总统也向学员们讲述了自己小儿子练习书法时的情景，学员们听后备受鼓舞。访问结束时，总统用清晰的汉语"谢谢"与学员们道别。

2016 年 4 月 1 日，卡大孔院举办了以"品读经典"为主题的俄罗斯诗歌中文朗诵会。朗诵会上，学生们选择普希金、叶赛宁、莱蒙托夫等俄罗斯著名诗人的经典名篇，以俄罗斯学生用汉语、中国学生用俄语的方式进行朗诵。此次活动提高了大家学习双方语言的热情，拉近了中俄学生之间的距离，增进了彼此的友谊。

11. 乌拉尔联邦大学孔子学院

所在城市：叶卡捷琳堡

承办机构：乌拉尔联邦大学

合作机构：广东外语外贸大学

启动时间：2007 年 12 月 28 日

2010 年 4 月 24 日，乌拉尔联邦大学孔子学院（乌大孔院）隆重举行了第二届汉语知识竞赛，本次活动是"2010 俄罗斯汉语年"系列活动的重要组成部分。四十多名学员参加了竞赛。本次汉语竞赛分为基础阶段和提高阶段两个组别以及汉语综合知识测试（笔试）和中文演讲两个环节进行。活动促进了学生对中国文化的了解，调动了学生学习汉语的积极性。

2014 年 9 月 27 日，为庆祝"孔子学院"成立 10 周年和首个全球"孔子学院日"，乌大孔院成功举办了"孔子学院日"庆祝活动。此次活动共分为书法、茶艺、剪纸、中国结、太极拳、知识竞答以及包饺子七个环节。整场活动精彩纷呈，不仅向俄罗斯民众展现了中华文化的魅力，让他们有了认识中国、了解中华文化、学习汉语的动力，而且促进了两国文化的交流、增进了两国人民的友谊。2015 年 9 月 26 日，乌大孔院举办第二届全球"孔子学院日"活动。近年来，中俄关系发展迅速，俄罗斯同中国的往来进一步加深，学好汉语必定会为大家带来光明的未来。新丝绸之路北线通过斯维尔德洛夫斯克州，必定会为叶卡捷琳堡市带来新的机遇。在这百年不遇的历史机遇面前，乌大孔院作为学习汉语的中心和感受中国文化的桥梁，具有不可或缺的地位和作用。

2014 年 11 月 12 日，为庆祝中华人民共和国成立 65 周年，叶卡捷琳堡市图书馆中国语言文化屋举办了以"多样的中国"为主题的"你好，中国"绘画摄影大赛。此次活动旨在为对中国语言文化感兴趣的俄罗斯及其他国家友人提供展示才华和交流的平台，激励他们了解中国文化博大精深的内涵，进一步增进他们对中国语言文化的理解和提高他们学习中文的兴趣。

2015 年 10 月 22 日，由乌大孔院主办的俄罗斯乌拉尔联邦区第九届国际汉学研讨会"中国：历史与现代"开幕，来自中、俄、印尼等国 60 多个城市的近百名专家学者参会。与会代表围绕"东亚、东南亚国家间矛盾加剧的根源与结果""'一路一带'战略计划对中亚及中东安全的影响""中国传统法学文化"等议题展开发言和讨论。乌拉尔联邦区国际汉学研讨会已成为俄罗斯顶级汉学研究盛会之一。

2016 年 3 月 30 日，乌大孔院举办了第三届传统篆刻培训班。孔院志愿者教师曹亮展示了篆刻制作的全部过程，并与学员们一起以橡皮为原料 DIY 属于自己的印章。也有学员发挥创意，把俄罗斯传统主食土豆作为篆刻的材料，让历史悠久的中国传统篆刻与俄罗斯人民最喜爱的小土豆碰撞出艺术的火花。2016 年 5 月 15 日，叶卡捷琳堡市政府发起"体验生活、超越自我"环城徒步活动，乌拉尔联邦大学孔子学院也组织了近百名师生共同参与。孔院师生身着印有孔院标志的"熊猫"服，佩戴了专为徒步设计的方巾，边走边唱中文歌，"绿色暴走"的旅途成了一场中文歌大赛。

12. 托木斯克国立大学孔子学院

所在城市：托木斯克

承办机构：托木斯克国立大学

合作机构：沈阳理工大学

启动时间：2008 年 5 月

2009 年，俄罗斯托木斯克国立大学孔子学院（托大孔院）中方院长兼汉语教师唐丽娥荣获"孔子学院先进个人"称号。

2011 年 10 月 13—15 日，托大孔院联合托木斯克国立大学历史系、国际关系系共同举办了"2011 中俄国际关系研讨会"。这是西伯利亚地区第一次在高校框架下举办的中俄关系研讨会。与会专家学者就当代中国发展、中国国际影响、中俄关系未来走向等议题展开了广泛而深入的讨论。2012 年 9 月 20—21 日，托大孔院举办了"21 世纪中俄两国年轻学者合作前景主题研讨会"，100 多名专家学者参加，就中俄两国青年学者间未来合作的发展方向、领域等具体问题交换了意见。2013 年 11 月 26 日，托大孔院举办了"中俄文化、教育、旅游合作研讨会"。来自托木斯克市近 10 所大学的教师和汉语、国际关系等专业大学生共 300 多人参加了会议。本次研讨会旨在提高俄罗斯高校师生对研究中国文化教育现状、中俄文化交流、中俄经贸合作等的兴趣，促进汉语学习，更好地发展中俄之间的睦邻友好关系。2014 年 11 月 27—28 日，托大孔院举办"中俄关系框架下的人文研究"国际学术会议。会议议题涉及中俄教育、科技、旅游、语言与文化的推广等多方面。2015 年 11 月 19—21 日，托大孔院主办"科技创新国际学术研讨会"，本次研讨会旨在介绍中国在科技合作中的地位，展示中俄等国家在科技创新领域里的成果，重点关注中国及西伯利亚地区科技及其创新，从而联合两国青年学者致力于西伯利亚和中国的科技创新研究。

2011 年 11 月 11 日，托大孔院在托木斯克第 16 中学汉语教学点举行"2011 年度托木斯克中小学生汉语知识比赛"决赛，参赛的选手来自托木斯克多所中小学，有近百名中小学生和他们的老师与家长参加。2014 年 4 月 19 日，托大孔院举行了汉语知识大赛，来自孔子学院、托木斯克国立大学汉语专业、历史系国际关系专业及托木斯克理工大学的 80 多名选手参加比赛。2015 年 4 月 18 日，由托大孔院、沈阳理工大学国际教育学院联合举办的"中国梦，汉语情"汉语知识大赛在托木斯克国立大学开赛。共有从 12 岁到 60 岁的 100 多名选手参加，参赛选手之多、影响之大在托木斯克尚属首次。

2013 年 3 月 27 日，应托木斯克少年宫之邀，托大孔院在少年宫礼堂举办了一场别开生面的中国传统文化传播活动，这次活动共有六个展示区：茶艺、折纸、剪纸、中国结、笛子演奏和即兴书法，旨在帮助俄罗斯小学生近距离接触和体验汉语及中华文化。2015 年 6 月 2—16 日，托大孔院组织"当夏日暖阳照进孔院　让魅力汉语拥抱童年"主题夏令营活动，孔子学院志愿者教师现场教学汉语课，进行了茶艺、书法、剪纸、中国结等的展示。孩子们表现出了对于汉语及中华文化的极大热情。

13. 莫斯科国立语言大学孔子学院

所在城市：莫斯科

承办机构：莫斯科国立语言大学

合作机构：北京外国语大学

启动时间：2010 年 3 月 23 日

2014 年、2015 年，孔子学院总部理事、俄罗斯莫斯科国立语言大学校长/孔子学院理事长伊琳娜·哈列耶娃连续两年获得"孔子学院先进个人"称号。

2012 年 2 月 29 日，莫斯科国立语言大学孔子学院（莫语孔院）全体教师与"蓝色的天空"基金会工作人员一同走进莫斯科第二孤儿院，慰问在那里生活的部分儿童。孔子学院张金兰老师为孩子们分发了不同字体所写的"福"字，由兴波老师则现场展示了中国书法、演示了太极拳，使孩子们对中国文化有了直观的认识。大屏幕上，中国地图、国旗、北京故宫、颐和园、上海陆家嘴金融中心、杭州湾跨海大桥等图片依次展现，配以老师的讲解，在俄罗斯儿童的心里播撒了友谊的种子，使孩子们对中国文化和汉语产生了浓厚兴趣。

2012 年 5 月 20 日，"汉语桥"首届全俄大学生中文比赛在莫斯科市铁路文化宫举行。5 个地区的 25 名选手参加了这次中文比赛的决赛。这是在俄罗斯举行的第一届全国性的大学生中文比赛，参赛选手覆盖全俄高校，促进了中俄两国在教育文化领域的合作。

2012 年 9 月 19 日，莫语孔院与莫斯科中国文化中心合作开办了第一期中国书法体验班，这是莫斯科中国文化中心试运营期间开设的第一个文化类培训班，受到了俄罗斯民众的热烈欢迎。莫语孔院与莫斯科中国文化中心强强联手，探索新的中华文化推广模式，今后还将陆续开展一系列的活动，如"发现中国·走进中国"系列讲座、语言培训、武术、剪纸等活动。

2012 年 12 月 5 日，莫斯科中国文化中心举行揭牌仪式，中国国务委员刘延东、俄罗斯副总理戈洛杰茨等中俄相关部门领导出席。当天，出席揭牌仪式的中俄国家领导人和嘉宾参观了莫语孔院与莫斯科中国文化中心联合开办的书法班。

2013 年 11 月 29 日，莫语孔院举办"《红楼梦》——中国经典海外传递"活动。孔院教师向俄罗斯学生介绍了曹雪芹及其创作《红楼梦》的背景，观看了《红楼梦》电视剧的片段，讲解了金陵十二钗。通过对中国古典名著《红楼梦》的解读，有助于俄罗斯学生更深刻了解中国文化，对学习汉语也很有帮助。

2015 年 2 月 3 日，首届俄罗斯中文硬笔书法大赛颁奖仪式在北京举行。本次大赛 2014 年下半年在中俄两国同时举行，以临摹古诗词《念奴娇·赤壁怀古》为内容。活动吸引了来自全俄 21 家孔子学院（孔子课堂）、20 余所中国高校以及其他独联体国家的中文学习者和爱好者的积极参与，大赛的目的旨在"以字为媒"，推动文化交流，促进民心相通。

2015 年 4 月 28 日，莫斯科国立语言大学举办"第四届汉语国际教育研讨会"。近 70 位来自俄罗斯、哈萨克斯坦、吉尔吉斯斯坦、塔吉克斯坦、阿塞拜疆、奥地利等国家的专家及莫斯科国立语言大学 30 多名中文专业师生参加。研讨会是推动汉语国际化的一种重要方式，相信将推动汉语国际教育更加系统化、规范化，让更多人加入到学习汉语、教授汉语的队伍中来。在为期两天的会议中，与会教师踊跃发言，大家就孔子学院的发展、各自所在学校汉语教学的现状、面临的问题和体会等方面进行热烈的讨论和互动交流。

2015 年 4 月，由北京外国语大学主办的"文化中国你我谈"名师大型巡回演讲项目在俄罗斯启动。2015 年 4 月 21—28 日，项目的主讲专家：北京外国语大学俄语学院俄语中心副主任戴桂菊、上海外国语大学俄语系副主任李磊荣、华东师范大学俄罗斯研究基地副主任杨成等教授，先后在莫斯科市立师范大学、下诺夫哥罗德国立语言大学、国立喀山大学及莫斯科国立语言大学进行了为期一周的巡回演讲。聆听讲座的高校学生及教职工有 1 千余人次。讲座中，戴桂菊教授运用最新的数据分析手段，对近几十年来的中国人口状况及政策作了详尽的报告；李磊荣教授则着眼于中国传统文化，用关键词法和提纲法简明扼要地阐释了中国文化的核心内涵；杨成教授用诙谐幽默的语言讲述了自己对于"一带一路建设新丝绸之路"的若干看法。

14. 梁赞国立大学孔子学院

所在城市：梁赞

承办机构：梁赞国立大学

合作机构：长春大学

启动时间：2010 年 3 月 23 日

梁赞国立大学孔子学院（梁大孔院）除了承担梁赞大学外语学院东方语系汉语教育和汉语翻译专业的学分课程以及孔子学院自有的汉语非学分课程，还举办各类文化推广、学术交流活动。2014 年 12 月 8 日，在第九届孔子学院大会上，俄罗斯梁赞国立大学孔子学院荣获"先进孔子学院"称号。

2011 年 5 月 28 日，梁大孔院举办中国文化讲座，讲座内容涉及中国长城、故宫、天坛等中国古代建筑，中国结、剪纸等中国工艺美术，中国传统艺术汉字的内涵，中国文物秦始皇兵马俑，中国民俗四灵之一的中国龙等。

2011 年 8 月 15 日，由吉林省对外汉语教学培训中心主办、长春大学承办的梁大孔院首届汉语言文化夏令营圆满结束。此次夏令营历时一个月，以"体会中国风土人情，传播中国传统文化"为宗旨。学员们通过中国语言及文化学习、中国文化考察等一系列活动，有了一次近距离接触中国、接触中国文化、接触中国人民的机会，更加深入了解中国的语言及文化。

2011 年 12 月 27 日，梁大孔院与梁赞国立大学外国语学院共同举办汉语教学研讨会。本次研讨会拉开了一系列教学研讨会的序幕，目的是帮助本土汉语教师解决教学中存在的问题，提高汉语教学水平。12 月 29 日，又举办了"汉语、日语教学法及教材交流"研讨会，加强教师之间的教学经验交流与协作。为了让本土汉语教师更加深入地了解中国文化，梁大孔院决定每月定期举行文化交流研讨会，由中国教师主讲，主要涉及对外汉语教学法、中俄语言文化对比、翻译技巧等方面的内容。2012 年 2 月 16 日，2012 年首次研讨活动如期举行，研讨的主要内容是俄汉两个不同民族间共有事物及现象的联想意义的异同点。与会人员包括外国语学院东方系系主任、当地汉语教师、孔子学院公派教师及志愿者等。

2014 年 9 月 22 日，梁大孔院"中国电影周"开幕。展映《霸王别姬》《唐山大地震》《阳光灿烂的日子》《天下无贼》《英雄》《美猴王》等 12 部不同题材的优秀影片。2015 年 9 月 21 日，梁大孔院第二届"中国电影周"开幕。放映了《孔子》和《新少林寺》等电影。通过中国电影，梁赞市民加深对孔子学院的了解，对中国文化的了解，对中国的了解。

2015 年 2 月 17 日，梁大孔院举办第四期"中国文化爱好者俱乐部"活动。在大红的灯笼、中国结、剪纸的映衬下，玛格丽特老师向大家介绍了中国的农历和十二属相的传说，娜塔莉亚老师讲了"福"字的故事并带领大家剪、写"福"字和新年贺卡，中方院长单妮娜老师为大家讲解了中国人从"小年"到"正月十五"的过年风俗礼仪和有趣的过年民俗故事。梁大孔院"中国文化爱好者俱乐部"自 2014 年 3 月举办以来，先后开展了中国茶文化、中国传统绘画、中国传统乐器展示等文化体验推广活动，已经成为梁大孔院的品牌活动。

2016 年 3 月 9—30 日，梁大孔院举办了"中华封建帝国的繁华与衰落"系列讲座，吸引了 300 余名各界人士到场聆听。本次讲座深入探讨了《中国历史的黄金时代——唐朝》《从妃子到帝王——武则天》《从皇帝到公民——溥仪的一生》以及《唐朝现实主义诗人杜甫的创作与翻译》等"中国文化与历史"问题。据了解，"中华封建帝国的繁华与衰落"系列讲座每周三举办一次，梁赞州发行量最大的报纸《梁赞新闻》对此次讲座予以大篇幅报道，产生了广泛的社会影响。

15. 下诺夫哥罗德国立语言大学孔子学院

所在城市：下诺夫哥罗德

承办机构：下诺夫哥罗德国立语言大学

合作机构：四川外国语大学

启动时间：2010 年 5 月 5 日

2011 年 6 月 6 日，下诺夫哥罗德语言大学孔子学院（下大孔院）揭牌。从 2011 年 9 月开班以来，下大孔院学习汉语的学生已达 150 名

（一年级 7 个班，二年级 2 个班）。为了激励学生的学习兴趣和检测教学效果，孔子学院决定结合教学进度定期举办各种教学比赛。2011 年 11 月 26 日，第一届汉语语音比赛举行。经过预赛，有 22 名学生入围决赛。选手们有的演唱中文歌曲，有的朗诵中国古诗词，有的讲故事，有的表演短剧，还有的用学过的词汇自我介绍，讲述中俄文化的差异。

2012 年 2 月 19 日，广西师范大学巡演团来到下诺夫哥罗德语言大学，这是孔子学院揭牌以来第一次迎接来自中国的演出团队，这样的活动契合了孔子学院不仅进行汉语教学、同时推广传播中国文化的宗旨。2014 年 10 月 24 日，为庆祝全球孔子学院成立 10 周年，四川外国语大学巡演团来到下诺夫哥罗德国立语言大学进行文化交流和文艺演出。巡演团成员展示了中国传统服饰、民族歌舞、诗歌朗诵等节目，并现场教孔子学院学生学习二胡、金钱板等中国传统乐器。

16. 伏尔加格勒国立社会师范大学孔子学院

所在城市：伏尔加格勒

承办机构：伏尔加格勒国立社会师范大学

合作机构：天津外国语大学

启动时间：2010 年 6 月 22 日

2011 年 4 月 27 日，伏尔加格勒国立社会师范大学（原名"伏尔加格勒国立师范大学"，2011 年 2 月 1 日更名为"伏尔加格勒国立社会师范大学"）孔子学院（伏大孔院）举行揭牌仪式，这是伏尔加格勒州的第一所孔子学院。

2011 年 3 月 30 日，伏大孔院启动了"中小学汉语体验课"计划。当天，孔子学院中外方院长和汉语教师来到伏尔加格勒市第三中小学，为一年级的学生上了一堂生动的汉语体验课。汉语教师利用图片、挂图等展示了中国的风土人情、历史地理知识、城市建设、餐饮文化等，介绍了汉字的由来，给每位同学赠送了汉字卡片。在短短一节课的时间内，同学们已经能用汉语说出"孔子学院欢迎你"。4 月 6 日，孔院邀请来自伏尔加格勒州的部分中小学领导和教师，就如何更好地在中小学开设汉语课等问题进行了座谈。座谈会上，伏大孔院的中外方院长分别就孔子学院的课程设置及教学资源进行了详细介绍。参加座谈的中小学教师代表也纷纷发言表达了对汉语教学的热情，及进一步扩大教学规模的愿望。4月13日，孔院来到伏尔加格勒市第4中学进行汉语体验课。有中国特色的工艺品随处可见。一年级的同学身着由家长亲手缝制的中国民族服装，为客人表演了"扇子舞"，中国留学生为俄罗斯的小朋友们表演了中国传统歌舞、演奏了笛子等民族乐器。2011年9月，第3中学正式在二年级开设每周一次的汉语课，在八年级开设汉语选修课；第4中学也开设了汉语选修课。在孔子学院的推动下，伏尔加格勒已有10余所中小学开设了汉语选修课。

2015年3月18日，伏大孔院与中俄跨文化交际研究中心联合举办"全球化背景下的跨文化交际教学"讨论会。会议中，伏大孔院与英国威尔士班戈大学孔院双方院长在人员构成、课程设置、教学管理等多方面进行交流。此次会议不仅对中俄两国高校的纵深合作有着积极的推动意义，也为孔子学院在对外交流、管理沟通、科研合作等方面开辟了新模式。

2015年4月8—10日，伏大孔院与伏尔加格勒国立社会师范大学汉语系共同举办了"汉语学习中的问题与前景"大学生研讨会。孔院院长、教师和汉语系120余名学生参加了研讨会。大家最为关注的议题包括"汉语中的外来语研究""中国传统节日及其礼仪研究""孔子之教育学与哲学思想研究"等。

2015年5月27日，伏大孔院举办了伏尔加格勒国立社会师范大学汉语系四年级学生汉语教学实践总结会。会上，汉语系四年级学生就在孔子学院11个教学点为期3个月的汉语教学实践工作做了全面总结。他们分别从伏尔加格勒州的汉语需求程度、中小学生对汉语学习热情和积极性、教材选择、汉语教学法、教育心理学、教学中遇到的问题、今后汉语教学的改善意见等多方面进行了分析和讨论。伏大孔院每年向汉语教学点输送相当数量的汉语系高年级学生进行汉语教学实践，不少学生毕业后直接选择留在实践学校从事汉语教学工作。

2015 年 11 月 12 日，伏大孔院"中国文化体验中心"举行揭牌仪式。伏尔加格勒国立社会师范大学校长谢尔盖耶夫在揭牌仪式上致辞，并向孔院颁发"杰出贡献"奖，表彰孔院在促进伏尔加格勒州与中国的合作以及在本州中小学汉语教学等方面所做出的贡献。"中国文化体验中心"项目得到了孔子学院总部/国家汉办的大力支持，该项目旨在进一步发挥孔院优势资源，加强孔院的文化传播能力，使之成为校际乃至区域文化交流的专业平台。

2015 年 11 月 17 日，伏大孔院举行首届"俄罗斯本土汉语教师研修班"。此次研修课程包括现代汉语、汉语教学法、中华传统文化等。中方 3 位教师及外聘专家担任主讲，10 余名俄罗斯本土教师及教师志愿者参加研修。

2016 年 1 月 19 日和 2 月 16 日，伏大孔院分别在第 3 中学、第 27 中学举办了"中国年进课堂"系列活动。两所中学的校方领导及 150 余名师生参加了活动。为使中学生们更深入地了解"中国年"，孔院教师们精心准备，将春联、"福"字、猴年剪纸等一系列"年味儿"带进课堂，通过讲解、演示、问答、体验等方法让孩子们快快乐乐地"过一次年"。剪猴子、画京剧脸谱、学中国乐器、"花拳绣腿"秀中国功夫、学写毛笔字、"品尝"中国菜，一环又一环，将现场活动推向高潮。两所学校的校方领导对孔子学院的此次活动给予了高度评价，并向孔子学院颁奖，表彰孔院在中小学教育教学中做出的积极贡献。

17. 阿穆尔国立人文师范大学孔子学院

所在城市：共青城

承办机构：阿穆尔国立人文师范大学

合作机构：哈尔滨师范大学

启动时间：2010 年 10 月 13 日

由中国哈尔滨师范大学与俄罗斯阿穆尔国立人文师范大学共同建设的阿穆尔国立人文师范大学孔子学院（阿大孔院），是目前俄罗斯哈巴罗夫斯克边疆区唯一的一所孔子学院,2010 年 10 月 13 日正式揭牌运营。

2011 年 4 月 23 日,首届哈巴罗夫斯克边疆区中学生汉语竞赛举行。来自边疆区多个城市(哈巴罗夫斯克市、阿木尔斯克市、阿穆尔共青城等)的 5 支代表队 25 名选手参加了比赛。整个比赛分汉语及中国文化展示、笔试(包括听力)和国情学知识问答三个板块。通过一天紧张激烈而又妙趣横生的比赛,选手们切磋了汉语学习经验、提高了汉语水平、共同领略中国文化的魅力。2012 年 4 月 28 日,第二届哈巴罗夫斯克边疆区中学生汉语比赛在阿大孔院专用多功能厅举行。来自哈巴罗夫斯克市、阿木尔斯克市、阿穆尔共青城等城市的 5 支代表队和孔院学员代表队一起参加比赛。比赛的各个环节,选手们表现出了良好的汉语水平以及强烈的汉语学习兴趣,表达了对汉语和中国文化的热爱。

2011 年 5 月 20 日,阿大孔院代表与当地《共青城》杂志社编辑部主任塔季亚娜·格拉宁娜进行了友好洽谈。双方就在该杂志登载汉语(语言知识)和中国文化介绍以及孔子学院活动报道等问题进行了交流,并初步达成一致意见。杂志社同意登载推介中国文化的文章,并将利用一个版面的注脚处刊登汉语中的成语、常用词汇以及汉字中蕴含的思想等短小精悍的语言材料。从 2011 年 6 月期号开始,该杂志成为推广汉语和传播中国文化的一个窗口。《共青城》杂志发行量较大,可读性强,受到当地居民普遍欢迎。孔院与该杂志的成功合作,能够更好地促进当地居民对中国文化的认知,促进汉语教学的开展。2012 年 4 月号上,《共青城》"本期嘉宾"栏目刊登了采访阿大孔院中方院长张金忠教授的文章《您还没说汉语吗》,受到广泛关注。

6 月 6 日是俄罗斯伟大诗人普希金诞辰纪念日,这一天被定为俄语节。2011 年 6 月 6 日,正值中国农历五月初五,是中国民间传统节日——端午节。阿大孔院抓住这千载难逢的机会,举办了"庆端午汉俄诗歌比赛"。来自孔院和中文系学习汉语的学生、阿大中国留学生和少儿语言培训学校的学生共 34 人参赛。比赛中,俄罗斯学生朗诵汉语诗歌，中国留学生朗诵俄语诗歌，表现出良好的汉俄语语音面貌和表演才能。阿大孔院还决定，把每年的 6 月 6 日定为孔院的诗歌节，定期举办汉语诗歌朗诵活动。2012 年 6 月 6 日，第二届汉语诗歌朗诵比赛举行，32 名参赛者朗诵了几十首汉语古诗，选手们汉语发音准确，表演声情并茂，现场气氛热烈。2012 年 10 月 1 日，"祝福中国——阿穆尔国立人文师范大学孔子学院国庆中秋汉语诗歌朗诵比赛"举行。参赛选手包括孔院儿童班的 6 名小学员、阿大自然地理系地理教研室副主任、孔院学员、阿大中文专业学生等 20 多人。选手朗诵了《静夜思》《望月怀远》《登鹳雀楼》《中国颂》等中国诗词，表达了对中国和中华文化的热爱。

2011 年 10 月 24 日，阿大孔院领导和教师一行 4 人与阿穆尔共青城第一中学校长、教务处负责人、外语教研室主任和汉语教师等相关人员会面，洽谈联合开展汉语教学、组织中小学生假期中国行、汉语水平测试、为该校培训汉语教师等相关问题。第一中学是共青城乃至哈巴罗夫斯克边疆区最好的中小学校之一，已经有 14 个班级开设汉语课程，学生人数超过 200 人。学校正在筹建东方语言教育中心，因此，十分欢迎孔子学院参与学校的汉语教学和文化推广活动。

2012 年 4 月 13—14 日，阿大孔院举办第二届哈巴罗夫斯克边疆区中小学及高校汉语教学研讨会，会议的主题是"汉语教学中的现实问题"。来自哈巴罗夫斯克边疆区高校及中小学的汉语教师近 50 人与会。开幕式上，阿大孔院俄方院长作了《试论汉语教学中的语言国情因素》的主旨报告。整个报告期间，会场讨论热烈，学术气氛浓厚。会议还安排了孔院的两节汉语公开课（一个成人班、一个少儿班）、阿穆尔共青城第一中学和工业大学各一节汉语公开课。

2012 年，阿大孔院成立了"哈巴罗夫斯克边疆区汉语教师培训中心"。2012 年 6 月 1—6 日，该中心举办了"中国语言文化节暨本土汉语教师培训"系列活动，包括汉语书法展示教学、中国风筝制作及放飞演示、中国结制作、太极拳教学及表演等。本次系列活动充分调动了本地区汉语学习者的学习兴趣，提高了汉语教学人员的教学技能。2012 年 10 月 23 日，"培训中心"举办了汉语教材培训活动。参加培训的学员包括阿穆尔共青城及周边地区本土汉语教师近 30 人，主要就《新实用汉语课本》《快乐汉语》《跟我学汉语》《汉语乐园》《当代中文》等汉办推荐教材的编写与使用特点进行系统、详细的讲解。培训的重点是目前孔院正在使用的分别适用于成人与儿童的《新实用汉语课本》《快乐汉语》两本主干教材。2012 年 12 月 21 日，"培训中心"开展了第二次教材培训活动。参加培训的有来自太平洋国立大学、共青城第一中学、阿穆尔国立人文师范大学等院校的师生 30 多人。此次培训的重点是汉办推荐的两部中学教材：《跟我学汉语》和《汉语乐园》。培训内容除了"如何提高汉语教学技巧""《汉语乐园（俄语版）》的特点与使用""《跟我学汉语》的课堂教学设计"等主题讲座，还组织了哈巴罗夫斯克边疆区中小学汉语课堂教学大赛。

2012 年 10—12 月，阿大孔院举办了首届汉语翻译大赛。大赛设成人和青少年两个组别，分初赛和复赛两个环节。最终有 10 名选手脱颖而出，成为大赛各奖项的得主。本次大赛利用先进的网络传播技术，灵活采取离线、在线、笔试、面试等多种比赛形式，尽可能扩大了比赛的覆盖范围，也拓展了孔子学院的影响区域。2013 年 11—12 月，阿大孔院举办了第二届汉语翻译大赛。经过近两个月的角逐，共有 20 名选手从初赛中脱颖而出进入复赛。孔院决定今后每年举行一次翻译大赛。

2013 年 1 月 22 日，阿大孔院举行汉语语法知识专题讲座。这次讲座是一次公开课、示范课形式的教师培训活动，标志着孔院教学改革的开始。从 2013 学年下半学期开始，孔院将引进优秀的俄罗斯汉语教师、实行中俄教师合作授课制度，充分发挥中俄教师各自的长处，实现教学上的优势互补。

18. 俄罗斯外交学院孔子学院

所在城市：莫斯科

承办机构：俄罗斯外交部外交学院

合作机构：外交学院（中国）

协议签署时间：2013 年 4 月 17 日

谭继军是俄罗斯外交学院孔子学院中方院长、外交学院前教务处长，他在"乌克兰危机及其国际影响高端论坛"上发言指出：随着 2014 年乌克兰危机加剧，克里米亚被纳入俄罗斯版图，乌克兰危机本身对俄罗斯的安全产生影响。俄罗斯需要整合、调整欧亚关系，这种关系有收缩；俄罗斯需要促进与中国的关系，加强联系，但是俄罗斯一直对中国的文化渗透有戒备心理。俄罗斯认为自己是大哥，不可能向小兄弟中国学习，孔子学院在俄罗斯的发展可能会停止一段时间，它能具体前行多远还不知道①。

（二）孔子课堂的汉语教学

1. 俄罗斯国立职业师范大学广播孔子课堂

所在城市：叶卡捷琳堡

承办机构：俄罗斯国立职业师范大学

合作机构：中国国际广播电台

协议签署时间：2007 年 3 月 23 日

启动运行时间：2008 年 10 月

叶卡捷琳堡市地处欧亚两洲的分界线上，本地区拥有俄罗斯大量的军工企业，长期以来相对封闭。近年来随着与中国交往的逐渐增多，带来了"汉语热"。2015 年，俄罗斯国立职业师范大学广播孔子课堂荣获"先进孔子课堂"称号。

2015 年 6 月 15 日，俄罗斯国立职业师范大学广播孔子课堂面向俄罗斯儿童开设短期趣味汉语夏令营托教班。该班针对汉语零基础的儿童，采用浸入式教学，开设了汉语、书法、国画、茶道、太极拳、中国传统音乐及舞蹈、剪纸等特色课程。

---

① 颜国琴：《俄罗斯孔子学院文化传播现状与策略》，《重庆文理学院学报》（社会科学版）2015 年第 3 期。

广播孔子课堂 2010 年成为汉语考试考点并成功举办首次 HSK 考试。第一次考试考生只有 35 人，只参加了 HSK 1—3 级考试；2011年，考生增至 57 人，包括 HSK 1—5 级；2012 年，报名人数突破 90人，包括 HSK 1—6 全部级别。而到了 2015 年，仅上半年就申请举办 HSK、HSKK、YCT、BCT 共 9 次累计 39 场考试，考生人数同比增长 16.38%。

2. 圣彼得堡"孔子"非国立教育机构孔子课堂

所在城市：圣彼得堡

承办机构：圣彼得堡"孔子"非国立教育组织

协议签署时间：2007 年 12 月 16 日

启动运行时间：2008 年 10 月

2010 年 11 月 19—20 日，俄罗斯圣彼得堡"孔子"非国立教育机构孔子课堂（独立孔子课堂）参加了在圣彼得堡市举办的为期两天的"第六届国际教育展"。这是中国教育机构首次参与此项活动。在此次展览中，孔子课堂展出了各种汉办教材、中国文化书籍及国画等展品，吸引了众多观展人的目光。

2011 年 5 月 14 日，独立孔子课堂成功主办了圣彼得堡赛区第四届中学生"汉语桥"选拔赛。2015 年 12 月 7 日，独立孔子课堂举办首届全俄中学生汉语奥林匹克区级竞赛，来自圣彼得堡 11 个区的中学生参加了比赛。2016 年 2 月 13 日，由孔子学院总部/国家汉办、中国驻圣彼得堡总领馆教育组、独立孔子课堂联合主办的圣彼得堡市首届"孔子学院杯"汉语作文比赛颁奖典礼圆满落幕。本次比赛历时一个月，共征集上百篇作品，最后评选出 36 名获奖选手。所有参赛作品都收录成集，该作品集也是俄罗斯有史以来第一部汉语作文集。

2010 年中国国家汉办第一次推出中小学生 YCT 考试，独立孔子课堂便开始承办此项考试。2012 年 3 月 24 日，第四次成功举办 YCT 考试，共有 66 名中小学生报名参加了四个等级的考试。2014 年 3 月 22日，第五次成功举办 YCT 考试，报名人数近 120 人。

2014 年 2 月 16 日，汉语水平考试（HSK）在独立孔子课堂顺利结束，本次考试有来自社会各界各个年龄的汉语学习者 120 多人参加，考试人数较去年增加一倍。2015 年 2 月 15 日，HSK 考试报名人数达 170 人，创开设考点来历史新高。2015 年 3 月 28 日举行了首次 HSKK 考试。2016 年 2 月 21 日，2016 年首次 HSK 考试共 314 人报名参加，接近去年全年孔子课堂组织的汉语水平考试人数的总和，再创历史新高。其中最小的考生仅为 8 岁，最大的为 67 岁。2016 年 3 月 27 日，2016 年第四次 HSK 考试，共 205 人报名参加，本年度累计报考总人数近千人，较去年增加 1.2 倍。

3. 新西伯利亚国立大学孔子课堂

所在城市：新西伯利亚

承办机构：新西伯利亚国立大学

合作机构：新疆大学

协议签署时间：2008 年 3 月 20 日

启动运行时间：2008 年 9 月

新西伯利亚国立大学是在俄罗斯排名第三的大学。新西伯利亚国立大学孔子课堂成立以来，举办了"魅力汉语"汉语知识竞赛、汉语开放日、中国文化展示、中文夏令营、中国电影周、汉语知识趣味运动会等活动，通过演绎汉语舞蹈、歌曲、诗歌，体验书法、剪纸、茶艺、中国结等，加深当地大中小学学生和普通民众对中国文化的了解和对中国文化的认识，对汉语的传播起到了很好的推动作用，点燃了更多俄罗斯人学习汉语的热情。俄罗斯新西伯利亚科学城电视台等媒体对这些活动进行了采访和报道。2011 年，俄罗斯新西伯利亚国立大学孔子课堂荣获"先进孔子课堂"称号。

2014 年 11 月 29 日和 12 月 20 日，新西伯利亚国立大学孔子课堂组织了"汉语教师培训课"，旨在进一步提高孔子课堂的国际汉语教学质量，普及对外汉语教学的相关理论知识，解决对外汉语教学中存在的实际问题。新西伯利亚国立大学东方系系主任孙静及该系汉语教师

Ю. Азаренко 应邀担任主讲。孙静教授阐述了自己独特的汉语教学理念，用一系列生动有趣的教学案例介绍了自己从多年汉语教学中总结出的教学技巧。Ю. Азаренко 老师强调了复习、巩固环节在词汇教学中的重要性。2016 年 6 月 6—9 日，新西伯利亚国立大学孔子课堂举办了第二届西伯利亚地区本土汉语教师培训班，来自西伯利亚地区 9 所高校的近 50 余名本土汉语教师参加了培训。本次培训的主题为"汉语专业翻译及其教学法"，3 名中方专家和 7 名俄方专家应邀担任主讲嘉宾。

2014 年 12 月 20 日，新西伯利亚国立大学孔子课堂举办"汉语教材教法交流会"，中俄两国的汉语教师参会。此次会议主要是交流和讨论汉办推荐的主干教材，如《新实用汉语》《跟我学汉语》《汉语乐园》以及本土教材《社会政治资料》等教材的特点和使用范围。新西伯利亚国立大学孔子课堂 2015 年 7 月 1 日举行汉语教学研讨会、2015 年 12 月 22 日举办教材教法研讨会。通过研讨，教师们分析教材和教法、提出言语技能训练及交际能力培养的方法；大家一致认为要加强中国文化活动的教学，把诸如书法、剪纸、中国功夫以及中国歌曲等中国文化元素很强的文化活动渗透到平时上课过程中，激发学生学习汉语的热情。

2016 年 4 月 12 日，新西伯利亚国立大学孔子课堂与人文学院联合举办"第一届新西伯利亚国立大学学生学术研讨会"。与会的学生围绕"中国与俄罗斯的经贸合作""中国古代侠客文化的现象""中国园林作品研究的现实意义"等选题展开讨论。本次大学生研讨会是第一次以汉语为报告语言的学术研讨会，参赛选手不仅在准备报告的过程中锻炼了语言文字表达能力，也加深了对中国文化的了解。2016 年 5 月 26 日，新西伯利亚国立大学孔子课堂下设教学点阿尔泰国立大学举办了"首届汉语知识竞赛"，共有 18 名学生参赛。

4. 莫斯科 1948 中学孔子课堂

所在城市：莫斯科

承办机构：莫斯科 1948 中学

合作机构：上海外国语大学附属外国语学校

协议签署时间：2010 年 11 月 28 日

启动运行时间：2011 年 10 月

1948 中学在全俄罗斯的汉语教学界赫赫有名。它是俄罗斯政府定点教授汉语的两所学校之一，中国国家主席胡锦涛 2007 年在对俄罗斯进行国事访问时曾参观过这所学校，并亲自拿起教鞭，教学生们唱了一首中国童谣。目前该校有 1000 多名学生，65 名教师，其中汉语教师 16 人。学校所有的学生从小学一年级就开始学习汉语（俄罗斯实行中小学一贯制教育，共 11 年），1 至 4 年级的学生每周有 4 小时汉语课程，5 至 9 年级的学生每周有 5—9 小时汉语课程。5 年级开设中国国情学课程，8 年级开设中国旅游课程，10 年级开设汉俄翻译基础课程。

2015 年 4 月，《人民日报》记者参观了在 2014 年"汉语桥"全俄中学生汉语大赛中获得团体冠军的莫斯科 1948 中学。校长谢苗诺夫对记者表示，1948 中学的汉语教学已经成为学校的招牌。

第四节　汉语教材、师资和教学法

一　教材的选用与开发

20 世纪 50 年代中叶，以杰出的语言学家、汉学家龙果夫研究现代汉语语法的成果为基础，苏联编写出第一部比较完整的《基础汉语》教材（龙果夫、扎多严科等合编，莫斯科科学出版社）。这部教材虽几经改编（1973 年、1983 年），但语法体系和教学原则基本上都没有变动。圣彼得堡大学以出色的教学和研究成果确立了自己作为俄罗斯乃至欧洲汉语教学和研究的一个重要基地的地位，出版了斯托罗茹克的《中国书法概论》、尼基京的《古汉语语法》《古汉语词典》、斯佩什涅夫的《汉语概论》等汉语著作。伊尔库茨克国立语言大学在编写教材方面成果显著，该校教师与东北师范大学人文学院教师编写的俄罗斯汉学史上第一部《汉俄成语词典》，2007 年已在莫斯科出版；由俄罗斯联邦教育部批准的《现代汉语使用语法》《汉字学概要》《中国语言国情学教材》《商业信函俄汉对照》等教材也已经出版。但，到 2010 年，俄罗斯绝大多数高校使用的教材仍然以 20 世纪 80 年代俄罗斯汉语学家编写的教材为主。除此之外，俄罗斯很多开设汉语课的高校在大量使用台湾提供的教材。正因为教材短缺，才使台湾的教材在俄罗斯高校很流行，受到很多汉语教师和学习汉语的学生的欢迎。由于台湾的教材都使用繁体字，与我国汉语推广工作中大力推进写简体字、说普通话的目标背道而驰。并且，有些教材中的课文内容还带有一定的政治色彩，这样更加大了汉语国际推广的难度。①

当前，在俄罗斯使用的汉语教材大致分为三种：其一是来自中国的教材，使用最多最普遍的包括北京语言大学出版社的《新实用汉语课本》《新编汉语教程》《汉语会话 301 句》《汉语口语速成》《发展汉语》，中国高等教育出版社的《体验汉语》系列教材（包括生活篇、留学篇、旅游篇、商务篇），外语教学与研究出版社的《实战俄语口译》等。幼儿、中小学生使用的教材主要有北京语言大学出版社的《汉语乐园》（俄语注释），人民教育出版社的《快乐汉语》（俄语注释）《跟我学汉语》（俄语注释）、三联书店（香港）的《轻松学汉语》（少儿版、俄语注释）等。其二是教师从各种书刊、大陆中小学生课本中选摘的文章或课文，由教师灵活运用，有的内容经过教师的改写，然后复印给学生使用。其三是由俄罗斯出版的汉语教材和汉语教师自编的教材。俄罗斯本土编写的教材，从教科书到习题集以及辅助的语法书一般由当地老师参考中国的教材改编而成。这类书的优点是更符合俄罗斯学生的思维，有利于学生掌握。改编者多是具有很高汉语水平的教授或汉学家，能够突出学生学习汉语的重点和难点以及偏误，更具有针对性，适应性强。

---

① 李永欣：《俄罗斯孔子学院的现状及前景展望》，《西伯利亚研究》2010 年第 3 期。

　　目前国内专门为俄语地区的汉语学习者编写的教材数量很有限，且大部分仅是将国内的经典汉语教材改为俄文注释。比如 2006 年高等教育出版社的《体验汉语》（俄文版），2006 年北京语言大学出版社的《汉语会话 301 句》（俄文版），2006 年北京语言大学出版社的《新实用汉语课本》（俄文版），2009 年北京语言大学出版社的《汉语教程》（俄文版），2009 年人民教育出版社的《跟我学汉语》（俄文版），2009 年华文出版社的《当代中文》（俄文版）等。仅有很少的一部分考虑到母语为俄语的学习者的特点，比如 2004 年教育科学出版社出版的《汉语新目标》等。国内出版的对俄汉语教材大部分仅是将英文注释改为俄文，没有考虑到母语为俄语的学习者的特点和文化背景，缺乏针对性。由于出版社版权和海关限制等原因，国内出版的汉语教材在俄罗斯本土使用的数量有限，造成国内出版的对俄汉语教材使用范围小，缺乏实用性。

　　由中方张晓光、蒋可心和俄方哈玛托娃、古里洛娃共同担任总主编，2004 年中国教育科学出版社出版的《汉语新目标》，是国家汉办在大力促进本土汉语教材编写使用的背景下，由黑龙江大学和俄罗斯远东国立大学合作编写的第一套面向俄语地区、适用于大学阶段汉语教学的系列教材，也是国家汉办重点向俄语地区推广发行的汉语教材。全套教材共 9 册，以每学期 1 册为教学进度，可供 1—5 年级或相应程度的修习汉语者从初级到高级各阶段使用。2012 年，中国教育科学出版社对《汉语新目标》进行修订，由俄罗斯国立人文大学孔子学院院长易福成教授担任主编、中俄双方一线骨干教师参编，书名改为《新编汉语新目标》。

　　当前，我国已出版的对俄中小学汉语教材还比较少，2003—2004 年，中国教育科学出版社出版了《汉语新起点》，这是我国第一套成体系的对俄中小学汉语教材。这套教材共 12 册，分为小学、初中和高中三个阶段。除了主干教材以外，每册教材都配有录音带、老师参考用书、学生练习手册。2013 年，编写者开始对《汉语新起点》进行重新编写，起名《新编汉语新起点》，正在陆续出版中。《汉语新起点》的国别化特点突出，从第一册到第四册不仅对汉语单词，而且还对汉语课文也进行了相应的俄语翻译，有利于刚接触汉语的俄罗斯学生更好地理解汉语单词和汉语课文，从而有效学习汉语。①

二　师资培训

目前俄罗斯境内的汉语师资主要由两部分构成，一部分是俄罗斯本土受过汉语专业教育的汉语教师或长期定居在本地的华人及后裔；另一部分则是从中国经过培训派遣过来的专职汉语教师和海外志愿者教师。俄罗斯很多学校的汉语课程大部分还是由本土汉语师资承担的。大部分俄罗斯本土汉语师资都没有受过专门的语言教学培训，缺乏相对专业的汉语教学知识和理论修养，以及中华传统文化知识的学习，以至于教学质量难以得到保证。还有些学校的汉语老师是近年来我国在俄罗斯的留学生，他们的汉语水平和教育学历虽然很高，但是缺乏把汉语作为第二语言教学的知识和经验。此外，俄罗斯汉语师资队伍整体呈现一种相对不稳定性，当一些本土汉语教师有更好的工作选择时，他们会离开教学岗位而另谋高就，这也是俄罗斯人的工作特点之一。1980 年以来，我们培养了一批口语能力较强的优秀汉语人才，但目前，他们大多转到公司去当经理或高级职员。继续留在教学部门工作的汉语教师，就全国而言，水平并不理想。莫斯科大学虽属例外，但语言素质较好，既能搞教学又能搞研究的，微乎其微。具备以上条件并从事教学法研究、教材编写的更是绝无仅有……汉语教学研讨活动采取高校教师辅导中学教师的形式。②

2012 年 10 月 13—16 日，圣彼得堡大学孔院举办了汉语教师教学法进修班，来自圣彼得堡大学、圣彼得堡大学孔子学院、圣彼得堡独

---

① 李君、马庆株、殷树林：《我国对俄中小学汉语教材编写的优点、不足及对策——以〈汉语新起点〉为例》，《语文学刊》2016 年第 4 期。
② ［俄］谭傲霜：《俄罗斯汉语教学的实践与思考》，《语言文字应用》1994 年第 2 期。

立孔子课堂、圣彼得堡 652 中学等 6 所学校的 52 位汉语教师参加了进修班的学习，其中，中国教师 22 人，俄罗斯教师 30 人。此次进修班主题是"中国交际文化介绍、身势语与对外汉语教学"，这是圣彼得堡大学孔子学院根据圣彼得堡市汉语教师在教学中遇到的具体问题征集到的培训主题，国家汉办根据圣大孔院的申请选派了国内有着丰富教学经验的汉语教学专家来到圣彼得堡为当地汉语教师进行培训、答疑解惑。圣大孔院自 2009 年开始每年都会根据当地汉语教师的教学需要举办不同主题的进修班，每年一次的进修班学习不仅仅是教师们提升自己教学方法的好机会，更是圣彼得堡汉语教师的一次交流盛会。

2013 年 3 月 2 日，为期 2 天的"圣彼得堡地区中小学本土汉语教材培训"班在圣彼得堡圆满落下帷幕。此次培训吸引了圣彼得堡地区开设汉语课的大、中、小学本土汉语教师和圣彼得堡大学孔子学院、圣彼得堡独立孔子课堂的老师 20 余人参加。培训内容主要包括俄罗斯中小学汉语教学的现状与教材需求、汉办主干汉语教材推介讲座、教材使用示范课、汉语教材分组研讨和汉语教材书展等。2014 年 3 月 12 日，由圣彼得堡独立孔子课堂和圣彼得堡教育学院共同举办的首届"圣彼得堡中小学汉语教师业务提高培训班"在圣彼得堡市教育学院举行了开学典礼。这是俄罗斯历史上首个国家教育计划内的中小学在职本土汉语教师培训班。培训班的开办不仅标志着汉语教师培训被正式纳入俄罗斯政府教育大纲和教学体系，同时意味着当地政府把普及推广汉语教学纳入到主要议事日程当中。2014 年 6 月 4 日，由圣彼得堡独立孔子课堂承办的圣彼得堡首届海外汉语教师志愿者培训班举行了结业典礼。此次培训班是俄罗斯汉语教学历史上首次举办正规的海外汉语教师志愿者培训班，培训对象为有志从事对俄汉语教学的在俄中国留学生及华人华侨。培训班邀请中俄两国专家授课，培训内容包括汉语知识和教学技巧、俄罗斯中小学教育体制介绍等，有极强的针对性和实用性。2015 年 10 月 14 日，圣彼得堡第二届华人汉语教师培训班开班仪式在圣彼得堡独立孔子课堂隆重举行。圣彼得堡独立孔子课堂举办汉语教师培训班已有 10 年的历史，共计 300 余人参加过培训。2016 年 4 月 28 日，西伯利亚地区本土汉语教师培训在托木斯克国立大学孔子学院开班，来自新西伯利亚、阿穆尔共青城、秋明等地近三十名本土教师参加培训。本次培训特邀国际汉语教育专家、长期从事汉语教师培训的沈阳师范大学教授董萃为主讲，有针对性地进行语法、词汇教学方法讲解。

三　教学法

俄罗斯大学生年龄上普遍偏小，大多在十六七岁就已经上大学，人生观、价值观尚处在形成时期。虽然在法律上是成年人，但是心理成熟程度相对较低；对学习有积极性和极大的热情，但是缺乏学习毅力与恒心。学习，对于俄罗斯的大学生来说不是生活的主体，相对于国内的大学，俄罗斯当地大学的课程安排更加自由，课时较少，再加上每节课是 90 分钟，教学单位时间较长，学生很容易产生厌学情绪。在汉语习得的过程中，学生需要花费大量的时间记忆生词，分析语法，在课堂上更需要调动所有的脑细胞来理解中国籍教师的讲解，所以学生很容易产生疲劳感。在俄罗斯的汉语教学课堂上，中国教师往往意识不到俄罗斯学生的特点，依旧使用国内传统的教学方法和教学模式，使得学生学习兴趣降低，注意力不集中，更有甚者会产生抵触情绪，与其他同学用母语交流，形成扰乱课堂秩序、打断教师与学生的思路的不良后果，甚至出现长期逃课的现象，如此一来便无法达到教学目的。俄罗斯学生表演欲极强，对于这一点，教师可在实际课堂教学时采取强化训练，利用分角色、造情景、多表演的教学手段，激发学生开口说话的兴趣。俄罗斯大学与中国的大学相似，每年分两个学期，秋季开始为第一学期。略有不同的是寒假较短，大约 3 周，暑假较长，大约两个月。第一学期从 9 月初到 12 月下旬，第二学期从 1 月中旬到 6 月下旬或 7 月初。从学期安排上看，学习时间似乎并不少，但是期末停课复习考试的时间较长，约 4 个星期。俄罗斯的节假日比较多，所以实际上学生学习时间并不很充足。另外，俄罗斯人比较散漫，时间观念和纪律性不强，这也体现在大学生的学习生活中，如果不反复强调，几乎每次上课都会有很多学生迟到，而且教师上课迟到也司空见惯，这严重影响了教学质量，类似情况在我国的高校中是不可想象的。

随着汉语教学规模的逐步扩大，进入 21 世纪以后围绕汉语教学进行的研讨会也逐渐增多，为俄罗斯汉语教学的正常进行提供了有力的支持。2010 年 3 月 17 日，在吉林大学召开了俄罗斯中国语言文化教育推广双边学术研讨会，俄罗斯科学院远东研究所与吉林大学的专家们对于远东地区的汉语研究状况进行了深入的探讨，中俄双方并签署了《中国吉林大学与俄罗斯学院远东研究所合作建设孔子学院意向书》。①

自觉实践法是苏联外语教学界 20 世纪 60 年代以来一直采用的教学法，俄罗斯的汉语教学也打上了这种教学法的深深烙印，主要体现在以下两个方面：（1）重视汉语理论知识的教学，认为学生应该在自觉掌握一定汉语语法的基础上，通过大量语言实践来达到直觉运用汉语的目的。（2）在汉语教学中，考虑母语的正迁移作用，不排斥母语的使用。特别是俄罗斯教师通常会用俄语讲解相关语法，让学生理解之后再大量操练。自觉实践法虽然有利于学习者对于汉语知识的理解，但是如果教师没有控制好语法知识教学的比例，就会出现语法教学多于汉语操练的现象。而且教师讲语法的时候，通常会用大量俄语，造成学习者汉语输入不足，影响汉语能力的发展。学习者经常用俄语和教师讨论汉语语法，操练汉语的时间会相应减少，对于培养他们用汉语思维的习惯不利。

2011 年 4 月 15—16 日，阿穆尔国立人文师范大学孔院举办了首届哈巴罗夫斯克边疆区汉语教学法问题研讨会。参加会议的有来自高校及中小学汉语教师近 30 人。与会者主要就汉语语音、语法、词汇和文化国情等诸多方面的教学问题进行了比较深入的探讨和交流。2011 年 12 月，精选了近 30 篇学术论文的《学术论丛》（第一辑），由阿穆尔

---

①　张剑宇：《俄罗斯中国语言文化教育推广双边学术研讨会》，《国际学术动态》2011 年第 3 期。

国立人文师范大学出版社出版。

2013 年 3 月 29 日，布拉戈维申斯克国立师范大学孔院成功举办本土汉语教师教学法培训，来自布拉戈维申斯克市和腾达市的大中小学及私立外语学校的 25 名中文教师代表参加了培训。培训期间，既有针对初级阶段汉语游戏教学的详细阐释，也有针对中高级阶段汉语语法教学方法的深入浅出的讲解。2014 年 11 月 11—13 日，布拉戈维申斯克国立师范大学孔院再次举办了为期 3 天的本土汉语教师培训。

2015 年 3 月 26—27 日，托木斯克国立大学孔院开展了本土教师汉语教学实践培训，来自雅库特、巴尔瑙尔、新西伯利亚以及托木斯克当地的本土汉语教师约 50 人参加。此次培训，既有多年从事国际汉语教学的北京语言大学教授李春玲从语法、词汇、口语、听力等角度分析对外汉语教学的方法、模式及教学手段，也有经验丰富的资深本土汉语教师分享教学经验，孔院教师也做了生动的公开课展示。

2015 年 8 月，俄罗斯国立职业师范大学广播孔子课堂首次尝试课堂面授结合 M-learning 线上教学方式，选取对使用移动或无线设备、网络进行学习感兴趣的 HSK 2—4 级水平的 20—40 岁 8 名学员，进行汉语语音及文化课程教学。授课教师自编教学大纲，使学员们通过大量绕口令、历史典故、民歌等方式，对汉字、词语和句子等进行发音练习。M-Learning 结合面授内容提供简单课外学习补充资料巩固学习。24 课时教学结束后进行随堂测试，学员们在汉语发音等方面均获得了不同程度提高，学员认为面授和线上结合的汉语学习方式可行有效，在学习过程中，老师和学员可自由进行分享互动，加强记忆的同时也提升了学习效果。

本章主要参考文献

金志刚：《俄罗斯国立远东大学的汉语教学》，《汉语学习》2000 年第 4 期。

王哲：《白俄罗斯东方学发展概观》，《焦作大学学报》2007 年第 10 期。

李逸津：《俄罗斯汉语教学与汉学研究的发端》，《天津师范大学学报》（社会科学版）2004 年第 4 期。

吴赛娟：《俄罗斯伊尔库茨克高校非专业汉语教学情况一瞥——以西伯利亚法律经济与管理学院为例》，《世界汉语教学学会通讯》2011 年第 3 期。

赵莉：《"汉语热"背景下俄罗斯汉语师资的现状与对策分析》，《海外英语》2010 年第 11 期。

崔钰：《当代俄罗斯汉语教学现状》，《开封教育学院学报》2015 年第 4 期。

张剑宇：《俄罗斯中国语言文化教育推广双边学术研讨会》，《国际学术动态》2011 年第 3 期。

郭晓沛、逯红梅：《俄罗斯国立皮亚季戈尔斯克语言大学汉语教学现状及分析》，《职业教育研究》2009 年第 12 期。

雷丽平：《俄罗斯汉学的发展演变及其现实意义》，《东北亚论坛》2011 年第 4 期。

阎国栋：《俄罗斯汉学的危机》，《国外社会科学》2015 年第 6 期。

[俄] 谭傲霜：《俄罗斯汉语教学的实践与思考》，《语言文字应用》1994 年第 2 期。

张志毅：《读〈汉语口语教科书〉》，《世界汉语教学》1993 年第 1 期。

顾越：《苏联出版〈汉语口语教科书〉》，《世界汉语教学》1989 年第 3 期。

李永欣：《俄罗斯孔子学院的现状及前景展望》，《西伯利亚研究》2010 年第 3 期。

李晓琴：《俄罗斯孔子学院汉语教学现状调查与分析——以伊尔库茨克孔子学院为例》，硕士学位论文，新疆师范大学，2011 年。

颜国琴：《俄罗斯孔子学院文化传播现状与策略》，《重庆文理学院学报》（社会科学版）2015 年第 3 期。

高蕾：《俄罗斯小学生汉语趣味教学策略研究》，硕士学位论文，新疆大学，2015 年。

安佳怡：《俄罗斯新西伯利亚国立大学汉语推广现状研究》，硕士学位论文，重庆大学，2011 年。

石传良、果戈里娜、张文福：《俄罗斯学生汉语学习现状的调查分析》，《世界汉语教学》2006 年第 2 期。

孙克文：《俄罗斯远东国立大学的汉语教学》，《世界汉语教学》2000 年第 1 期。

王瑞君：《俄罗斯远东联邦大学东方学院汉语教学现状调查与分析》，硕士学位论文，黑龙江大学，2014 年。

张剑宇：《俄罗斯中国语言文化教育推广双边学术研讨会》，《国际学术动态》2011 年第 3 期。

孙杰：《海外少儿对外汉语教学策略研究——以俄罗斯远东联邦大学孔子学院为例》，《家教世界》2013 年第 20 期。

朱宪生：《汉语教学在苏联莫斯科第十四寄宿学校参观记》，《语文教学与研究》1987
　　年第 4 期。

张光政：《刘延东考察俄国立人文大学孔子学院》，《人民日报》2010 年 3 月 26 日
　　第 2 版。

吉娜：《在俄罗斯汉语教学中开设戏剧表演课的分析与研究——以布里亚特国立大学
　　为例》，硕士学位论文，山东师范大学，2013 年。

刘定慧：《对俄汉语教材对比研究——以〈新实用汉语课本〉（俄文版）、〈汉语新目
　　标〉为例》，硕士学位论文，吉林大学，2014 年。

邱晨：《对俄汉语教材研究》，硕士学位论文，辽宁大学，2014 年。

齐桂波：《俄罗斯语言政策：现状与发展》，硕士学位论文，黑龙江大学，2014 年。

李迎迎：《评析俄罗斯语言政策调整的新变化》，《民族教育研究》2016 年第 1 期。

第三章　白俄罗斯的汉语教学

第一节　国家概况

一　自然地理

白俄罗斯（白俄罗斯语：Рэспубліка Беларусь，英语：The Republic of Belarus），全称白俄罗斯共和国。白俄罗斯位于欧洲中心的东欧平原西部，东北部与俄罗斯联邦为邻，南与乌克兰接壤，西同波兰相连，北、西北部与立陶宛和拉脱维亚毗邻。国土总面积 20.76 万平方公里，南北相距 560 公里，东西相距 650 公里。领土面积居欧洲第 13 位。包括 6 个州以及具有独立行政区地位的首都明斯克市。白俄罗斯是一个内陆国家，没有出海口，是欧亚两大洲陆路交通的必经之地。境内地势低平、多湿地，平均海拔高度 160 米，最高峰为 Dzerzhin-skaya 山，海拔 345 米。全境有大小河流 2 万多条，总长 9.06 万公里。主要河流有第聂伯河、普里皮亚季河、西德维纳河、涅曼河和索日河，其中 6 条河长度超过 500 公里。白俄罗斯拥有 1 万个湖泊，总面积为 2000 平方公里，最大的纳拉奇湖面积为 79.6 平方公里，享有"万湖之国"的美誉。另有 130 多个水库。白俄罗斯气候属温带大陆性气候，境内温和湿润，年降水量为 550—700 毫米。1 月平均气温 -6℃，7 月平均气温 18℃。①

二 历史政治

白俄罗斯（"白色罗斯"）一词始见于 1135 年编年史。关于白俄罗斯名称由来，一说作为斯拉夫族东支的白俄罗斯人，比俄罗斯人、乌克兰人保留更纯的古斯拉夫人的血统和特点，故白俄罗斯，可释为"纯的罗斯人"。一说古代该民族喜穿漂白的亚麻布服装和用白布绑腿，故而得名。一说白俄罗斯人是从鞑靼人的统治下解放出来的，白有自由或解放的意思。公元 862 年，白俄罗斯土地上建成波洛茨克城堡。9—12 世纪，以该城堡为中心形成波洛茨克公国。13 世纪中期—18 世纪末，先后归属立陶宛大公国和立陶宛—波兰王国等。18 世纪起并入俄罗斯帝国。1918 年 3 月，亲德的白俄罗斯全体会议执行委员会在德占区宣布成立白俄罗斯人民共和国。但随后波苏战争的爆发，导致这个短命的共和政体的东西两部分领土被俄罗斯苏维埃联邦社会主义共和国和波兰第二共和国各自占领。1919 年 1 月，白俄罗斯苏维埃社会主义共和国成立，并于 1922 年 12 月 30 日加盟苏联。1990 年 7 月 27 日，白俄罗斯最高苏维埃通过国家主权宣言。1991 年 12 月 8 日，废除 1922 年加入苏联时签订的条约，12 月 19 日改名为白俄罗斯共和国，简称为"白俄罗斯"。

白俄罗斯是倡建独联体（Commonwealth of Independent States, CIS）的三个发起国（俄罗斯、乌克兰、白俄罗斯）之一。1994 年 3 月 15 日，白俄罗斯颁布了第一部宪法，确立了实行三权分立的宪政体系，实行总统制。总统任期 5 年，2004 年废除总统任期限制。白俄罗斯是欧亚联盟成员。国民会议由共和国院（上院）和代表院（下院）组成，每届任期 4 年。共和国院共 64 名代表，代表院共 110 名代表，

---

① http：//www.fmprc.gov.cn/web/gjhdq_676201/gj_676203/oz_678770/1206_678892/1206x0_678894/，2016 年 9 月 18 日。

大多是独立代表。白俄罗斯独立之初，一直奉行"独立自主、平等互利、和平友好"的对外政策总方针，积极同世界各国建立联系，重点发展对俄关系，加强与邻国的关系。①

三 人口经济

白俄罗斯是一个工业比较发达的国家，具有成熟和坚实的工业基础，主要工业包括机械制造、冶金加工、化学肥料等，IT 业较发达，农业和畜牧业亦很发达。GDP 总计 761.39 亿美元（2014 年，国际汇率），人均 GDP 8040 美元（2014 年，国际汇率）。②

白俄罗斯处在欧盟和独联体之间，是波罗的海诸国到黑海的交通交汇点，是欧亚大陆交通物流枢纽，连接欧亚经济联盟和欧盟两大消费市场，是"一带一路"向欧洲延伸的重要节点，经济地理位置优越。

应白俄罗斯共和国总统亚历山大·卢卡申科邀请，中华人民共和国主席习近平 2015 年 5 月 10—12 日对白俄罗斯共和国进行国事访问。在访问前夕，习近平在白俄罗斯《苏维埃白俄罗斯报》发表题为《让中白友好合作的乐章激越昂扬》的署名文章。文章说："中白建交 23 年来，双边关系得到长足发展。两国建立了全面战略伙伴关系……双方政治互信日益巩固，相互支持不断加强，各领域合作深入开展，成为名副其实的好朋友和好伙伴。中国已经成为白俄罗斯在亚太地区最大的贸易伙伴，双边贸易额持续增长，在去年全球经济不景气背景下逆势上扬 27.3%。白俄罗斯已经成为中国在欧亚地区开展大型合作项目最为广泛的国家之一。……白俄罗斯现在已经开办了 3 所孔子学院，双方互办的文化日活动成为两国文化盛事。……中方愿在白俄罗斯设立中国文化中心，加大对孔子学院的投入，欢迎更多白俄罗斯朋友到

---

① 孤竹博客：《列国志·白俄罗斯共和国》，2014 年 8 月 29 日，http：//blog. sina. com. cn/u/2547761387，2016 年 9 月 18 日。
② http：//fec. mofcom. gov. cn/article/gbdqzn/，2016 年 9 月 18 日。

中国留学、经商、交流。"访问期间，两国元首在亲切友好、相互信任的气氛中，就中白关系及共同关心的国际和地区问题深入交换意见，达成广泛共识，发表了《中华人民共和国和白俄罗斯共和国关于进一步发展和深化全面战略伙伴关系的联合声明》："双方指出，共同建设丝绸之路经济带的伟大倡议为中白开展全方位合作提供了新的历史机遇。双方愿密切合作，共同推动丝绸之路经济带建设，开辟中白合作新的广阔前景。……双方确认，白俄罗斯是丝绸之路经济带框架内运输物流、信息通信的重要环节。……双方将在文化交流框架下开展'文化日'、'电影节'及其他文化交流活动。……中方愿继续为白俄罗斯优秀留学生提供中国政府奖学金，支持在白俄罗斯扩大汉语教学规模，完善孔子学院活动，包括白俄罗斯国立技术大学的世界首家科技孔子学院。"

白俄罗斯人口数量为 946.81 万人（2014 年），是个多民族国家，境内共有 100 多个民族，其中白俄罗斯族占 83.7%。俄罗斯族是白俄罗斯国内第二大民族，占 8.3%，遍布白俄罗斯全国各州，主要分布在东部和中部，波兰族是白俄罗斯的第三大民族，分布在与波兰接壤的布列斯特州和罗德诺州，占 3.1%。主要信奉东正教。白俄罗斯的宪法并没明确规定国教，但大多数人信仰俄罗斯东正教，其次则是罗马天主教。基督教的不少节日如复活节等被设为法定假日。

四　语言政策

1995 年，白俄罗斯总统卢卡申科提议进行关于让俄语同白俄罗斯语一样享受国语地位的全民公决。这项提议获得全体人民的支持。俄语在白俄罗斯享有官方语言的地位，俄语在国家生活的各个层面发挥重要影响，几乎在所有的交流领域都居主导地位。英语是主要的外国语，但白俄罗斯政府官员和普通民众会讲英语的比例不高。虽然白俄罗斯语和俄语同为白俄罗斯的官方语言，但就目前而言，俄语在白俄罗斯的使用更为普遍，全国 62% 以上的人口讲俄语，只有 36.7% 的人使用白俄罗斯语。① 但是，白俄罗斯国内民众基本上都懂白俄罗斯语，因为法律规定：学校要教授白俄罗斯语，国家电视频道、报纸等媒体要使用白俄罗斯语。

《白俄罗斯共和国教育法》第五条规定："各教育机构的教学语言主要为白俄罗斯语和俄语。" 要求教育系统的领导以及其他工作人员必须掌握白俄罗斯语和俄语。国内普通教育学校从入学第一年（预备班）开始教授俄语，从入学第二年（一年级）开始教授白俄罗斯语。在普通学校，以上两种语言拥有同等地位，上课主要使用白俄罗斯语和俄语；在高等院校，教学语言也是以上两种语言。② "俄罗斯世界"基金会 2012 年在全世界范围内进行了 "你想让你的孩子学习俄语吗"的问卷调查，99% 的白俄罗斯受访者做出肯定答复。③

第二节　汉语教学简史

苏联解体前，白俄罗斯高等学校不设汉语专业，更没有自己的汉语师资队伍，所需汉语人才均在俄罗斯培养。白俄罗斯独立后，为了满足社会经济发展对汉语人才的需求，随即开始了汉语教学工作。1993 年 11 月 1 日。按照白俄罗斯外交部的要求，明斯克国立外语师范学院（现改称国立语言大学）开设了汉语和日语班，每班 12个人。明斯克国立外语师范学院当时的语言专业不允许开设东方学专业，所以在 1997—1998 学年，大多数东方语言部的教师、学生都转入到了白俄罗斯国立大学国际关系系，在那儿成立了白俄罗斯唯一的国家东方语教研室。1998 年汉语正式进入白俄罗斯国民教育体

---

① 王辉主编：《"一带一路"国家语言状况与语言政策》，社会科学文献出版社 2015 年版，第 193 页。
② 同上书，第 194 页。
③ 李迎迎：《评析俄罗斯语言政策调整的新变化》，《民族教育研究》2016 年第 1 期。

系。1999 年 6 月，北京举办了白俄罗斯文化日；2000 年 9 月在白俄罗斯共和国首都明斯克举办了中国文化日。2001 年 4 月白俄罗斯总统亚历山大·卢卡申科访问中国期间，白俄罗斯文化教育部和中国文化部签署了合作协议。2001—2002 学年，白俄罗斯国立大学国际关系系在东方语言教研室的倡导下，首次开始培养"语言国情学"专业学生，用所学国家语言教授东方学课程。比如中国的历史、地缘经济、哲学、文学和艺术，都用汉语学习。到 2002 年，白俄罗斯有 2 所高校的 3 个系（白俄罗斯国立大学国际关系系、语言文学系和明斯克国立语言大学翻译系）开设汉语专业，有学员 110 多名。在中白两国关系水平不断提升的背景下，汉语在白俄罗斯越来越受欢迎，不仅设立了孔子学院和孔子课堂，而且主动要求开设汉语教学的中学也越来越多。2006 年，中国国家汉办与白俄罗斯共和国文化教育部签署关于在汉语教学领域开展合作的协议。2008 年白俄罗斯文化教育部颁布了中小学汉语教学大纲。2013 年 9 月 3 日，白俄罗斯文化教育部副部长安东诺维表示，白俄罗斯教育部已经批准 5 所中学开设第一外语为汉语的课程，另外有近 300 所学校开设汉语选修课。

第三节　汉语教学的环境和对象

一　高等院校汉语教学

从 1998 年开始，白俄罗斯国立大学和明斯克国立语言大学开设了中文翻译专业，2001 年白俄罗斯国立大学开设了中文教师专业，2001 年白俄罗斯国立师范大学、戈梅利国立大学、维捷布斯克国立大学和格罗德诺国立大学开设了中文课和中国文化选修课。①。2002 年 5 月 31

---

① 娜吉亚：《白俄罗斯小学初级汉语教学的调查与分析》，硕士学位论文，天津大学，2013 年，第 3 页。

日，白俄罗斯大学生"我爱中国"汉语演讲比赛在明斯克国立语言大学举行。这是白俄罗斯共和国独立 10 年来第一次举办汉语演讲比赛，是白俄罗斯汉语教学成果的一次集中展示，受到白俄罗斯有关高校的大力支持和积极配合，同时也受到社会的广泛关注。来自白俄罗斯国立大学国际关系系、语言文学系和明斯克国立语言大学翻译系的 15 名选手进入决赛。经过激烈的角逐，明斯克国立语言大学的五年级大学生维拉·巴拉斯荣获演讲比赛第一名。她激动地说："我非常热爱中国，特别喜欢汉语。1999 年我曾在北京语言文化大学学习一年。今年 9 月，我作为中国政府奖学金的资助者还将赴北京留学，我热切地期待着与北京再次相会。"① 2006 年白俄罗斯国立师范大学和维捷布斯克国立大学开设了中文教师专业。

2006 年 12 月，白俄罗斯国立大学教育中心成立了白俄罗斯第一家孔子学院。孔子学院充分利用自身优势，开展丰富多彩的教学和文化活动，成为白俄罗斯人学习汉语言文化、了解当代中国的重要途径。2009 学年，孔子学院面向白俄罗斯国立大学汉语与文学专业授课学生 200 人，面向白俄罗斯共和国各界举办各类汉语与中华文化培训班，培训学员 90 人次。经孔子学院推荐，已有 80 多名白俄罗斯青年学生到中国高等学校攻读本科、硕士、博士研究生课程或进行语言进修。

经过 10 年的不懈努力，白俄罗斯的汉语教学从无到有，取得了长足进步。到 2002 年，白俄罗斯有 2 所高校的 3 个系开设汉语专业，有学员 110 多名。汉语专业的毕业生大多活跃在白俄罗斯的外交、经济、文化和教育战线上。

二 中小学汉语教学

在中小学开设汉语课的提议是白俄罗斯总统卢卡申科做出的，其主要目的是满足白俄罗斯与中国关系发展的实际需要。卢卡申科认为，

---

① 钟国仁：《"我爱中国"汉语演讲比赛与白俄罗斯汉语教学》，《光明日报》2002 年 6 月 10 日第 7 版。

要发展对华合作，必须培养懂汉语的人才。为此，白俄罗斯将汉语列为学生们应当学习的主要外语之一。自 1998 年汉语正式进入白俄罗斯国民教育体系以来，汉语教育在白俄罗斯中小学渐趋普及，中小学汉语教育已成为白俄罗斯外语教育的重要组成部分。①

明斯克市第 23 中学是白俄罗斯教育部选定的首批开设汉语教学的中小学之一，自 2006 年 9 月开始汉语教学以来，校方高度重视，学生的学习热情也日益高涨。第 23 中学共有学生 400 余人，其中近 80 人在学习汉语。2007 年，开设汉语课程的中小学，明斯克市 6 所、维捷布斯克市 2 所。2008 年，白俄罗斯教育部颁布了中小学汉语教学大纲。2008—2009 学年，明斯克新增 2 所开设汉语课程的中小学，在其他的城市也增加了 2 所中小学开始教汉语。2008—2009 年学汉语的中小学生的数量超过 240 人。2010—2011 学年，已有 12 所明斯克的中小学、8 所其他城市的中小学教授汉语，学习汉语的中小学生的数量超过 380 人。2012 年，明斯克共有 6 所中学将汉语设为必修课、14 所中学将汉语设为选修课；维捷布斯克市有 2 所中学汉语为必修课、3 所中学汉语为选修课；格罗德诺市 2 所中学、布雷斯特市 2 所中学将汉语设为选修课，中小学学习汉语的学生人数超过 390 人。2006 年，中小学汉语课从 3 年级开始、每周 2 个小时；到 2010 年，中小学汉语课从 1 年级开始、每周 3 个小时。②

白俄罗斯政府高度重视中小学汉语教学，自 2010 年以来，每年举办白俄罗斯青少年汉语夏令营。夏令营是由中国国家汉办、中国驻白俄罗斯使馆与明斯克州教育委员会、白俄罗斯联合国教科文组织联合举办，参加夏令营的有中小学生及家长代表。夏令营采用封闭式的教学方式，为期 10 天，全部课程由中国国家汉办汉语教师志愿者和优秀留学生承担。学生可以沉浸在汉语环境中强化训练、巩固学习成果。

---

① 娜吉亚：《白俄罗斯小学初级汉语教学的调查与分析》，硕士学位论文，天津大学，2013 年，第 6 页。
② 同上书，第 7 页。

课程设置具有多样性，不仅开设了汉语课，还有武术、书法、剪纸、茶艺、舞蹈等辅助教学内容，对促进中小学生的汉语学习、增强对中国的了解大有裨益，受到白俄罗斯中小学生和家长的普遍欢迎。

三　孔子学院（孔子课堂）的汉语教学

截至 2016 年 6 月，白俄罗斯共建有 3 所孔子学院，5 个孔子课堂。①

（一）孔子学院的汉语教学

1. 白俄罗斯国立大学孔子学院

所在城市：明斯克

承办机构：白俄罗斯国立大学

合作机构：大连理工大学

启动时间：2006 年 7 月 5 日

2004 年，白俄罗斯国立大学东方语言教研室成立了白俄罗斯共和国中国"象形文字"中心。随后又开始了将白俄罗斯共和国中国"象形文字"中心改建为"孔子学院"的工作。2005 年 7 月在北京世界汉语学术会议上，白俄罗斯大学代表团和北京语言文化大学校长商讨了这一问题，并得到了北京语言文化大学的支持。2006 年 6 月，中国国家汉办与白俄罗斯国立大学签署孔子学院建设意向书；7 月，签署孔子学院建设协议，白俄罗斯国立大学孔子学院启动运行。2009 年新年，白俄罗斯国立大学孔子学院隆重举办"孔子在白俄罗斯"活动，中国驻白俄罗斯大使鲁桂成夫妇、白俄罗斯国立大学校长阿普拉缅伊卡和孔子学院副院长马列维奇出席。2013 年 9 月，中共中央政治局常务委员会委员刘云山访问了白俄罗斯国立大学孔子学院。2011 年，白俄罗斯国立大学共和国孔子学院荣获"先进孔子学院"称号。2013 年，白俄罗斯国立大学共和国孔子学院理事长阿普拉缅伊卡荣获"孔子学院先进个人"称号。

① 以下有关白俄罗斯孔子学院和孔子课堂汉语教学的信息主要来自国家汉办/孔子学院总部网页，不再一一注明具体出处。http://www.hanban.org/article，2016 年 10 月 8 日。

　　白俄罗斯国立大学校长谢尔盖·阿普拉缅伊卡在《世界教育信息》2014 年第 1 期撰文《孔子学院是连接白俄罗斯和中国的"金色桥梁"》："中华人民共和国从白俄罗斯共和国成立的第一天起就是我们最好的朋友。中国是最早承认白俄罗斯独立地位的国家之一，而且两国现在是战略合作伙伴关系。白俄罗斯人民为拥有中国这样的朋友感到自豪。……这也是 2006 年末我们在白俄罗斯国立大学建立孔子学院的原因，那是白俄罗斯的第一所孔子学院。也许有人会问：当时为什么选择了白俄罗斯国立大学？这个问题很好回答。因为我们是白俄罗斯一流的大学，在和中国的合作方面，我们是做得最好的。……根据世界大学网络计量学排名，白俄罗斯国立大学排在第 595 位。全世界有 3.5 万所大学，因此，这个位置对于我们来说是很不错的。白俄罗斯国立大学是一所符合在欧洲被普遍接受的大学分类标准的传统型大学，也是白俄罗斯最大的集科学、研究和文化为一体的综合大学，肩负着为白俄罗斯培养未来精英人才的重任。……中国语言和文化在白俄罗斯年轻人中越来越受欢迎。"由于白俄罗斯国立大学是该国历史最悠久、最负盛名的高校，白俄罗斯政府将白俄罗斯国立大学孔子学院冠名为"共和国孔子学院"，级别为国家级，白俄罗斯时任副总理托济克担任荣誉理事。到 2014 年，白俄罗斯国立大学孔子学院汉语课程已经有学生 175 名。

　　2013 年 12 月 7 日，"共和国孔子学院"在明斯克市第 10 中学举办了一场别开生面的"中国文化日"活动。来自第 10 中学、第 22 重点中学、第 86 中学、第 87 中学等学校的孩子们亲身体验了中国的书法、剪纸、中国结和茶道等文化。

　　2016 年 1 月 28 日上午，"共和国孔子学院"下设的白俄罗斯国立经济大学孔子课堂举办了第一届亚欧经济——教育国际合作会议。白俄罗斯外交部官员、中国驻白俄罗斯大使馆人员以及来自当地高校的专家学者等 105 人参加了会议。与会人员围绕"中白经济合作的现状与前景""亚欧高等教育领域合作的一体化""在教育合作一体化进程中的语言与文化对话"等议题展开深入探讨，中国的"一带一路"倡议也成为此次会议的讨论重点。

2. 明斯克国立语言大学孔子学院

所在城市：明斯克

承办机构：明斯克国立语言大学

合作机构：东南大学

启动时间：2011 年 9 月 19 日

2011 年 9 月，白俄罗斯第 2 所孔子学院——中国东南大学与明斯克国立语言大学合作的明斯克语言大学孔子学院启动运行，正在白俄罗斯进行正式友好访问的中国全国人大常委会委员长吴邦国出席了明斯克国立语言大学孔子学院揭牌仪式，并为孔子学院揭牌。吴邦国参观了该校多媒体语言教学实验室和"汉语教学在白俄罗斯"的展览。吴邦国指出，现在世界上很多国家的人民在学习汉语，看到白俄罗斯同学学习汉语热情高涨，感到十分高兴。建设孔子学院，发展汉语教学，对于促进白俄罗斯人民了解中国和中华文化具有重要作用，对于增进中白两国人民友好，特别是年青一代之间的相互了解和友谊具有重要意义。明斯克国立语言大学是白俄罗斯外语教学、师资和教材的产出基地，是全国外语教学政策的研究中心。明斯克语言大学孔子学院将面向白俄罗斯大中小学，致力于培训本土汉语教师、编写汉语教材、培养中文翻译以及开展当代中国研究等。2013 年，明斯克国立语言大学孔子学院荣获"先进孔子学院"称号。2015 年，明斯克国立语言大学孔子学院院长拉里萨·特里古巴娃荣获"孔子学院先进个人"称号。

明斯克国立语言大学孔子学院语言文化中心自 2015 年 3 月初揭牌以来，积极开展书法、太极拳、中国象棋、中国茶艺、中国电影欣赏、汉语之家、你不知道的中国等各项语言文化体验活动，致力于介绍中国文化，促进中白两国之间的沟通交流。这些活动为白俄罗斯人了解中国文化展现了一幅丰富多彩的画卷，也激发了当地民众学习汉语的热情，"学汉语"和"去中国"成为文化中心系列活动中的流行词汇。

2016年4月3日上午，白俄罗斯明斯克国立语言大学孔子学院参与了该大学一年一度的白俄罗斯全国招生宣传会。近2000名学生和家长从该国各地赶来参会。明斯克国立语言大学校长巴拉诺娃对学校的汉语专业、汉语教学以及孔子学院的情况做了重点介绍。她表示，孔子学院既为汉语专业派送中国教师，也在业余时间提供汉语教学。学生的汉语水平有一定提高并通过HSK考试后将有机会赴华学习一年或半年。孔子学院的展板前很快排起了长龙，学生和家长对汉语学习抱有极大的热情和兴趣，他们的问题涉及汉语学习和中国的各个方面，孔院人员耐心一一解答。

2016年5月28日，第十五届"汉语桥"世界大学生中文比赛白俄罗斯预选赛在明斯克国立语言大学孔子学院落下帷幕，来自白俄罗斯国立大学、明斯克国立语言大学等高校的13名选手参加了本次比赛。明斯克国立语言大学校长娜塔莉亚·巴拉诺娃、中国驻白俄罗斯大使馆政务参赞罗占辉等嘉宾与200多名当地民众一起观看了比赛。

3. 白俄罗斯国立技术大学科技孔子学院

所在城市：明斯克

承办机构：白俄罗斯国立技术大学

合作机构：东北大学

启动时间：2013年12月6日

白俄罗斯国立技术大学是白俄罗斯历史最悠久、学术水平最高的理工科大学。2014年10月21日，白俄罗斯第3所孔子学院——"白俄罗斯国立技术大学科技孔子学院"在位于首都明斯克的国立技术大学礼堂举行隆重的揭牌仪式。这是世界上首所科技型孔子学院，由中国东北大学同白俄罗斯国立技术大学共同筹备成立。当天，白俄罗斯政府副总理托济克、中国驻白俄罗斯大使崔启明、白俄罗斯国立技术大学校长赫鲁斯塔廖夫以及中国东北大学校长赵继共同为这所孔子学院揭牌。白俄罗斯政府副总理托济克在揭牌仪式上表示，白俄罗斯政府积极支持孔子学院的不断完善和发展，在白俄罗斯第 3 所孔子学院建成后，白俄罗斯拥有了比较完整的孔子学院教育和学术体系。白俄罗斯国立技术大学校长指出，建立科技孔子学院具有重大意义，有利于推动社会、经济的发展与进步，对白俄罗斯及全世界都具有极为重要的影响。他表示，该孔子学院是全球第一所科技孔子学院，这是两校的荣誉，要汲取其他孔子学院的优点，同时发展自己的特色。

白俄罗斯国立大学孔子学院注重中国问题研究，明斯克国立语言大学孔子学院注重中国古典文化研究，而白俄罗斯国立技术大学科技孔子学院则是白中科技合作的桥梁。孔子学院的建立，符合白中进一步深化双边合作的要求。

2014 年 12 月 3 日，"2014 新地平线"暨"白俄罗斯—中国青年创新论坛"在白俄罗斯国立技术大学举办。此次论坛由白俄罗斯国家科学技术委员会、白俄罗斯教育部、白俄罗斯国立技术大学科技园、白俄罗斯国立技术大学科技孔子学院、哈尔滨市科学技术局及中国东北大学等七家单位联合主办。白俄罗斯教育部科技和创新司司长萨福诺夫·瓦西里表示，此次论坛是白俄罗斯与中国之间战略合作伙伴关系的有力证明；青年参加双边合作，对促进科技和创新领域的积极发展起到重要作用，这将为两国经济互补性创造坚实基础，也是双方加强友谊、相互尊重、相互支持的重要保障。

2015 年 6 月 15—23 日，科技孔子学院在白俄罗斯国家青少年夏令营基地"苏巴雷诺克"举行了"中国语言文化周"活动。在基地逾千学生中掀起了中国文化热潮。此次活动为汉语班学生开展了汉语教学与实践，还面向整个夏令营基地学生们做文化宣传推广。孔院制作了十幅宣传板，介绍孔子学院总部和国家汉办的概况、孔子及其思想、中国饮食文化、京剧、中国节日和城市风光等内容。孔院还介绍了中国京剧的起源，生旦净丑、唱念做打等京剧常识，并组织学生学画京剧脸谱；还宣讲了中国茶文化并进行茶艺展示与体验活动。活动期间恰逢端午节，孔院教师为学生们上了一堂端午节文化课，讲述了端午节的起源，以及吃粽子、划龙舟等习俗。基地负责人对此次活动高度重视，数次要求增加活动次数和扩大活动规模。孔院在营地的露天广场和湖边举办了两场大型互动活动，300 多名学生兴致勃勃地参加了书法、剪纸、踢毽子、跳绳及太极拳演练等活动。

2015 年 10 月 13—16 日，科技孔子学院与白俄罗斯国立技术大学科技园联合参加了白俄罗斯 2015 科技展，通过文字阐述和模型展示了中华科技文明的璀璨历史及航天、高铁、无人机等现代国际领先的科学技术，引起了白俄罗斯参观者的高度关注。这次参展得到中国驻白俄罗斯使馆的重视和大力支持，崔启明大使赠送了"天宫一号"模型并亲临展台参观。科技园提供了中国高铁模型，东北大学老师从国内带来地动仪、指南针和活字印刷模型。国内外协力合作，使展出获得成功。

2015 年 11 月 26—27 日，科技孔子学院和白俄罗斯国立技术大学科技园联合主办的中国与白俄罗斯青年创新论坛在白俄罗斯首都明斯克成功举办，共 400 余名中白青年学者和学生参加此次论坛。中国驻白俄罗斯大使崔启明、白俄罗斯教育部第一副部长博古什、白俄罗斯国家科学技术委员会主席苏米林等出席大会并致贺词。论坛上，与会代表在信息通信技术、建筑设计、新材料等专业领域进行了充分的交流与讨论，两国青年通过论坛相互了解、互通有无，为今后的深入合作奠定了基础。今年是白俄罗斯国家"青年年"，教育部和国家科学技术委员会对开展青年科技创新活动非常重视。他们希望通过创新论坛加强两国青年的学术交流，增进友谊和信任，进一步推动两国青年学者和学生在科技、教育领域的合作。

2016 年 3 月 26 日是白俄罗斯国立技术大学的招生宣传日，学校在这一天面向全国的高中毕业生及家长开放，并向他们宣讲学校各学科建设、特色优势专业等。科技孔子学院利用校园"开放日"这一契机，积极向学生及家长推介中国文化。近千人参加了此次校园"开放日"活动。在科技孔子学院展台，中国文化宣传栏和各类汉语图书、文化用品引起了学生和家长们的极大兴趣和关注。汉语教师和孔院工作人员向师生及家长说明了孔子学院的创办意义和办学宗旨，讲解了孔子学院总部的新汉学计划、奖学金、中国政府奖学金政策和有关规定，并详细介绍了现已开设的汉语课程、选用的汉语教材、HSK 考试以及中国夏令营体验活动等孔院项目。

2016 年 5 月 25 日，首届"中国—白俄罗斯青少年机器人比赛"在白俄罗斯首都明斯克拉开帷幕。此次比赛由白俄罗斯国家科委、白俄罗斯教育部、中国驻白俄罗斯大使馆主办，白俄罗斯国立技术大学科技孔子学院、白俄罗斯国立技术大学科技园协办。此次比赛在明斯克与南部边陲城市布列斯特两市相继进行。中方参赛队伍分别由哈尔滨工业大学、东北大学、沈阳航空航天大学、沈阳工业大学组成，他们与白俄罗斯高校和青少年创新中心展开了为期四天的激烈角逐。最终，白俄罗斯国立技术大学获得"巡迹机器人 Robo-race"一等奖，东北大学、布列斯特国立技术大学获得二等奖；哈尔滨工业大学获得"星际探测 I.E."一等奖，沈阳工业大学获得二等奖，东北大学、沈阳航空航天大学、白俄罗斯青少年创新中心等获得三等奖。这次比赛受到两国政府高度重视，进一步促进了两国高校之间的科技与人文合作。

2016 年 5 月 26 日，白俄罗斯国立技术大学科技孔子学院布列斯特教学点——"中国语言文化中心"在布列斯特国立技术大学举行了揭牌仪式。在庆典上，白俄罗斯国立技术大学、布列斯特国立技术大学分别表示要与东北大学在合作办学、科研等领域深入交流，密切协作，实现共赢。布列斯特孔子学院教学点是白俄罗斯科技孔子学院成立近两年以来，在首都明斯克以外地区建立的第一个汉语教学机构，也是布列斯特首家孔子学院教学点。现已有近百人在该教学点学习汉语和中国文化，优秀者将参加今年暑期举办的东北大学夏令营。

（二）孔子课堂

白俄罗斯现有 5 个孔子课堂，但就现有的条件，没有搜集到相关汉语教学开展情况的资料，暂且将每个孔子课堂的基本情况列举出来，下一阶段再补充完善。

1. 哥罗德诺扬卡·库帕拉国立大学孔子课堂

所在城市：哥罗德诺

承办机构：哥罗德诺扬卡·库帕拉国立大学

协议签署时间：2013 年 8 月 2 日

启动运行时间：2013 年 8 月 2 日

2. 明斯克第 23 中学孔子课堂

所在城市：明斯克

承办机构：明斯克第 23 中学

协议签署时间：2013 年 8 月 2 日

启动运行时间：2013 年 8 月 2 日

3. 白俄罗斯国际经济大学孔子课堂

所在城市：明斯克

承办机构：白俄罗斯国际经济大学

协议签署时间：2013 年 8 月 2 日

启动运行时间：2013 年 8 月 2 日

4. 弗朗西斯科·斯卡利纳戈梅利国立大学孔子课堂

所在城市：戈梅利

承办机构：弗朗西斯科·斯卡利纳戈梅利国立大学

协议签署时间：2013 年 8 月 2 日

启动运行时间：2013 年 8 月 2 日

5. 白俄罗斯国立体育大学孔子课堂

所在城市：明斯克

承办机构：白俄罗斯国立体育大学

合作机构：岭南师范学院

启动运行时间：2016 年 2 月 1 日

第四节 汉语教材、师资和教学法

一 教材的开发

白俄罗斯 2007 年出版第一套汉语教材《汉语》（一年级，上、下册），编者：M. S. Filimonova、A. P. Ponimatko、周李昕，包括：学生用书（上册、下册）、练习册（附带迷你卡片）、教师用书、CD 一张。此后，相继于 2008 年出版《汉语》（三年级，上、下册）、2009 年出版《汉语》（四年级，上、下册）、2010 年出版《汉语》（五年级，上、下册）、2011 年出版《汉语》（六年级，上、下册）[①]。

二 师资状况与培训

为了培养白俄罗斯本土汉语师资，2002 年白俄罗斯国立大学创建第一个汉语师资培训实验班，共招收 20 名本科生。2002—2007 年，这些学生经过白俄罗斯和中国的共同培养，并且分别在中国和白俄罗斯进行教学实践实习后，2007 年作为汉语师资人才毕业，成为汉语专业教师。从 2007 年起，白俄罗斯国立大学和明斯克国立语言大学开始正式招收培养汉语教师的专业学生。白俄罗斯共和国汉语教师培训大纲中要求，一定要在中国高校进行实习，并且必须有半年到一年半的留学经历才能成为合格的汉语教师。为提高白俄罗斯本土汉语教师的教学技能和教学质量，在孔子学院总部/国家汉办"专家组赴国外培训本土汉语教师项目"支持下，2015 年 11 月 17—19 日，中国驻白俄罗斯大使馆教育处和白俄罗斯国立大学孔子学院共同举办了"白俄罗斯本土汉语教师培训及 2015 年汉语教师研讨会"。来自白俄罗斯 5 个

---

① 娜吉亚：《白俄罗斯小学初级汉语教学的调查与分析》，硕士学位论文，天津大学，2013 年，第 13 页。

州的 20 名外籍教师和 60 名汉语教师参加了本次教师培训及研讨会。来自北京师范大学的贾放教授和辽宁师范大学的李宝贵教授都是资深汉语教学专家，通过自己多年的教学经验和丰富的对外汉语知识储备，为在座的老师们带来了精彩的培训课程，让年轻教师收获很多宝贵知识，给了大家极大的鼓舞和帮助。

三　教学法

调查显示：白俄罗斯初级汉语教学中，书写和阅读是最难的。白俄罗斯孩子天性好动，特别是课堂上，要让每个学生都保持长时间的注意力根本不可能。十几岁的孩子，正处于"活泼好动、性格叛逆"的青少年时期，课堂上"麻烦"不断：有讲话的、扔纸团的，有因抢座而打架的，也有到黑板前来默写，之后又不愿回去继续在那画画的……对于这种情况，很多汉语教师志愿者虽然已有充分的心理准备，但初次走进课堂，往往还是惊讶于他们的"活跃"程度，尤其是在那些人数较多的班级，经常是一堂课下来就已经声嘶力竭，筋疲力尽了。作为中华文化的传播使者，任务就是培养学生对学习汉语的兴趣，进而让他们认识中国，了解中国。对孩子们的兴趣，一定要小心呵护，千万不能扼杀。如果在课堂上严厉呵斥他们，可能会换回他们一时的安静，但也可能就此让他们对汉语课产生排斥心理。所以我们要做的，还是要让每堂汉语课都生动有趣，真正激发起他们的学习热情。有一位叫顾勤风的汉语教师志愿者在明斯克市第 10 中学当汉语老师，在中国的传统节日中秋节那天，先在课堂上给学生们讲述了节日的由来，同学们一下子被这个美丽的传说深深吸引，个个听得聚精会神。之后，让他们品尝了国内空运来的月饼，虽然每人只有一小块，但他们个个兴高采烈，吃得津津有味，美丽的传说、美味的月饼，让他们很快记住了这个团圆的节日。一炮打响，在接下来的重阳节、春节、端午节等重要的节日里，教孩子们剪纸、包饺子等，也让他们知道在这些节日里人们吃粽子、登高远眺的寓意。同时，让学生们用汉语介绍白俄罗斯的一些传统节日，在课堂上的老师成了学生的热心听众，学生们争先恐后地上台来介绍，随着活动的深入，学生的口头表达能力也提高得越来越快。①

本章主要参考文献

娜吉亚：《白俄罗斯小学初级汉语教学的调查与分析》，硕士学位论文，天津大学，2013 年。

钟国仁：《"我爱中国"汉语演讲比赛与白俄罗斯汉语教学》，《光明日报》2002 年 6 月 10 日第 7 版。

王哲：《白俄罗斯东方学发展概观》，《焦作大学学报》2007 年第 10 期。

白使：《白俄罗斯国立大学孔子学院举办"孔子在白俄罗斯"活动》，《人民日报》（海外版）2009 年 1 月 26 日第 2 版。

[白俄] 谢尔盖·阿普拉缅伊卡：《孔子学院是连接白俄罗斯和中国的"金色桥梁"》，《世界教育信息》2014 年第 1 期。

习近平：《让中白友好合作的乐章激越昂扬》，《新华每日电讯》2015 年 5 月 9 日第 2 版。

顾勤风：《我在白俄教汉语》，《高教高职研究》2015 年第 5 期。

王辉主编：《"一带一路"国家语言状况与语言政策》，社会科学文献出版社 2015 年版。

李迎迎：《评析俄罗斯语言政策调整的新变化》，《民族教育研究》2016 年第 1 期。

---

① 顾勤风：《我在白俄教汉语》，《高教高职研究》2015 年第 5 期。

第四章　乌克兰的汉语教学

第一节　国家概况

一　自然地理

乌克兰（乌克兰语：УКРАЇНА，英语：Ukraine）位于欧洲东部，国土面积 60.37 万平方公里（包括克里米亚），是欧洲除俄罗斯外面积最大的国家。东连俄罗斯、南接黑海，北与白俄罗斯毗邻、西与波兰、斯洛伐克、匈牙利、罗马尼亚和摩尔多瓦相连。乌克兰地理位置重要，是欧洲联盟与独联体特别是与俄罗斯地缘政治的交叉点。

乌克兰大部分地区属东欧平原。西部喀尔巴阡山脉的戈维尔拉山海拔 2061 米，为最高峰；南部有克里米亚山脉罗曼—科什山。东北为中俄罗斯高地的一部分，东南有亚速海近岸丘陵和顿涅茨岭。①

二　历史政治

882 年维京人建立古罗斯国家基辅罗斯，后在其境内逐步形成三

---

① http://www.fmprc.gov.cn/web/gjhdq_676201/gj_676203/oz_678770/1206_679786/1206x0_679788/，2016 年 8 月 1 日。

个主要民族乌克兰族、俄罗斯族和白俄罗斯族。在 9 世纪时，基辅罗斯作为东斯拉夫人的国家曾一度十分强盛。自 14 世纪中叶起，乌克兰先后被钦察汗国、波兰王国和立陶宛大公国统治。1654 年与俄罗斯沙皇签订《佩列亚斯拉夫和约》，乌俄两国合并，沙俄将乌克兰大部分地区纳入自己的势力范围，自此乌克兰进入长达两个世纪之久的沙皇统治时期。1917 年独立，建立乌克兰人民共和国。1919 年 1 月成立乌克兰苏维埃社会主义共和国。1922 年成为苏联创始加盟共和国之一，是仅次于俄罗斯的第二大加盟共和国。1991 年苏联解体后乌克兰重获独立。2014 年 9 月 16 日，乌克兰议会通过东部地区特殊地位法案，赋予顿涅茨克州和卢甘斯克州部分区域为期 3 年的特殊自治权。法案规定的"特殊地位"并非针对顿涅茨克州和卢甘斯克州全境，并且法案给予这些地区的只是"临时自治权"，"这些地方仍属于乌克兰领土"。①

三　人口经济

乌克兰国土面积的 2/3 为黑土地，占世界黑土地总面积的 1/4，是世界第三大粮食出口国，有"欧洲粮仓"的美誉，农业产值占国内生产总值 20%。重工业在工业中占据主要地位。已探明有 80 多种可供开采的富矿，主要包括煤、铁、锰、镍、钛、汞、石墨等，石油和天然气资源相对匮乏，国内所需石油 90% 依赖进口。2015 年 GDP 总计 906.15 亿美元（国际汇率），人均 GDP 2115 美元（2015 年，国际汇率）。②

乌克兰地处亚欧核心地带，是连接欧亚大陆的陆地走廊，是俄罗斯与西方世界的缓冲区，也是俄罗斯石油能源通向欧洲的主要中转站，战略位置非常重要。乌克兰是苏联的军事重镇，军工业、重工业、造

---

① 孤竹博客：《列国志·乌克兰》，2014 年 8 月 29 日，http：//blog.sina.com.cn/u/2547761387，2016 年 8 月 2 日。
② http：//fec.mofcom.gov.cn/article/gbdqzn/，2016 年 8 月 2 日。

船业和航空航天业在苏联都有着举足轻重的地位，在全世界也处于领先地位。乌克兰的教育、科技和文化也极为发达，在油画、音乐、艺术体操和舞蹈等诸多方面拥有一大批世界级的大师。乌克兰有一百多个民族在这里世世代代进行接触、交流和融合，早已形成了"多元化"的文化格局。乌克兰人民性格阴柔，爱好和平，热爱生命，热爱艺术，乐于接受新事物，具有很强的语言天赋①。

乌克兰人口数量为 4555 万（2016 年 7 月），有 130 多个民族，主要民族乌克兰族约占 77%，俄罗斯族约占 20%。其他为白俄罗斯人、犹太人、鞑靼人、摩尔多瓦人、波兰人、匈牙利人、罗马尼亚人、希腊人、德意志人、保加利亚人等。

东正教、天主教是乌克兰的两大教派，另有浸礼教、犹太教等教派。

四　语言政策

乌克兰第一部语言法《乌克兰苏维埃社会主义共和国语言法》颁布于 1989 年，规定乌克兰语是乌克兰的官方语言，乌克兰语和俄语均可作为族际交际语。苏联解体后，为了尽快重新构建民族国家、最大程度地复兴主体民族文化，乌克兰历届政府均实施了激进的"去俄罗斯化"语言政策，共通过了超过 60 项在社会生活各个领域限制使用俄语的法律。在 1993—2006 年，《乌克兰语言法》经过多次修订，最终规定乌克兰语是乌克兰的唯一国语，俄语仅被界定为少数民族语言②。乌克兰语属斯拉夫语族中的东斯拉夫语支，书写上乌克兰语使用斯拉夫字母，与同属斯拉夫语族的波兰语、斯洛伐克语、白俄罗斯语和俄语有相似之处，但是使用的字母及语法也有一定的区别。

从 2012 年 8 月起，在乌克兰开始实施新的语言法《国家语言政策

---

① 李姬花、叶建军：《乌克兰孔子学院现状及发展前景》，《浙江师范大学学报》（哲学社会科学版）2010 年第 2 期。

② 侯昌丽：《试析乌克兰语言政策的去俄罗斯化》，《西伯利亚研究》2012 年第 3 期。

基本法》，在该法中正式确认了俄语等 18 种语言为乌克兰的"区域语言"，此后这些区域语言在其分布区域内可以同国语乌克兰语一起平等地使用于诸多领域。本语言法的实施，不仅使乌克兰在国家语言政策领域有了统一的新的法律依据，而且将十分有助于乌克兰语言、文化多样性的保持及和谐民族关系的构建①。

第二节　汉语教学简史

乌克兰的汉学研究历史，大约可以追溯到 1917 年以后，当时的乌克兰学者开始对中国产生兴趣。1926 年，全乌克兰东方学学术协会在当时的首都哈尔科夫成立。20 世纪 30 年代开始乌克兰的汉学研究逐渐发展起来，研究主要集中在语言学和文学领域。基辅东方语言学校是乌克兰规模最大的一所初中等语言学校，也是最早开始汉语教学的学校。1956 年，这所语言学校就在初中开设了汉语课程，几十年的汉语教学积累了大量的教学经验，汉语教学已经向系统化、专业化方向发展。基辅东方语言学校以《乌克兰语言教学通用大纲》为基础，编写了全乌克兰唯一的《汉语教学通用大纲》，并编写了乌克兰本土汉语教材《中文课本》。

1991 年乌克兰独立后，中乌文化交流得到了进一步发展，两国 1992 年 10 月签署了《文化合作协议》，1993 年 7 月签署了《中乌文化部文化合作协议》，一系列协议的签署，使乌克兰民众对学习汉语、了解中国文化的热情得到了鼓舞，在乌克兰国内兴起了一股学习汉语的热潮。乌克兰科学院"克里姆斯基"东方学研究所、基辅国立大学、基辅国立语言大学、克拉玛托尔斯克经济人文学院等研究机构和高校对中国现代文学著作进行了大量的翻译和研究。1992 年，国立第聂伯彼得罗夫斯克大学和私立克拉玛托尔斯克经济文化

---

① 何俊芳：《乌克兰〈国家语言政策基本法〉及实施意义》，《民族论坛》2013 年第 3 期。

学院相继开办了汉语文专业。

进入 21 世纪后，乌克兰民众越来越对汉语言文化感兴趣，考入高校学习汉语的学生人数急剧增长，也大大促进了学术界对汉语教学的积极研究，出版了一系列汉语教科书和教学参考书以及《汉语成语词典手册》《乌中双语词典》《汉语语法》等著作。2002 年 4 月，两国签署《中乌文化部文化合作计划》；2011 年 6 月，胡锦涛主席对乌克兰进行国事访问，两国正式宣布建立战略伙伴关系；2012 年 3 月，两国签署《教育合作协议》。乌克兰各界对认识中国和了解中国的需求空前迫切，一方面为解决自己的内部问题，试图通过发展经济来创造就业机会；另一方面为在国际上加强与邻国的关系，通过经济技术交流来树立良好形象。乌克兰的"汉语热"，不仅表现在赴中国的留学生人数大量增多，还表现在乌克兰当地各行各业的人们都认为学习汉语有用。当地很多人下班后到孔子学院学汉语的现象，说明汉语现今已得到当地民众的基本认可。① 乌克兰教育部门已将汉语作为第二外语列入了中等教育规划之中，乌克兰教育部部长要求把编著汉语教材作为汉语教学的首要任务，目的是将汉语教学向更多乌克兰中小学推广。

自 2007 年第一所孔院在乌克兰正式成立以来，目前在乌克兰全境已经建立了 5 所孔子学院：2007 年 5 月浙江师范大学合作成立的卢甘斯克国立大学孔子学院、2008 年 11 月吉林大学合作成立的基辅国立舍甫琴科大学孔子学院、2008 年 12 月安徽大学合作成立的哈尔科夫国立大学孔子学院、2012 年 5 月哈尔滨工程大学合作成立的南方师范大学孔子学院、2013 年 9 月天津外国语大学合作成立的基辅国立语言大学孔子学院。孔子学院不仅成为乌方汉语教学重要平台，也为增进中乌两国人民的相互了解建起了一座"汉语桥"。

---

① 彭家法：《非目的语环境下乌克兰汉语学习者学习动机调查研究》，硕士学位论文，安徽大学，2013 年，第 10 页。

第三节 汉语教学的环境和对象

一 高等院校汉语教学

2009 年，全乌克兰开设汉语课的大学已有 14 所，有近 1600 名学生，近 60 名汉语教师。开设汉语课程的高校主要包括：基辅国立大学、基辅国立语言大学、喀尔巴阡大学、第聂伯彼得罗夫斯克大学、卢甘斯克国立大学、哈尔科夫国立大学、哈尔科夫国立师范大学、南方师范大学等。其中卢甘斯克国立大学、基辅国立大学、哈尔科夫国立大学、南方师范大学、基辅国立语言大学建立了孔子学院。

基辅国立大学是乌克兰最有名的高等学校，东亚系 1994 年开始招收汉语专业学生，2004 年成立了汉语中心。在乌克兰，基辅国立大学的本地汉语教师的师资力量最强，汉语中心本地汉语教师都在中国进修过汉语，大多数拥有博士或硕士学历。2000 年以前，东亚系每年招收的汉语专业学生只有 2 个班，每个班不到 10 名学生。之后逐年增加，2004 年招收 3 个汉语班，学生 30 多名。从 2005 年开始，每年招收 4 个汉语班大约 50 名学生。该校教学条件和设备比较完善，现有教材、参考资料和工具书，主要是中国国家汉办捐赠的，基本能够满足教学需求。2007 年，基辅国立大学与吉林大学合作成立孔子学院。2010 年 9 月，基辅国立大学孔子学院正式启动。该孔子学院与所在大学东亚系、中国文学与文献中心合作，先在大学学历教育体系内进行了一个学期的教学尝试，完成了 4 个教学班的教学工作。2011 年 3 月，组织第一期 HSK 考试学习班，来自基辅国立大学、基辅国立语言大学、第一东方语言中学等学校的 36 名学员参加，正式启动社会招生教学工作。

乌克兰不少于 5 所私立高等学校开设汉语教学。基辅国际大学是乌克兰最大的私立大学，目前在校汉语专业学生 200 多名。2008 年以前，每年招收汉语新生 40 多名，2009 年扩招到 60 名汉语学生。该校领导大力支持中文专业的发展，建立中国文化中心，扩大中文专业规模。自 2006 年开始，乌克兰基辅市的"东方世界"大学、基辅总统大学、基辅农业大学等高校，相继开设了汉语教学，每校每年招收 30 名左右汉语学生。私立学校的本地汉语教师，普遍没有到中国学习过，师资力量相对不足，往往需要聘请国立学校的汉语教师兼职代课。私立学校教材更是缺乏，多数情况下都是使用复印教材。

乌克兰高校汉语教师除了本土教师，中国政府公派汉语教师和志愿者教师也是重要的师资力量。中国教师经过了严格选拔和培训，学历都比较高，教学经验丰富，汉语基础知识和中国文化知识扎实，多才多艺。他们不仅完成相应汉语教学工作，往往还担负起培训、帮助乌克兰本土汉语教师提高汉语教学能力的任务。

大学汉语文学专业的课程设置，大体分为专业课程和相关专业知识课程两种。主要包括汉语综合课、汉语口语、汉语言文学概论、乌汉语言语法体系分析、汉语词汇研究、中国概况、中国历史等。各校师资力量不均衡，开设的汉语课程数量、类型、课时也都不尽相同。

二　中小学汉语教学

基辅第一东方语言中学 1936 年创办，是乌克兰规模最大的一所初中等语言学校，学制 11 年。学生从小学一年级就开始选修一门外语。第一东方语言中学 1956 年开设汉语教学，是乌克兰最早开设汉语教学的中小学。这所学校已经培养了超过 5000 名汉语专业的毕业生。2009 年在校学生 1000 多名，其中汉语学生超过 500 名。该校有固定汉语教师 6 名，每年外聘教师 2—3 位，副校长多年从事汉语教学，到中国学习访问过多次。基辅第一东方语言中学以《乌克兰语言教学通用大纲》为基础，编写了全乌克兰唯一的《汉语教学通用大纲》，并编写了乌克兰本土汉语教材《中文课本》。2012 年 10 月 8 日，基辅第一东方语言中学与中国国家汉办/孔子学院总部签订建立基辅第一东方语言中学孔子课堂协议，2015 年 12 月 22 日该孔子课堂启动运行。

2012 年 3 月 28 日，中乌两国在中国海南省三亚市签订教育合作协议，这个协议将两国的汉语教学合作定位在中等教育阶段。卢甘斯克国立大学孔子学院是乌克兰第一家孔子学院，2007 年在卢甘斯克市第 5 中学开设了汉语培训班，2008 年在第 36 中学开设了汉语选修课。2009 年在第 3、第 20、第 36、第 42 中学和安德拉茨中学设有 19 个汉语教学班，共有 263 名中学生学习汉语。

三　孔子学院（孔子课堂）的汉语教学

乌克兰现有 5 所孔子学院和 1 个孔子课堂①。

（一）孔子学院的汉语教学

1. 卢甘斯克国立大学孔子学院

所在城市：卢甘斯克

承办机构：卢甘斯克国立大学

合作机构：浙江师范大学

启动时间：2006 年 10 月 20 日

2006 年 10 月 20 日，乌克兰首家孔子学院——乌克兰卢甘斯克师范大学（后改名"卢甘斯克国立大学"）孔子学院的签字仪式在国家汉办举行。2007 年 5 月 30 日，孔子学院正式揭牌运行。2013 年，卢甘斯克国立大学孔子学院荣获"先进孔子学院"称号。

卢甘斯克国立大学孔子学院（卢大孔院）成立以来，办学规模不断扩大，学生人数已从 2007 年刚揭牌运行时的 145 名发展到 2013 年的 3355 名。2011 年设立全球孔子学院首家"中国传统音乐教室"，2012 年在雅尔塔设立了克里米亚人文大学孔子学院分院，并在乌克兰首都基辅等城市的大中小学建立了 13 个汉语教学点，初步形成了汉语教学网络，已发展成为乌克兰东部汉语言文化中心。卢大孔院已经完

---

① 以下有关乌克兰孔子学院和孔子课堂汉语教学的信息主要来自国家汉办/孔子学院总部网页，不再一一注明具体出处。http://www.hanban.org/article，2016 年 10 月 25 日。

成了国家汉办《中国地理》《中国文化》《中国历史》三套书的乌克兰语翻译及《汉语乐园》《当代中文》两部教材的乌克兰语改编。

卢大孔院除了在卢甘斯克市进行汉语教学、推广中国文化以外，孔子学院的汉语教师和志愿者们还如同一支"汉语文化轻骑兵"，常常在暑期、在周末接受邻近州、市的邀请，走进那里的社区、学校、图书馆，进行汉语教学和文化宣传。卢甘斯克州的莫洛多戈瓦捷耶斯克（即著名的青年近卫军城）、安特拉奇特、扎波罗热州的别列江斯科、克里米亚半岛的辛菲罗波里、顿涅茨克州的顿涅茨克等城市都留下了他们的身影。

2010 年 9 月 27 日，继 2009 年 10 月成功举办卢甘斯克市中小学校长座谈会之后，卢大孔院举办"第二届卢甘斯克中小学校长座谈会"。参加座谈会的有乌克兰卢甘斯克州教育厅副厅长、卢甘斯克国立大学副校长、孔子学院中乌方院长、卢甘斯克国立大学东方语言系主任，以及来自卢甘斯克州第 3 中学、第 5 中学、第 20 中学、第 42 中学、第 50 中学、安特拉奇特第 5 语言中学、卢甘斯克外语学校等学校校长或副校长 20 多人。与会代表畅谈了一年来孔子学院在当地中小学开设汉语教学课程、推广中国传统文化取得的经验与不足。

2011 年 10 月 10—11 日，卢大孔院举办"乌克兰海外汉语教学研讨会"，来自乌克兰多所大中学校的 20 多名汉语教师参加。研讨会共收到关于汉语教学的学术论文 10 余篇，内容涉及俄语和汉语比较、汉语词汇特点、汉语教材选文、汉语教学语感、汉字结构与教学、汉语语音与音乐等诸多问题，由卢甘斯克国立大学出版了论文集。此次会议是乌克兰孔子学院第一次联合开展汉语教学经验交流活动。2012 年 11 月 13—15 日，卢甘斯克国立大学和卢大孔院联合举办国际学术研讨会。来自俄罗斯、美国、中国、白俄罗斯、土库曼斯坦、哈萨克斯坦、乌克兰等 7 个国家约 500 名科学家、教育家、学者及卢甘斯克国立大学的硕士、博士研究生参加了这次学术研讨会。本次研讨会的主题为"创新教育：效率　质量　可行性"，分 6 个分会场进行研讨。11 月 14

日，卢大孔院分会场的研讨主题为"孔子哲学思想与教育"，共收到近10篇论文。2014年2月25日，卢甘斯克国立大学语言实践教研室和卢大孔院共同举办第四届国际学术实践研讨会。来自中国、美国、乌克兰的教师、学者及卢甘斯克国立大学语言专业的研究生共30余人共同参加了本次学术研讨会。与会代表就"汉语言文学的教学改革""幼儿汉语教学特殊性及教学技巧""汉俄语音差异及教学方法""对外汉语教学的国别化思考""初级汉语学习者汉字教学方法"等展开了深入探讨。

2010年12月4日，卢大孔院为卢甘斯克州的中小学生们举行了一次别开生面的汉语知识运动会。比赛分知识问答和游戏两部分。每队各推选出3名选手，参加知识问题的抢答和必答。选手们情绪高涨，身后的队员更是紧张万分。他们一边注视大屏幕，一边听着选手的回答，不时地看着本队的记分牌。当比赛进入到游戏部分，欢快的气氛达到了高潮。书法、做动作猜汉字、持乒乓球跑、三脚跳等一个个活动游戏，让孩子们快乐无比。配合这次运动会，孔院还举办了一次图片展览。150多幅照片分别介绍了上海世博会、广州亚运会、"汉语桥"比赛以及孔院在各中小学的文化教学活动。此次活动既加强了学汉语的中学生们之间的联系，又宣传了中国文化。

2013年1月21日，卢大孔院开始给卢甘斯克国立大学音乐学院舞蹈专业的大三学生开设中国民族民间专业舞蹈课，由孔子学院的专业舞蹈教师李阳负责教授。学生们除了学习中国古典舞蹈和民族舞蹈艺术外，还学习舞蹈艺术与中国历史、文化、哲学思想和地域等因素的渊源和关联、中国舞蹈和乌克兰舞蹈的异同等文化内容。中国民族民间舞蹈课正式列入大学舞蹈专业学习的课程，是卢大孔子学院自开设以来的首次，也为以后类似课程的开发提供了范例和信心。

2014年3月25日，卢大孔院在高尔基图书馆举办"中国文化俱乐部"启动仪式。此前，孔子学院在高尔基图书馆举办书法作品展，取得了很大的成功。孔院以此为契机，与高尔基图书馆长期合作，成立了中华文化俱乐部，借助当地更大的平台宣传中华文化。"中国文化俱乐部"每周日下午定期举行活动。2012 年 4 月 17 日，卢甘斯克州安特拉齐特市第 5 语言中学举行"中国日"活动。安特拉齐特市第 5 语言中学是当地最好的中学，多种外语教学是他们的特色，2011 年成为卢甘斯克孔子学院的汉语教学点。目前全校两个年级共有 9 个班级的学生在学习汉语，而且学校已把汉语作为第二外语列入该校的教学大纲，这在乌克兰尚属首例。安特拉奇特市教育局领导、第 5 语言中学家长委员会代表和全校 300 多名师生一起，观看了武术、茶艺、古筝、歌舞、小品等诸多节目。2013 年 12 月 21 日，卢大孔院举办第三届"走遍中国"游园会。此次活动吸引了来自卢甘斯克国立大学汉语系的大学生和第 30 中学、第 36 中学、第 42 中学、第 5 中学、第 19 中学、卢甘斯克国立大学附中等 6 个教学点的中学生、老师和家长共同参加。"走遍中国"游园会是卢大孔院的特色项目，2013 年 9 月入选欧洲孔子学院优秀案例。该项目将汉语知识和中国国情巧妙地融为一体，融知识性、趣味性、挑战性于一体，由具有中国传统文化特征的 12 种游戏组成。孔子学院将此作为宣传中国文化、推广汉语的"品牌"和"名片"。

2011 年 3 月 1 日，卢大孔院"中国传统音乐教室"揭牌。音乐教育是卢甘斯克国立大学的特色和优势专业，许多留学生来这里学习音乐教育、音乐表演专业。揭牌仪式上，孔院师生演奏了古筝、二胡、长笛、葫芦丝等中国传统乐器。

2012 年 1 月，卢大孔院为卢甘斯克国立大学体育学院康复专业开设太极拳选修课。太极拳选修课面向体育学院康复专业的 4 个年级开设，每周 2 小时，被列为专业考查科目。卢甘斯克国立大学体育学院的康复中心是乌克兰目前唯一的国家残疾人康复中心。

2012 年 10 月 27 日，卢大孔院雅尔塔分院揭牌仪式在克里米亚人文大学举行。浙江师范大学校长、雅尔塔市第一副市长、克里米亚人文大学校长、卢甘斯克国立大学副校长、孔子学院院长等出席。为庆祝揭牌，卢大孔院和克里米亚人文大学联合举办了一场音乐会。雅尔塔分院的成立，必将大力推动克里米亚半岛的汉语教学。

2011 年 2 月 26 日，卢大孔院与乌克兰"曙光"中国武术俱乐部联合举办中华武术比赛，卢甘斯克州奥林匹克运动协会主席出席。比赛双方为武术俱乐部学员和孔子学院武术班的学员，比赛项目有南拳、长拳、太极拳及单刀、棍术、剑术等。孔院学员选手获得了太极拳、长拳第二名、棍术第三名。这次比赛，孔子学院在汉语教学之外为进一步传播中国文化提供了契机。2012 年 4 月 5 日，卢甘斯克国立大学一年一度的话剧节开幕，汉、日、英、西班牙、以色列、阿拉伯、土耳其等 7 种语言 9 个话剧参加了本届话剧节。孔子学院的话剧《老鼠嫁女儿》，幽默的故事、喜庆的音乐、地道的中国婚俗，散发出独特的魅力，征服了全场观众。参加演出的 17 个演员，绝大部分是中小学生，很多人学习汉语还不到 1 年。演员们都把参加演出当作一次了解中国文化、学习汉语的好机会。演出结束，《老鼠嫁女儿》荣获第一名。

2010 年 5 月 16 日，哈尔科夫国立大学孔子学院举办第九届"汉语桥"世界大学生中文比赛乌克兰赛区预赛，来自基辅国立语言大学、哈尔科夫国立大学、第聂伯国立大学、卢甘斯克国立大学的 12 名选手参加角逐，获胜选手代表乌克兰赴中国参加"汉语桥"复赛和决赛。2012 年 4 月 21 日，第十一届"汉语桥"世界大学生中文比赛乌克兰赛区预赛在基辅国立大学举行。来自全乌克兰 4 个城市 5 所大学的 9 名选手参赛。卢大孔院两名选手都获得了二等奖，可以作为观摩团成员赴华观摩"汉语桥"复赛、决赛。2014 年 3 月 15 日，卢大孔院举办"汉语桥"世界大中学生中文比赛卢甘斯克赛区选拔赛，竞争参加"汉语桥"乌克兰赛区决赛的入场券。

2011 年 7 月 24 日，卢大孔院第三年参加乌克兰儿童疗养院"春天"夏令营活动。由于几年来出色的工作、生动活泼的宣传形式及良好的效果，夏令营已把孔子学院的文化宣传活动纳入了整个营地的教学、文体计划。汉语教师开设了汉语兴趣班、书法、中国结、中国剪纸、京剧脸谱制作、舞蹈、中国风光介绍等课程。为期 10 天的夏令营结束后，营地负责人对孔子学院汉语教师们的工作表示了真诚的感谢，认为这使得整个夏令营的活动很丰富多彩，更有吸引力。2012 年 5 月 28 日，卢甘斯克安特拉奇特市第 5 语言中学举行外语夏令营。往年外语夏令营只有英语和德语，而今年开始新增了汉语，有近半数的孩子报名参加了汉语夏令营。汉语夏令营的课程多为活动课，看、听、说、练时时交织在一起，课堂气氛十分活跃。书法、太极拳、踢毽子、丢手绢等特色课程更让孩子们感兴趣。2015 年 7 月中旬到 8 月上旬，卢大孔院又一次参与亚速海边的乌克兰儿童疗养院"春天"夏令营活动，全营 6 个班开设汉语、书法、中国画、舞蹈、太极扇、中国绳艺编结、剪纸折纸等课程，为孩子们展示中国茶艺、教孩子们学唱中国儿歌，举办"中国日"游园会。在闭营典礼上，孩子们一起真诚地感谢汉语教师和辅导员为他们所带来的一个难忘的夏天。

2. 基辅国立大学孔子学院

所在城市：基辅

承办机构：基辅国立大学

合作机构：吉林大学

启动时间：2007 年 11 月 22 日

2012 年 4 月 21 日，基辅国立大学孔子学院（基大孔院）举办第十一届"汉语桥"世界大学生中文比赛乌克兰赛区预赛。比赛开始前，基大孔院举办的"中乌文化教育交流展"让来宾直观、详细地了解了中乌两国在教育领域合作中的成果以及孔子学院在传播中国文化当中发挥的重要作用。上午 10 时，"汉语桥"比赛开始，9 名选手参赛。2012 年 4 月 27 日，基辅大学孔子学院举办的第五届"汉语桥"世界中学生中文比赛乌克兰赛区预赛在基辅第一东方语言学校举行。来自乌克兰 4 个地区的 10 名参赛选手参赛。比赛分为汉语主题演讲、中国文化知识问答和才艺展示三个环节。最终，基辅第一东方语言学校的选手获得本次比赛的冠军。2013 年 5 月 15 日，举办第十二届

"汉语桥"世界大学生中文比赛乌克兰赛区预赛。经过严格选拔,最终有9名选手获得乌克兰赛区预赛参赛资格。比赛分"演讲与知识问答""才艺表演"等环节。基辅国立语言大学的选手获得冠军。每次"汉语桥"比赛,选手都努力获得理想的成绩,希望通过比赛完整地展示自己的汉语学习成果。获胜学生会代表乌克兰参加在中国举行的"汉语桥"复赛和决赛。中国中央电视台、新华社、乌克兰《华商报》、乌克兰1+1电视台等多家中乌主流媒体对历次比赛进行了采访报道。2015年4月29日,基大孔院在第一东方语言学校举办第8届"汉语桥"世界中学生中文比赛乌克兰赛区预选赛,11名选手参加比赛。主题演讲环节中,选手们热情洋溢地讲述着自己与汉语和中国文化结下的不解之缘,精彩的"才艺表演"是"汉语桥"比赛中必不可少的重要环节。

2012年9月28日,基大孔院"中国传统文化艺术"教学点在乌克兰国立师范大学艺术学院举行揭牌仪式。为庆祝揭牌,举行了中国传统艺术表演。此前,中国传统文化艺术教学点已经主办"中国传统文化艺术宣传周",展出汉语教学书籍、中国民族乐器、茶艺、书法、剪纸、编织等。

为积极配合中国驻乌克兰使馆教育处中乌建交20周年宣传活动,进一步扩大中国语言文化在乌克兰的传播,激发乌克兰学生学习中国语言文化的热情,2012年11月15日,基大孔院举办"感悟汉字精髓·体味墨韵悠长"首届书法(软、硬笔)大赛,20多名学生积极参与此次比赛。此次比赛给学生们提供了一次体验中国传统书写文化的机会,拉近了他们与中国文化的距离,获奖选手作品将参加中国驻乌克兰使馆教育处书法展及评比。

2014年10月30日,基辅第一东方语言学校孔子课堂举办"东方文化节"。本次活动分为美食节、文化体验和文艺演出三部分。活动现场装饰着中国国旗、京剧脸谱、风筝等极具民族特色的图片,孔子学院学生们准备了包子、饺子、锅包肉等丰盛的中国食品,同时现场展示了书法和剪纸艺术。文艺演出中，孔院学生自导自演了《西游记》"取真经，通天河遇老龟"片段。

2014年12月5日，基辅国立大学孔子学院为基辅市上诉法院开设学习汉语和中国文化的课程，基辅市上诉法院一位院长、两位副院长、行政处长及多位法官参加培训。第一节课由中方院长亲自授课，以孔子的"有朋自远方来，不亦乐乎"为序曲，展示了美食、京剧、书法、功夫。接下来从汉语拼音开始学习汉语基础知识。

2015年4月21日，基辅市比契尔区举办"中学校际合作"文化展示大赛，基大孔院与5·1国际关系学校教学点参赛并获亚军。在数十所高校的竞争中，孔子学院的小学员们现场演唱"中国味儿"十足的传统民谣《茉莉花》和经典儿童曲目《两只老虎》，并带来精彩的武术表演以及柔美的汉服舞蹈。此外，孔子学院教师现场展示中国茶艺。

2015年12月22日，基辅第一东方语言学校正式成为基辅国立大学孔子学院的下设孔子课堂并举行庆祝仪式。乌克兰教育部、基辅教育局、中国驻乌克兰大使馆以及两国媒体等机构的代表参加了庆祝仪式。基辅第一东方语言学校于1956年开设了第一堂汉语课，该校与基辅国立大学孔子学院合作以来，师资、教学质量都有了长足进步。

2016年2月23日，基辅国立大学孔子学院与基辅第一东方语言学校孔子课堂师生一起，共庆中国传统节日元宵节。孔子学院院长李红首先为大家讲解了元宵节的来历、习俗等知识。随后，茶艺、武术、青花瓷舞和中国歌曲联唱等节目依次上演，孔子课堂学生还带来了精彩的舞龙、舞狮表演，活动现场热闹非凡。中外两国汉语教师还共同策划了中华文化体验活动，中国剪纸、京戏脸谱绘制、夹豆子游戏等特色活动激发了学生对中华文化探索的热情。

3. 哈尔科夫国立大学孔子学院

所在城市：哈尔科夫

承办机构：哈尔科夫国立大学

合作机构：安徽大学

启动时间：2008 年 5 月 16 日

2010 年 2 月 24 日，哈尔科夫国立大学孔子学院（哈大孔院）在苏梅国立大学设立的汉语教学点举行了隆重的开学典礼。开学典礼在充满中国情调装饰一新的大教室里进行，苏梅国立大学第一副校长卡尔普沙主持。哈大外事副校长扎里夫首先致辞，他代表哈大领导祝贺汉语教学点成功开课，祝愿首批学员早日学会汉语，为促进中乌两国人民友好做出贡献。中方院长石洪生在典礼上介绍了孔子学院的性质和任务，介绍了到中国去进修和留学的途径与方式。哈尔科夫国立大学和苏梅国立大学的领导对于汉语教学点的工作非常支持，经过半个月的招生及开课的筹备工作，目前该教学点已有 50 多人学习汉语，孔子学院派遣汉语教师在这里任教。

2010 年 4 月，哈大孔院与波尔塔瓦州的克列缅丘克市第 11 中学开展友好合作，孔子学院派遣教师前往该校任教。第 11 中学是克列缅丘克市最好的实验中学之一，共有学生 500 多人。学校非常注重汉语课程的开设，主张汉语学习应该从低龄段开始。中国汉语志愿者老师的到来增强了该校的汉语教学力量。第 11 中学在原有汉语班级的基础上新增了两个零起点的低年级（一、二年级）汉语学习班，增开了太极拳和书法等中国文化的特色课程，学生年龄段从 6 岁到 14 岁。学习汉语人数已达到 60 多人。

2012 年 9 月 6 日上午，在别列瓦马伊斯克市第 3 中学，举行了孔子学院和该校的合作汉语课程启动仪式。孔子学院向该校赠送了部分乌克兰语汉语教材。同时，举办了一个小型的汉语教材和图书展览，孩子们表演了歌伴舞《我爱北京天安门》。第 3 中学第一批报名参加汉语学习的学生就达 130 人。

2012 年 2 月 26 日，哈大孔院波尔塔瓦教学点成功举办了以中国象棋为主题的第一期文化体验活动。当地政府工作人员、公司职员、各大中小学生代表参与了本次活动并给予极高评价。文化体验活动地点处处是中国元素：中国结、剪纸、对联、孔子画像。活动一开始先由两名中国老师介绍象棋的历史，再用趣味图片和字词卡片介绍象棋棋子和游戏规则。在中国老师示范了一局之后，学员们迫不及待地开始了自己的体验。波尔塔瓦教学点在接下来的几个月每周都会举行特定主题的文化体验活动，比如书法、太极拳、剪纸、中国结等。

2015 年 12 月 16 日，哈大孔院举办汉字书写比赛，近百名大中小学生参加了本次比赛。比赛要求选手们从《春晓》《登鹳雀楼》等 5 首指定的诗篇中任选 1 首作为书写范本，在规定时间内完成作品。本次比赛激发了学员们汉字书写兴趣，同时帮助他们掌握了书写技巧，提高了书写水平。

2011 年 10 月 24—26 日，哈大孔院举办"孔子思想与当代社会"国际学术研讨会，本次学术会议由乌克兰哈尔科夫国立大学、安徽大学、哈尔科夫国立大学孔子学院联合主办。共有来自中国、乌克兰、俄罗斯及拉脱维亚四个国家的近 30 位专家学者参加了本次会议，14 位学者做大会报告，主题涉及孔子思想与当下国际政治、经济、文化、历史的各个方面。讨论中，各国学者对于孔子思想对当今中国乃至世界发展的重要意义，及如何运用孔子思想中的"中庸""和""合"等思想建设和谐世界表示出极大的兴趣。

2011 年 12 月 24 日，哈大孔院积极响应国家汉办/孔子学院总部举办的"我的一堂课"——首届国际汉语教师志愿者海外教学大赛倡议，组织孔子学院的志愿者参赛，并借此提高志愿者汉语教学水平，促进汉语教师志愿者海外教学经验的总结与交流。哈大孔院现共有志愿者教师 6 人，都是初次赴海外教学。按照国家汉办/孔子学院总部的要求，孔子学院组织教师志愿者精心准备，并进行试讲、评讲，志愿者和老教师们相互交流了自己的教学感想，讨论如何改进教学方法从而达到更好的教学效果。

2012 年 9 月 16 日，"哈尔科夫国立大学孔子学院教育工作者访华团"抵京，开始为期 10 天的中国行。访华团由来自乌克兰哈尔科夫地区、波尔塔瓦地区及苏美地区教育领域的工作者组成，他们大多是大中学校的校长、主任，因此被称为"校长团"。"这次中国行给我们展示了一个如此伟大而崭新的中国，为我们提供了一次珍贵的机会来认识了解中国、感受中华文化的魅力，感谢孔子学院为促进两国文化教育机构的合作与交流提供了一个如此重要的平台。"其间双方讨论了安徽大学与哈尔科夫国立大学进一步合作的可能性；研究了安徽大学附属学校和哈尔科夫中小学开展合作的问题。并为安徽大学建立乌克兰中心举行揭牌仪式，对安徽大学学者访问团 11 月访问哈尔科夫国立大学等事项进行了沟通。

2014 年 4 月 26 日，哈尔科夫州首次文化节庆祝活动在高尔基公园举办，哈大孔院应邀参加演出。舞台上最醒目的莫过于用气球扎的龙，渗透着中国文化的元素。太极拳、歌曲《浏阳河》《天亮了》、扇子舞和汉服都深深感染着每一位观众，活动非常成功。哈尔科夫州首次文化节就邀请哈大孔院师生来展示中国文化，可见中国文化在这次文化节中的重要地位，这也说明孔子学院在传播中国文化方面发挥着举足轻重的作用。哈大孔院将继续努力，让中国文化的种子在当地人的心中生根发芽。

2015 年 4 月 26 日，哈尔科夫国立大学孔子学院应邀来到当地高尔基公园参加哈尔科夫州文化节。这是孔院师生第二次参加该文化节。孔院师生表演了《小苹果》《在水一方》、太极拳等节目。

2015 年 11 月 19 日，哈尔科夫国立大学孔子学院的教师和志愿者赴顿涅茨克州，参加顿巴斯师范大学举办的"东方语言盛会"。在本次活动中，哈大孔院为顿巴斯师范大学师生奉上了精彩的文艺节目和汉语体验课。在此次"东方语言盛会"中，哈尔科夫国立大学孔子学院的文化体验活动让更多乌克兰人进一步认识和了解了中国文化。

2015 年 6 月 15—20 日，哈大孔院的志愿者教师分为 3 组，分赴格兰特中学、克列缅丘克中学、五一镇中学 3 个教学点，帮助当地学校举办为期 1 周的汉语夏令营活动。参加此次活动的孩子年龄在 7—11 岁之间，孔院为孩子们准备了趣味汉语课堂和丰富多彩的中国文化体验活动。汉语课堂学习了礼貌用语、家庭成员的称呼、各种小动物的名称、有趣的数字；中国文化体验活动包括学唱中国歌、编中国结和小手链、学写毛笔字、筷子运豆子、画脸谱、打太极拳、剪窗花、玩"丢手绢""老鹰捉小鸡"；等等。活动受到师生、家长以及当地民众的一致好评，当地媒体进行了采访报道。2016 年 6 月 6—10 日，哈大孔院教师和志愿者一行 4 人，再次受邀为教学点五一镇中学开展了为期 1 周的汉语夏令营活动。活动期间适逢中国端午佳节，教师们结合视频图片，生动形象地向孩子们介绍了端午节的来历和吃粽子、佩香囊、赛龙舟等传统习俗。此次活动，扩大了孔院在当地的影响力，有助于汉语教学的展开。

　　2010 年 4 月 17 日，哈尔科夫国立大学孔子学院举办哈尔科夫地区第九届大学生"汉语桥"比赛预赛，9 名选手参加了角逐。比赛分为演讲、国情知识问答和文化技能表演三个部分。经过激烈角逐，3 名优胜者脱颖而出。他们将代表哈尔科夫地区参加 5 月 14 日在哈尔科夫国立大学举办的乌克兰赛区的比赛。2012 年 4 月 21 日，第十一届世界大学生"汉语桥"乌克兰赛区比赛在首都基辅拉开了帷幕。哈尔科夫国立大学孔子学院的学生哈森获得第一名，将作为乌克兰汉语学习者的唯一代表，参加在中国进行的总决赛。哈尔科夫国立大学孔子学院另一名选手伊琳娜获得三等奖。2015 年 4 月 24 日，哈大孔院举行"汉语桥"大中学生中文比赛选拔赛。从孔子学院本部和 3 个教学点的 14 名选手中产生出 3 名中学生 2 名大学生优胜选手，他们将代表哈大孔院赴基辅参加乌克兰全国的"汉语桥"预赛。2016 年 5 月 12 日，第十五届"汉语桥"世界大学生中文比赛乌克兰赛区预赛在哈尔科夫国立大学举行，9 名选手参赛，可容纳 600 人的礼堂座无虚席。哈大孔院学员为观众们表演了精彩的文艺节目。哈大孔院选手优丽雅获三等奖、卡佳获"最佳语言奖"。

　　4. 南方师范大学孔子学院

　　所在城市：敖德萨

　　承办机构：南方师范大学

　　合作机构：哈尔滨工程大学

　　启动时间：2011 年 9 月 28 日

　　2013 年 4 月 18 日，应伊利乔夫斯克市劳动就业保障局的邀请，南方师范大学孔子学院（南大孔院）在该市举办了第一场项目推介会。伊利乔夫斯克距敖德萨 20 公里，有乌克兰最大的货港。随着中乌贸易的不断发展，以及中国电子产品在乌克兰的登陆，当地年轻人越来越多地表现出对汉语及中国文化的兴趣。本次活动主要面对该市应届高中毕业生，孔院中外方院长分别就学制、教学资源、冬夏令营、奖学金等项目向到场的高中生及家长做了阐述，并详细回答了学生及家长的问题。同时还邀请 3 名参加过冬令营的孔院学员利用投影仪为在场的学生们做了图文并茂的精彩的演讲，鲜活的内容数次引起到场学生的掌声及惊叹。伊利乔夫斯克社会保障局副局长、伊利乔夫斯克第 9 中学副校长等人出席了活动，整个活动持续了 3 个小时。2014 年 3 月 21 日，南大孔院参加敖德萨市大学生招生宣传会。此次宣传会主要面对敖德萨市即将进入大学学习的高中生及其家长，旨在为学生们提供更多的大学及学院信息以供参考。宣传会上，学生及家长对汉语专业学习表现出了强烈的兴趣，孔子学院中外方院长及优秀学员耐心地为其进行讲解。据悉，乌克兰南方师范大学孔子学院将继续配合南方师范大学语言学院汉语教学工作，提高汉语教学质量，培养更多的本土汉语人才。2016 年 3 月 18 日，南大孔院参加敖德萨市大学招生宣传会。孔院院长带领部分优秀学员参与了此次活动，耐心地为学生讲解孔子学院的汉语课程、奖学金项目以及丰富的文化活动。南大孔院是敖德萨市唯一的孔子学院，是当地汉语教学的主要力量和最专业的汉语培训机构。

2015 年 8 月 16 日，南大孔院应邀参加敖德萨州文化节。孔子学院设置宣传片区、图片展区、图书展区、茶艺展区和书法展区，为当地民众展现了汉语和中国文化的魅力。南方师范大学孔子学院再次激发了敖德萨当地民众对中国文化和汉语的热爱。2016 年 4 月 8 日，南大孔院受邀参加第六届敖德萨州国际语言文化节。活动分为文化展示和音乐会两部分。文化展区设有宣传片区、图书展区、茶艺展区和书法展区。音乐会上，孔院教师表演的中国民歌《团圆酒》、舞蹈《鸿雁》、古诗诵唱带来浓浓的中国味道。2016 年 5 月 28 日，南大孔院应敖德萨儿童协会之邀在敖德萨市中心公园参加儿童节庆祝活动。此次活动由当地儿童协会主办，活动分展览、表演和义卖三部分。儿童节活动属于公益活动，活动收入将捐给当地儿童医院用于购买医疗器械和救助患病儿童。孔院展台展出了中文儿童图书，进行了书法和茶艺展示。

2014 年 9 月 26 日，南大孔院在位于敖德萨市中心的城市花园成功举办庆祝孔子学院成立 10 周年暨首个"孔子学院日"大型文化活动。活动现场布置了图片展览区、图书展览区、视频展示区、书法体验区以及书法作品快速成像区。图片展览区展出了孔子学院学习生活以及夏令营营员拍摄的照片；图书展览区展出了孔子学院的汉语书籍及电子教学素材；视频展示区循环播放乌克兰南方师范大学孔子学院"庆祝孔子学院成立十周年特别视频"；书法体验区摆设了笔墨纸砚让观众们尽情体验中国书法的魅力。孔子学院还准备了精彩的文艺演出。太极扇、舞狮舞龙、中文歌曲、古筝演奏等节目赢得了观众的阵阵掌声。2015 年 9 月 25—26 日，南大孔院分别在市中心的城市花园和孔子学院本部举办了两场庆祝孔子学院成立 11 周年暨"孔子学院日"文化活动。中国驻敖德萨总领馆总领事出席活动并发表讲话。他说，孔子学院是架起中国和其他国家之间文化沟通的桥梁，乌克兰南方师范大学现已成为乌克兰南部地区汉语教学的主导，举办了很多当地民众喜闻乐见的活动。希望乌克兰南方师范大学孔子学院越办越好，为更多的乌克兰南部民众提供中国文化学习和交流的平台。南大孔院准备了精彩的文艺演出。南大孔院将教室划分为文化主题区，分别展示茶艺、棋类、乐器、书法、剪纸，并设立活动区，带领来宾一起学习太极拳、太极扇、踢毽子、抖空竹。当地多家媒体报道了此次活动。

2013 年 10 月 22 日，由中国驻敖德萨总领馆主办，南大孔院承办的首届"长城杯"中文歌曲演唱大赛颁奖典礼举办。中国驻敖德萨总领事出席并致辞：希望通过此次活动增强同学们学好汉语的动力和信心、提高对中国文化的兴趣，将来为促进中乌两国友好关系的发展、增进两国人民理解和友谊做出贡献。中文歌曲大赛的获奖选手、敖德萨歌剧院的演员、敖德萨圣母合唱团、敖德萨"星星"舞蹈团共同为观众奉献了一场高水平的中文歌曲演唱会。整场晚会的艺术水准得到敖德萨文化界人士的高度认可。首届"长城杯"中文歌曲演唱大赛于2013 年 10 月 13 日举办，来自敖德萨 6 所学校的 25 名学习汉语的乌克兰学生参赛，特等奖选手获得孔子学院的免费中文课程，一等奖选手获得孔子学院奖学金赴中国学习一年。

2016 年 5 月 28—30 日，南大孔院举办了为期 3 天的大学生夏令营活动。在本次活动中，孔子学院教师准备了丰富有趣的活动内容。据悉，作为南方师范大学的传统活动项目，大学生夏令营的目的在于提高本校师范生各方面的素质，以便学生们可以胜任中小学生夏令营的培训工作。2016 年 9 月 3 日是乌克兰敖德萨州 222 岁的生日，举办"城市日"庆祝活动是敖德萨州沿袭多年的文化传统。今年，南大孔院首次受邀参加该项庆祝活动。活动当天，乌克兰南方师范大学孔子学院展示了中国书法、中国传统服装和中文图书，得到当地民众的肯定和称赞。近年来，孔子学院在敖德萨市的影响逐渐增大，受邀参加了各种州级、市级大型活动，每次大型活动都加深了当地民众对中国文化的了解和兴趣。

2014 年 5 月 13 日，南大孔院举办第十三届"汉语桥"世界大学生中文比赛乌克兰赛区预赛。来自乌克兰 4 所孔院的 6 位选手晋级预赛。选手们用熟练生动的汉语为大家讲述着自己与孔子学院的故事，用丰富的中国文化及汉语知识赢得了现场观众的掌声，用富有中国文化气息的才艺表演，获得了现场观众的阵阵喝彩。最终，基辅国立语言大学孔子学院的夏蔼琳和曾子儒获一、二等奖，南方师范大学孔子学院的伊莉娜获得三等奖。2015 年 4 月 20 日，南大孔院举办第十四届"汉语桥"世界大学生中文比赛乌克兰敖德萨地区预选赛。比赛分为主题演讲、知识问答、才艺展示三个环节。比赛现场气氛紧张而欢快，选手们熟练的汉语和精彩的才艺展示赢得了现场观众的阵阵喝彩。最终，来自乌克兰南方师范大学孔子学院的克瑞斯和娜思佳分获一、二等奖，他们将于 5 月 13 日代表敖德萨地区赴基辅参加乌克兰赛区预赛。2015 年 4 月 29 日，基辅国立大学孔子学院举办第八届"汉语桥"世界中学生中文比赛乌克兰赛区决赛，共 11 名中学生参加此次比赛。比赛共分为主题演讲、知识问答和才艺展示三个环节。经过激烈角逐，来自南大孔院的曲清华凭借流利的汉语、精彩的葫芦丝创意节目荣获一等奖。2015 年 5 月 14 日，第十四届"汉语桥"世界大学生中文比赛乌克兰赛区预赛在基辅国立语言大学举办，来自乌克兰全国各地的 10 名大学生通过层层选拔晋级此次比赛。南大孔院共获得三等奖、最佳创意奖和团体三等奖。2015 年 11 月 24—27 日，南大孔院举办第十五届"汉语桥"世界大学生中文比赛孔院本部选拔赛，共有 25 名学生参加。此次比赛旨在遴选出优秀的学生参加 2016 年"汉语桥"乌克兰赛区预选赛。通过此次选拔赛，学生们展示出了对于汉语学习的浓厚兴趣和参加"汉语桥"比赛的强烈愿望。2016 年 4 月 27 日，第九届"汉语桥"世界中学生中文比赛乌克兰赛区预选赛在基辅第一东方语言学校举行，来自乌克兰全国各地的 11 名中学生通过层层选拔晋级此次比赛。经过激烈角逐，南大孔院的云在天荣获三等奖，并获得了前往中国观摩第九届"汉语桥"世界中学生中文比赛的资格。2016 年 5 月 12 日，第十五届"汉语桥"世界大学生中文比赛乌克兰赛区预赛在哈尔科夫国立大学举办，来自乌克兰全国各地的 9 名大学生通过层层选拔晋级此次比赛。南大孔院学生获得二等奖一名、最佳语言奖一名，这是南大孔院自 2012 年成立以来连续第三次入围该赛事的前三名。获亚军的选手获得到中国观摩"汉语桥"大学生中文比赛的机会。

5. 基辅国立语言大学孔子学院

所在城市：基辅

承办机构：基辅国立语言大学

合作机构：天津外国语大学

启动时间：2013 年 9 月 6 日

2013 年 9 月，中共中央政治局常委、中央书记处书记刘云山为乌克兰基辅国立语言大学孔子学院揭牌。2015 年，乌克兰基辅国立语言大学孔子学院荣获"先进孔子学院"称号。

2013 年 12 月 18 日，基辅国立语言大学孔子学院举办首届"我与汉语（中国）"主题演讲比赛。16 名参赛选手分初级组和高级组参加比赛，分别用汉语进行演讲，讲述自己学习汉语或在中国学习生活的经历，回答评委团关于汉语和中国文化等内容的提问。活动不但吸引了众多汉语学习者和爱好者的积极参与，而且还吸引了一家公司为本次比赛提供奖品支持。该公司希望进一步扩大对华合作，希望孔子学院能为中乌两国关系发展培养出更多优秀汉语人才。2015 年 3 月 11—12 日，基辅国立语言大学孔子学院举办第二届"我与汉语（中国）"主题演讲比赛和第一届"我唱中国歌"比赛。演讲比赛分主题演讲、知识问答、才艺展示三个环节。2016 年 4 月 11 日，基辅国立语言大学孔子学院举办第三届"我与汉语（中国）"主题演讲比赛，21 名选手登台竞技。孔子学院教师和学员以中乌双语主持。围绕主题，选手们自拟题目进行演讲。评委从主题内容、语言表达、情感效果、形象风度、综合印象等方面进行评判。燕菲菲获得特等奖，曾子儒获得一等奖。基辅国立语言大学孔子学院自 2013 年成立以来，每年举办一届"我与汉语（中国）"主题演讲比赛。这一活动在检验汉语水平、激发学习兴趣、发现人才等方面发挥着重要作用。

2014 年 3 月 17 日，基辅国立语言大学孔子学院举行首期初级汉语班结业式，全体学员顺利通过考试并结业。孔子学院院长为每位学员颁发结业证书。基辅国立语言大学孔子学院自 2013 年 9 月 6 日揭牌后，迅速启动汉语教学和文化推广工作，首期即招收初级汉语班、HSK 和 HSKK 辅导班共 5 个班，并相继于 10 月和 11 月开班授课。HSK 和 HSKK 辅导班已于 2013 年 12 月考试前顺利结业。此次结业的初级汉语班共 12 名学员，均为零起点学习汉语。孔子学院为零起点的初级汉语班同时配备了 1 名中方教师和 1 名本土教师。学员们对汉语学习表现出很大兴趣，在师生的共同努力下，学员们在学习中取得了优异成绩，教学效果良好。截至目前，孔子学院共招收初级汉语班、HSK 和 HSKK 辅导班共 11 个班，注册学员 150 人。书法、太极拳、剪纸、中国结等才艺兴趣班也将于近期开班上课。

2014 年 4 月 9—10 日，2014 年乌克兰汉语奥林匹克竞赛在基辅国立语言大学举行。初赛由各汉语教学单位自行组织，决赛在基辅国立语言大学集中进行。决赛由笔试和口试两大板块组成，笔试包括听力、语法、阅读、中国国情，口试包括抽签话题演讲、现场口译和随机问答等。基辅国立语言大学孔子学院选手夏蔼琳获得一等奖，代表基辅国立语言大学孔子学院参加 5 月举办的 2014 年"汉语桥"世界大学生中文比赛乌克兰赛区预选赛。在 2014 年 5 月 13 日第十三届"汉语桥"世界大学生中文比赛乌克兰赛区预赛中，基辅国立语言大学孔子学院选派的两名选手表现出色。夏蔼琳和曾子儒分别以《孔子学院：我梦想起飞的地方》和《我与孔子学院的故事：相识、相知、相爱》，讲述了自己和孔子学院的情缘。经过紧张比赛，夏蔼琳和曾子儒分别获得本次比赛第一名和第二名。2015 年 4 月 8—9 日，一年一度的乌克兰全国高校汉语奥林匹克竞赛在基辅国立语言大学举行。17 名选手晋级决赛。基辅国立语言大学孔子学院学员获第一名。2015 年 5 月 14 日，第 14 届"汉语桥"世界大学生中文比赛乌克兰赛区决赛举行。10 名选手参加最终角逐。本届比赛分汉语演讲、知识问答和才艺展示三个环节。经过激烈角逐，基辅国立语言大学孔子学院的苏墨安获得个人总分第一名。2016 年 4 月 6—7 日，基辅国立语言大学举办 2016 年全乌克兰汉语奥林匹克竞赛，来自基辅、哈尔科夫、奥德萨、第聂伯罗夫斯克等地的 19 名选手从选拔赛中脱颖而出，成功晋级决赛。在决赛中，选手们经过笔试、口试、综合测评等环节的激烈角逐，最终基辅国立语言大学孔子学院学员曾子儒获得冠军。在 2016 年 5 月 12 日第十五届"汉语桥"世界大学生中文比赛乌克兰赛区预赛中，基辅国立语言大学孔子学院学员曾子儒以演讲最高分、知识回答满分和才艺最高分的综合实力荣获比赛一等奖。该孔院另一名学员司雨甜荣获三等奖。

2014 年 12 月 26 日，基辅国立语言大学孔子学院与中国驻乌克兰大使馆联合举办的"东方与西方的美丽邂逅——2014—2015 乌克兰跨年庆祝活动"在"乌克兰宫"开幕。开幕式上孔子学院表演了中乌两国的优秀文化节目，并举行"哥萨克在中国的奇遇"儿童舞台剧的首映式。"乌克兰宫"为乌克兰最著名的展览中心和大型活动中心之一，其举办的各种活动在乌克兰享有盛誉。本次大型系列庆祝活动主要面向乌克兰青少年儿童及其家长开展，孔子学院将在"乌克兰宫"举办 30 余场文艺演出。活动期间，孔子学院在现场划分出"中国文化展示区""汉语体验课堂""脸谱与熊猫手绘""包饺子体验""茶艺展示"等 10 个展示区，向乌克兰民众集中展示中国语言和文化的魅力。

2014 年 12 月 26 日—2015 年 1 月 4 日，基辅国立语言大学孔子学院开设新年书法课堂，受到广大乌克兰民众热烈欢迎，每天每个不同场次都吸引大量不同年龄层次民众的参与。孔子学院教师边讲解"羊""福""新年快乐""爱""中国""乌克兰"等汉字的笔画、结构，边示范每个字的写法，同时介绍每个字、每个词的读音、意义以及相关的文化知识。每一个方块字，都是一扇小小的窗口，向人们展示汉字中蕴含的中华文化。

2015 年 3 月 19—20 日，基辅国立语言大学孔子学院在乌克兰国防部"军官之家"教学点举行新一期开班、师生教学座谈、合作工作会谈等活动。汉语第一次正式进驻"军官之家"，"军官之家"成为一个真正意义上的多元、综合性的文化机构。孔子学院中外方院长表示将以优秀的师资、教材、文化用品等积极推动"军官之家"教学点汉语和中国文化推广、中乌文化交流事业的开展。孔子学院和"军官之家"双方领导举行专门工作会谈，就双方进一步深入合作，包括该教学点中华才艺班开设、文化活动开展等进行讨论并达成共识。据悉，"军官之家"为乌克兰国防部下属单位，是集语言、文化、艺术、技能培训及展览、演出等功能于一体的综合性文化机构。

2015 年 4 月 10 日，基辅国立语言大学孔子学院与乌克兰国际航空公司举行会谈，就建立乌克兰国际航空公司教学点问题达成合作协议。双方就长期合作模式、教学时间、场地、教学资料等事宜达成正式合作协议。孔院将选派中乌双方教师为航空业务汉语班授课，开展航空情景汉语教学与培训。乌克兰国际航空公司是该国最大的航空公司，该公司计划开通基辅—北京的直飞航线。

2015 年 6 月 11 日，基辅国立语言大学孔子学院应邀参加乌克兰国家科学院举办的"亚非地区发展：文明因素、结构维度及合作潜力"国际学术研讨会，该孔院是此次研讨会唯一的受邀中方单位。参会的还有乌克兰、伊拉克、几内亚等国家的 80 余名专家学者。此次会议包括全体主题会议和四个分会场专题会议。基辅国立语言大学孔院中方院长史亚军应邀在全体主题会议上做题为《当代中国社会发展：传统文化及儒家思想》的学术报告。2015 年 12 月 8 日，乌克兰教育部下属国际前景研究中心举办"一带一路：乌中合作现状与未来"学术研讨会，乌克兰外交部、教育部、经济发展和贸易部、乌克兰议会外事委员会、中国驻乌克兰大使馆及基辅国立语言大学孔子学院等机构代表参加了本次研讨会。乌克兰副总理格里先科出席研讨会并发表讲话。格里先科副总理在讲话中指出，中国提出的"一带一路"倡议，为沿线国家扩大人文交往和经贸联系提供了广阔可能，希望乌克兰积极参与这一进程的学术研讨和实践工作。研讨会就乌克兰在中国全球战略中的地位、"一带一路"之于乌克兰的机遇、中国与中东欧国家"16＋1"合作倡议等议题进行了研讨。

2016年5月24日，基辅国立语言大学孔子学院承办的首届乌克兰大学生"一带一路"主题征文比赛在中国驻乌克兰大使馆举行了颁奖仪式。中国驻乌克兰大使向获奖选手颁奖并发表讲话，高度赞扬选手的汉语写作水平和对"一带一路"的学习理解，勉励大家学好汉语，将来为"一带一路"建设发挥积极作用，为中乌友好关系发展做出贡献。

2016年3月29日和4月11日，基辅国立语言大学孔子学院为华为技术有限公司乌克兰代表处中外方管理人员分别举办了题为《在乌中资企业与本土员工的相互适应与融入——跨文化交际视角的考察》的系列讲座，孔子学院中方院长史亚军担任主讲。为了适应企业的实际需求，讲座从"儒家思想（传统）"和"华为公司（现代）"两个关键词入手，重点介绍中乌两种文化之间的差别，包括不同民族的思维方式、行为方式、风俗习惯、交际礼仪等，旨在增加企业中外方管理人员之间的相互理解，提高跨文化交际能力，促进彼此之间的交流、沟通、融合与合作。

2016年9月1—7日，基辅国立语言大学就该校孔子学院在汉语教学及"汉语桥"全球总决赛中取得的成绩举行集体表彰。基辅国立语言大学校长向第十五届"汉语桥"世界大学生中文比赛获奖选手曾子儒及其指导教师朱泾涛颁发表彰证书。乌克兰教育科学部也对孔子学院获得的成绩和荣誉表示祝贺。在第十五届"汉语桥"世界大学生中文比赛总决赛中，曾子儒勇夺欧洲冠军、全球亚军，并获最佳风采奖。

（二）孔子课堂

基辅第一东方语言中学孔子课堂

所在城市：基辅

承办机构：基辅第一东方语言中学

协议签署时间：2012 年 10 月 8 日

启动运行时间：2015 年 12 月 22 日

第四节　汉语教材和教学法

一　教材的选用与开发

乌克兰汉语教学单位使用的教材以中国编写出版的为主。北京语言大学出版社的占第一位，其次是北京大学出版社的。此外还有莫斯科出版的俄罗斯教师编写的，或俄罗斯教师与华人教师合作编写的教材。2005 年以后，国家汉办规划、黑龙江大学与俄罗斯国立远东大学合作编写用俄语注释的 11 册本《汉语新起点》（供中小学使用）和 9 册本《汉语新目标》（供高等学校使用），得到较广泛的采用。

在乌克兰开设汉语教学的高校，教材选用《汉语新目标》比较普遍。这套教材原本是主要针对俄罗斯汉语教学编写的国别化教材，采用俄语注释。因为乌克兰的汉语教学与俄罗斯有许多相似之处，俄语在乌克兰事实上很通行，所以选用这套教材比较普遍。《汉语新目标》的编写意图是：4 年本科期间，每学期 1 册，学完 8 册；第五年学第 9 册。但在乌克兰高校，这个意图事实上无法实现。即使是汉语师资力量最强的基辅国立大学，要求严格且教学得法的教师，配合以素质好、学风正的学生，也只能保证一、二年级学完 1—4 册。从第 5 册起，推进困难；6—9 册，不再有俄语注释，课文分量加重、难度加大，跨文化交际内容增多，学生到四年级末能学完第 6 册就已经很不错了。具体到教师个人，对教材还是各有偏爱。以初级阶段为例，有的教师至今坚持使用北京语言大学 20 世纪 80 年代出版的《初级汉语课本》（鲁健骥等编写），有的则一直使用莫斯科版的《汉语教科书》。

乌克兰中小学的汉语教学，教材相应多选用与《汉语新目标》同属一个系列的《汉语新起点》。《汉语新起点》原本就是针对中小学生编写的系列汉语教材。这套教材，课文内容大多取材现实生活语料，在语言交际中展示语法结构和语法规则的实际运用情况。教材设有专门的中国文化内容，给出课文的俄文翻译。辅助的书面、听力等练习种类、材料丰富，有助于学生更好地掌握汉语。

《中文课本》是由基辅第一东方语言学校根据《乌克兰汉语教学通用大纲》编写的乌克兰初级本土汉语教材，融合了该校几十年汉语教学精髓，是乌克兰具有代表性的本土汉语教材。

2011 年 11 月 4—6 日，卢甘斯克国立大学孔院举办"乌克兰东部本土教师汉语教材培训班"，学员们主要是来自乌克兰东部地区的大学和中小学校的 14 名汉语教师。孔子学院为本土汉语教师们安排了"汉语教学资源介绍""《长城汉语》课件使用方法""《当代中文》等四种汉语教材特点和使用""制作汉语教学课件体验""优秀汉语教学课件展示""汉语教材教学经验交流"等内容，学员们学习热情很高、积极配合，培训取得了良好效果。学员表示要把此次培训中学习到的汉语教材使用方法以及对中国文化的深入了解带到自己的学校和学生中间。2012 年 7 月 8 日，卢甘斯克国立大学孔院在雅尔塔举办"乌克兰本土汉语教师培训班"开班仪式，本期培训班为期 10 天。培训班学员来自全乌克兰 8 所高校、4 所中学、1 所孔子学院，还有 2 位是来自白俄罗斯国立大学孔子学院的外方院长和汉语教师。卢大孔院邀请了匈牙利罗兰大学孔子学院的中方院长、北京外国语大学对外汉语系主任、浙江师范大学国际教育学院教授与孔子学院的汉语教师共同组成培训团队。本次培训班的目的是让乌克兰的汉语教师了解国际汉语教学现状，理解汉语教学理念；重点掌握教材使用方法，提高汉语教材使用能力；并结合他们的实际需求，有针对性地进行教学法和教学技能培训，让学员掌握多种汉语教学方法和形式，提高汉语教学水平。为使学员们对国际汉语资源有更好的了解，孔院在人文大学举办了一个小型汉语教学教材书展，展出了国家汉办推荐的十余种教材及配套的学生练习册、词语、生字卡片、教学挂图和一些中国文化读本。除了汉语教学的培训，还有太极扇和中国书法、中国画的学习。在 7 月 18 日的结业典礼上，通过了考核的学员获得了孔子学院颁发的结业证书及乌克兰教育部颁发的教师培训证书。

二　教学法

乌克兰初级阶段汉语课多采用直接法与翻译法相结合的方法。有些零起点的汉语学习班级会配有一位乌克兰的翻译，中方的教师负责教地道的汉语，翻译则负责翻译主要语法知识，把汉语和俄语进行对比，使汉语的特点和表现形式更加突出。[①] 乌克兰本土汉语老师一般更重视汉语词汇、语法、阅读的教学，采用语法翻译法更多一些。上课时老师们一般用母语表达自己的看法，解释课的内容。教学过程一般是：根据课本的内容与练习顺序老师先讲词法，然后讲语法。先用母语解释语法，然后举例子。读课文时学生读完句子后就把它翻译成本族语。在乌克兰，一般只有中国老师才会用汉语直接授课，所以中国老师非常受欢迎。另外，大部分学校汉语教学设备比较落后，教学设施投入不够，也影响了汉语教学的开展，导致教学水平和教学质量无法提高。

2010 年 12 月 1 日，哈尔科夫国立大学孔院举办全乌克兰汉字学研讨会。卢甘斯克、顿涅茨克、克列缅丘克等城市的 69 名代表参加了会议，会议主题为"汉字的演变——从古至今"。孔院举办该研讨会目的是促进乌克兰汉语学习者掌握准确理解汉字的方法和提高正确书写汉字的水平。2011 年 12 月 20 日，第二届全乌克兰汉字学研讨会在哈尔科夫国立大学孔院举行，43 位代表参加了会议。根据会议要求，每一位参会者应就一个汉字或偏旁部首呈交一份论文，论文须阐述所论述汉字的历史及演变，在大会上根据论文内容做简短报告。2012 年

---

① 韩旭：《对外汉语教学的国别化思考——以对乌克兰汉语教学为例》，《现代语文》2013 年第 12 期。

12 月 20 日，第三届国际汉字学研讨会在哈尔科夫国立大学孔院举行。本次研讨会共有 18 位代表做交流报告，他们分别来自俄罗斯圣彼得堡国立大学、波尔塔瓦国际经贸大学、乌克兰哈尔科夫国立大学和乌克兰哈尔科夫国立师范大学等。会议主题"汉字与传统文化——日常生活篇"。汉字学研讨会旨在增强汉语学习者学习汉字的兴趣，提高他们书写汉字的水平，同时通过了解汉字，能够进一步了解中国文化的博大精深。

2013 年 2 月 17 日，卢甘斯克国立大学孔院正式启动远程网络视频汉语教学项目。这个项目是专门为没有开设汉语学习班的中小型城市学生或没有机会与中国老师直接交流的汉语学习者而设立的。网络教学课程内容"有声有色"：利用图片、歌曲、游戏、问答、竞赛等形式，通过视频面对面地与学生进行交流，同时采用动画、幻灯片、音频和视频短片等内容，激发学生学习汉语的热情和兴趣。

2014 年 11 月 14—16 日，基辅国立语言大学孔子学院与切尔卡瑟国立赫梅利尼茨基大学联合举办"语言特点问题：比较视角"国际学术研讨会。来自中国、乌克兰、俄罗斯等国的百余名专家学者、教师、研究生参会，从汉语、日语、俄语、乌克兰语等多语种比较的视角，结合语言、文学课程教学和教学法问题，讨论交流了各种语言的特点以及对非母语学习者的难点，为外语教学理论研究和实践工作提供了比较参照、学习借鉴、协同发展的有益尝试。2016 年 6 月 23—24 日，基辅国立语言大学孔子学院举办了本土汉语教师师资培训暨汉语教学研讨会。与会人员结合刚刚结束的 2016 年春季学期国家考试，对汉语科目命题情况，试卷重点、难点，以及学生在汉语考试中出现的问题等内容进行了归纳总结和讨论分析。会议强调了汉语专业中，翻译和教学这两个培养方向学生应掌握的知识体系和专业技能，以及与此紧密相关的教师应该具备的职业素质和教学能力。随后，大家就不同培养方向的汉语教学方法进行了研讨。

此外，与会者还就汉语专业师资建设、课程设置、课堂教学组织、教学资料的选择使用等问题进行了讨论交流。

2016 年 3 月 22 日，基辅国立语言大学孔子学院举办汉语学习者未来职业发展系列讲座。在乌克兰中资企业负责人应邀为当地汉语专业高年级本科生和研究生、孔子学院在职学员等的未来职业发展提供指导培训。此次讲座分为两大专题，"如何更好地适应中资企业的工作"专题主要针对以后拟在乌克兰境内中资企业工作的毕业生，主讲人通过实际案例，从语言学习、求职选择、面试准备、行为方式、文化适应、工作方法、自我完善等方面，分享经验，提出参考建议。"如何更好地在中国发展自己的事业"专题主要针对以后拟去中国国内企业工作的毕业生或进一步在中国发展自己事业的人士，从知识背景、中国国情、政策法规、区域差别、行业特点、商业文化等方面，为他们的未来发展献计献策。在"一带一路"建设框架下，基辅国立语言大学孔子学院将借助院企合作平台，通过专题讲座、指导培训、推介研讨、学工对接等形式，为学员们搭建学习、培训、实习、就业、发展的综合办学体系。

本章主要参考文献

潘海英、戴慧：《全球化趋势下俄罗斯语言政策的调整及动因》，《东北师范大学学报》（哲学社会科学版）2013 年第 6 期。

韩旭：《对外汉语教学的国别化思考——以对乌克兰汉语教学为例》，《现代语文》2013 年第 12 期。

任瑚琏：《乌克兰汉语教学的现状与发展》，载《第九届国际汉语教学研讨会论文选》，2008 年中国重要报纸全文数据库。

彭家法：《非目的语环境下乌克兰汉语学习者学习动机调查研究》，硕士学位论文，安徽大学，2013 年。

安娜：《哈尔科夫师范大学汉语口语教学调查与研究》，硕士学位论文，河北师范大学，2014 年。

侯昌丽：《试析乌克兰语言政策的去俄罗斯化》，《西伯利亚研究》2012 年第 3 期。

何俊芳：《乌克兰〈国家语言政策基本法〉及实施意义》，《民族论坛》2013 年第 3 期。

陈蕾：《乌克兰本土汉语教材与通用对外汉语教材的使用对比研究——以〈中文课本〉与〈快乐汉语〉为例》，硕士学位论文，吉林大学，2015 年。

伊拉：《乌克兰第聂伯彼得罗夫斯克国立大学汉语教学的现状分析与改进建议》，硕士学位论文，上海师范大学，2012 年。

李姬花、叶建军：《乌克兰孔子学院现状及发展前景》，《浙江师范大学学报》（社会科学版）2010 年第 2 期。

第五章　哈萨克斯坦的汉语教学

第一节　国家概况

一　自然地理

哈萨克斯坦共和国（哈萨克语：Казакстан Республикасы，英语：The Republic of Kazakhstan）国土面积为 272.49 万平方公里，排名世界第九位，是世界最大的内陆国，约占地球陆地总面积的 2%，领土横跨亚欧两洲。国境线总长度超过 1.05 万公里。哈萨克斯坦通过里海可以到达阿塞拜疆和伊朗，通过伏尔加河、顿河运河可以到达黑海。东南连接中国新疆，北邻俄罗斯，南与乌兹别克斯坦、土库曼斯坦和吉尔吉斯斯坦接壤。哈萨克斯坦地形复杂，境内多为平原和低地，东南高、西北低。全国共分为 2 个直辖市（阿斯塔纳市、阿拉木图市）和 14 个州。①

---

① http：//www. fmprc. gov. cn/web/gjhdq_ 676201/gj_ 676203/oz_ 678770/1206_ 679786/1206x0_ 679788/，2016 年 10 月 18 日。

二　历史政治

学者多认为"哈萨克"名称最早出现于 15 世纪初期。"哈萨克"一词在突厥语中的解释是"游牧战神",为古突厥族的一个直系分支民族。古代哈萨克人泛指今中亚一带的古代游牧部落,如塞人、乌孙、月氏等,而这些古代游牧部落正是现代哈萨克人的祖先。13 世纪斡儿答建立白帐汗国,1456 年白帐汗国灭亡,余部成立哈萨克汗国。16 世纪初,哈萨克族分为大玉兹、中玉兹、小玉兹三个汗国。17 世纪中亚新兴起一个强大的游牧国家准噶尔汗国。在准噶尔汗国的侵略下,小玉兹 1730 年 9 月派遣使团请求加入俄国,1735 年 12 月中玉兹也加入俄国,而大玉兹则被准噶尔汗国并吞。准噶尔汗国 1757 年亡于更强大的清帝国,于是大玉兹成为清帝国的属国。19 世纪清帝国鸦片战争后国势衰微,俄国趁机于 1864 年强占大玉兹土地,至此哈萨克斯坦全境都归俄国所有。1917 年 12 月 13 日,独立为阿拉什自治共和国。1920 年 8 月 26 日,建立归属俄罗斯联邦的吉尔吉斯苏维埃社会主义自治共和国,1925 年 4 月 19 日改称哈萨克苏维埃社会主义自治共和国,1936 年作为加盟共和国并入苏联。1990 年 10 月 25 日通过《主权宣言》,1991 年 12 月 10 日改名为哈萨克斯坦共和国,同年 12 月 16 日正式宣布独立。1990 年 12 月 27 日,中国政府承认哈萨克斯坦的独立,并于 1992 年 1 月 3 日同哈萨克斯坦建立了大使级外交关系。宪法规定哈萨克斯坦是"民主的、非宗教的和统一的国家",推行总统制的共和国国家,总统任期为 7 年。2007 年 5 月 18 日,哈萨克斯坦议会通过宪法修正案,授权努尔苏丹·纳扎尔巴耶夫可不受次数限制地连任总统职务。①

三　人口经济

哈萨克斯坦是上海合作组织成员,2015 年 1 月 1 日与俄罗斯、白

---

① 孤竹博客:《列国志·哈萨克斯坦共和国》,2014 年 8 月 15 日,http://blog.sina.com.cn/u/2547761387,2016 年 10 月 18 日。

俄罗斯、亚美尼亚等国家成立欧亚经济联盟。经济以石油、天然气、采矿、煤炭和农牧业为主，加工工业和轻工业相对落后。大部分日用消费品依靠进口。GDP 总计 1732.12 亿美元（2015 年，国际汇率），人均 GDP 9796 美元（2015 年，国际汇率）。

哈萨克斯坦有各类高等教育院校 144 所，其中国家级大学 9 所，国立大学 32 所，国有参股大学 14 所，私立大学 75 所。高校在校学生总人数为 63.4 万人，教职人员 3.8 万。有职业技术学校 866 所，在校学生 61 万人，教职人员 3.9 万人。2004 年 10 月 12 日，哈萨克斯坦总统纳扎尔巴耶夫批准了《2010 年前哈萨克斯坦教育发展规划》；2010 年 12 月 7 日，纳扎尔巴耶夫再次批准了《2011—2020 国家教育发展方案》。这两个方案的主要内容包括建设和改建教学部门、培养并提高教师的教学水平、在各级学校普及计算机和网络技术等。①

哈萨克斯坦人口数量为 1750 万人（2015 年），由 130 多个民族组成。独立后的第二次人口普查（截至 2010 年 1 月 1 日）结果显示，在哈萨克斯坦人口的民族构成中，哈萨克族占 63.6%，俄罗斯族占 23.3%，乌兹别克族为 2.9%，乌克兰族为 2%，维吾尔族为 1.4%，鞑靼族为 1.2%，日耳曼族为 1.1%，其他民族为 4.5%。居民大多信奉伊斯兰教（逊尼派），还有东正教、天主教、犹太教等。哈萨克斯坦北部三州俄罗斯人较多。

四　语言政策

苏联解体前，在国家语言政策的导向性和政治性等因素的影响下，哈萨克斯坦掌握俄语的人数与日俱增，俄语的使用范围甚至超过了本土语言哈萨克语的使用范围。独立初期，哈萨克斯坦与其他独联体国家一样，更加明确了将土著民族语言国家化的思想，规定哈萨克语是哈萨克斯坦的国语，俄语是族际交际语。然而，将俄语排挤出教育部门的举动并没有使哈萨克语得到全面普及。哈萨克斯坦这一时期的语

① http://fec.mofcom.gov.cn/article/gbdqzn/，2016 年 10 月 18 日。

言政策在一定程度上加剧了族际紧张关系，并成为操俄语居民大规模迁出哈萨克斯坦的主要原因之一。

哈萨克斯坦在 1997 年批准了《哈萨克斯坦共和国语言法》。该法规定，哈萨克语是国家语言，俄语在该国享有第二官方语言的地位，也是"正式语言"。2001 年 2 月 7 日哈萨克斯坦政府批准了《2001—2010 年语言使用和发展国家纲要》。哈国政府制定该纲要的目标主要有三：一是扩大和加强国语的社会交际功能；二是保持俄语的社会文化功能；三是发展少数民族语言。① 哈萨克斯坦出台一系列政策性措施，大力提高哈语作为国语的地位。事实上，俄语在哈国社会生活中具有不容忽视的作用和地位，目前，俄语仍然是哈国各个领域使用最广泛的语言。2008 年开始实行国家公务人员入职需进行哈萨克语考试制度。"俄罗斯世界"基金会 2012 年在全世界范围内进行"你想让你的孩子学习俄语吗"的问卷调查，97% 的哈萨克斯坦受访者做出肯定答复。②

第二节　汉语教学简史

哈萨克斯坦共和国独立初期，境内几乎没有进行汉语教学的机构和学校。中哈两国正式建立外交关系之后，哈萨克斯坦国立民族大学、哈萨克斯坦国际关系和世界语大学开始开展汉语教学，开设了汉语专业，但招生人数不多，师资主要是从原苏联东方语言系毕业的汉学家和一部分从中国来哈国的哈萨克族人。那时哈国刚独立，教育教学的管理体系还没有建立健全，对从事汉语教学的教师没有严格的资格要求，只要懂汉语的人都可以成为教师上课。

2003 年 4 月 23 日，中国兰州大学和哈萨克斯坦阿里－法拉比国立民族大学共同创办的中亚第一所汉语教学中心正式启用。这是中亚

---

① 张宏莉、赵荣：《哈萨克斯坦的语言政策》，《世界民族》2006 年第 3 期。
② 李迎迎：《评析俄罗斯语言政策调整的新变化》，《民族教育研究》2016 年第 1 期。

地区当时最大、设备最先进的汉语教学中心，为哈萨克斯坦乃至整个中亚地区的汉语教学创造了良好的条件。哈萨克斯坦阿里－法拉比国立民族大学成立于 1934 年，拥有 1.5 万名在校学生和 2000 多名教师，是哈萨克斯坦最著名的大学，1993 年与中国兰州大学建立友好校际关系，到 2003 年时，已有 67 名来自该大学的师生赴兰州大学接受了汉语教育。由中方资助成立的汉语中心的启用大大提高哈萨克斯坦高校的汉语教学水平和质量。[①]

随着上海合作组织成员国间政治、经济、民间关系的进一步深入，中哈两国高层领导人接触频繁，2005 年 7 月，哈萨克斯坦共和国总统纳扎尔巴耶夫访华期间，两国领导人提出要进一步加强中哈两国的教育合作的愿望。2009 年，哈萨克斯坦教育部最新推出汉语教学大纲。据不完全统计，仅在阿拉木图市就有三千多汉语学习者[②]。从学习者地域分布来看，越靠近中国，学汉语的人数越多。

为了培养更多的汉语言人才，哈萨克斯坦多所高校都开办了汉语专业。哈萨克斯坦阿里－法拉比国立民族大学东方系汉语专业有学生四百多人。同时，由于中哈高校建立校际友好关系，哈萨克斯坦人民生活水平逐步提高，以及中国国家政府奖学金、孔子学院奖学金、HSK 奖学金名额投放不断扩大，哈萨克斯坦学生前往中国留学的人数逐年增长。2010 年，中国政府给哈萨克斯坦分了 75 个全额奖学金名额。2012 年 9 月，仅阿拉木图 4 所大学就有 2016 名汉语学习者（哈萨克斯坦国立民族大学 594 人，哈萨克斯坦国际关系与外国语大学 988 人，哈萨克斯坦民族师范大学 199 人，哈萨克斯坦劳动与社会关系学院 235 人）。[③] 2008 年 3 月，与新疆教育厅合作编写的哈萨克语版教材《新丝路汉语》出版发

---

① 孙力：《培育中哈友谊的基地——记哈民族大学汉语中心成立》，《人民日报》2003 年 4 月 29 日第 7 版。

② 杜娟、R.U. 阿谢里别科夫：《管窥哈萨克斯坦汉语热》，《云南师范大学学报》（对外汉语教学与研究版）2009 年第 5 期。

③ 赛兰别克·古丽娜：《哈萨克斯坦阿拉木图市高校汉语教学现状》，硕士学位论文，中央民族大学，2012 年，第 8 页。

行；2010 年中国国家汉办首次向哈萨克斯坦派出汉语教师志愿者。

　　哈萨克斯坦共和国与中国有着一千多公里的边境线，独立二十多年来，与中国在政治、经济、文化等各个领域的交往不断加强和深化，对汉语人才的需求与日俱增，学习汉语的人数日益增多。继 2013 年在中国成功举办了"哈萨克斯坦文化日"，2014 年在哈萨克斯坦举办了"中国文化日"，这些都有助于进一步推动哈萨克斯坦的汉语教学和中华文化推广传播。

第三节　汉语教学的环境和对象

一　高等院校汉语教学

　　近年来，中哈两国在经贸、交通、能源、矿产、电信等领域全面展开合作，成果显著。中国企业不断进驻哈萨克斯坦，哈萨克斯坦也在中国设立公司。这些公司迫切需要通晓哈语汉语的双语人才，学习汉语就业前景好，是哈萨克斯坦高校出现汉语热最直接的原因。

　　哈萨克斯坦国立民族大学是哈萨克斯坦境内最早开展汉语教学的大学，已有 20 余年的汉语教学历史。2004 年在中国国家汉办的支持下，该大学与中国兰州大学联合建立了哈萨克斯坦第一个汉语中心，2005 年该中心发展成孔子学院，已为哈萨克斯坦培养各层次汉语人才 1500 多人次。

　　哈萨克斯坦国际关系与外国语大学 1999 年开始汉语教学，该校与汉语相关的专业有中国语言文学、中国历史、翻译等。汉语专业在读学生超过 500 名，将汉语作为二外选修的学生有 1000 多名。该校在语言教学方面有着丰富经验，是汉语专业的课程设置最为合理的院校。一、二年级开设基础汉语，每周 16 学时；三、四年级开设专业汉语，每周 8 学时，课时量是其他院校的近一倍。①

---

① 赛兰别克·古丽娜：《哈萨克斯坦阿拉木图市高校汉语教学现状》，硕士学位论文，中央民族大学，2012 年，第 8 页。

目前，哈萨克斯坦几十所大学中的绝大多数都开设了汉语课。高校开办汉语课程的相关专业主要集中在语言学、东方学、翻译、国际关系、国际法律、区域学等专业。这些专业汉语课一般作为第一外语或第二外语来学习，学习年限最长的 4 年，最短的 2 年。课型有综合课、听力课、阅读课、写作课等。高校汉语教学实行小班授课制度，每个班级的学生人数在 15 人左右，汉语专业学生除了有汉语课外，还要学习中国历史（哈语或俄语授课）、计算机、英语、体育、国防等课程，因此汉语的课时量并不算大，平均每周 8 个课时左右。有的学校一门汉语综合课"包打天下"。

高校汉语教学中普遍存在的现象是：汉语教材缺乏，价格昂贵；没有统一的教学计划和教学大纲，老师想上什么就上什么。2008 年 5 月，哈萨克斯坦国立民族大学孔子学院应哈方请求，就哈萨克斯坦阿里－法拉比国立民族大学东方系汉学教研室师资及教学状况撰写报告提交中国国家汉办孔子学院处，成功申请汉办向该系赠书 1000 余册，受到该系师生普遍欢迎①。多数高校都是根据情况自行对汉语课制定教学目标、设定课程标准和评估方式，在教材的选用上各行其是。这些都使高校汉语教学水平受到一定影响。

二　孔子学院的汉语教学

哈萨克斯坦现有 4 所孔子学院，没有孔子课堂②。

（一）欧亚大学孔子学院

所在城市：阿斯塔纳

承办机构：欧亚大学

合作机构：西安外国语大学

启动时间：2007 年 12 月 5 日

---

① 杜娟、R. U. 阿谢里别科夫：《管窥哈萨克斯坦汉语热》，《云南师范大学学报》（对外汉语教学与研究版）2009 年第 5 期。

② 有关哈萨克斯坦孔子学院和孔子课堂汉语教学的信息主要来自国家汉办/孔子学院总部网页，不再一一注明具体出处。http://www.hanban.org/article，2016 年 10 月 19 日。

　　2006 年 12 月，中国国家汉办与哈萨克斯坦欧亚大学签署孔子学院建设协议。

　　欧亚大学现有 130 余名以汉语为第一外语的学生，但使用教材版本较老，品种不一，对学生们提高汉语水平非常不利。为了支持欧亚大学更好地开展汉语教学、解决汉语教材短缺问题，2010 年 2 月 23 日下午，欧亚大学孔子学院（欧大孔院）向欧亚大学赠送了包括汉语教材、配套的音像资料、中国文化资料在内的共 600 余册/盘图书。

　　为了能够给学生们营造一个轻松愉快的学习汉语的氛围，从而更有效地感受汉语和中国文化的魅力，欧大孔院按照每学期一次的惯例举办"汉语周"活动。2011 年 10 月 24—30 日"汉语周"，活动包括孔院初级班学生的汉字书写大赛、中高级班的汉语作文竞赛以及孔院全体学生都可以参加的汉语朗读比赛。2012 年 5 月 3—10 日再次举办"汉语周"活动，包括孔院初级班学生的汉字书写大赛、中高级班的汉语作文竞赛以及孔院全体学生都可以参加的汉语朗读比赛。

　　2010 年 11 月 10 日，中国全国政协主席贾庆林在哈萨克斯坦议会下院副议长卡里布扎诺夫的陪同下，来到欧亚大学，发表了题为《永做好邻居好朋友好伙伴》的演讲。演讲中，贾庆林对孔子学院给予了高度评价，他说："2007 年 12 月中哈双方合作创办的第一所孔子学院在欧亚大学揭牌成立，成为两国人文交流合作的成功典范。我们相信，随着一批批能说汉语、会写中文、了解中国国情和文化的哈萨克斯坦青年从这里走向中哈友好交往与合作的第一线，中哈双边关系必将展现新的风采。"贾庆林主席最后说："两国青年是中哈友好的生力军。我衷心希望，中哈两国青年携起手来，自觉肩负起承前启后、继往开来的使命，继续促进中哈关系发展，共同谱写中哈友好合作的崭新篇章！"哈萨克斯坦议会议员、欧亚大学及孔子学院师生等 800 余人聆听了演讲。演讲开始之前，贾庆林主席及来访的客人们参观了孔子学院图片展和汉语教材图书展，孔子学院双方院长分别向贾主席介绍了欧亚大学孔子学院成立三年来所开展的各项工作和教学活动。参观结束后，贾庆林主席语重心长地对双方院长说：你们一定要再接再厉，将孔子学院办好办大。

2011 年 7 月 3 日，由中国驻哈萨克斯坦大使馆与欧亚大学孔子学院联合举办的哈萨克斯坦第一届中国文化知识竞赛总决赛，在首都阿斯塔纳市北京大厦举行。大赛分初赛和决赛两个阶段。初赛在 3 月通过大使馆和欧亚大学孔子学院网站以及《哈萨克斯坦真理报》等以书面答题形式在全哈萨克斯坦范围内展开，参赛者不限年龄，不限职业。参赛选手年龄最大的 75 岁，最小的 15 岁。经过严格筛选，16 名选手进入决赛，决赛采用现场答题形式。本次活动不仅激发了哈萨克斯坦青年人学习汉语的积极性，也增进了哈萨克斯坦民众对中国历史、文化、语言以及社会发展的认识和了解。

2011 年 11 月 8—15 日，欧大孔院主办"中国文化周"活动。活动期间，孔院师生展示茶艺、书法、剪纸等中国文化形式，表演中国传统舞蹈、中文歌曲、京剧、中文诗朗诵等节目，举办中国社会发展图片展，放映中国电影，欣赏中国民乐，活动丰富多彩。

2012 年 2 月 17 日，欧大孔院举办庆祝中哈建交 20 周年暨孔子学院建院 5 周年联欢会。联欢会上，中国驻哈萨克斯坦大使、欧亚大学副校长等来宾充分肯定了欧大孔院 5 年来在传播汉语言文化、促进两国人民友谊等方面做出的杰出贡献。孔院学员为来宾们奉献了以"友谊"为主题、体现中哈文化魅力的独唱、合唱、舞蹈、器乐、诗歌朗诵等节目，充分体现了文化的感染力和友谊的凝聚力。2013 年 12 月 20 日，欧大孔院举行成立 6 周年庆典暨迎新年晚会。中国驻哈各机构代表、欧大校领导、各系部负责人及孔子学院全体师生出席了晚会。欧大孔院已成为哈萨克斯坦汉语言文化传授的中心和亮点，工作范围推至西哈、北哈和东哈诸多地区，为促进中哈两国教育、文化等领域关系的进一步发展做出巨大贡献，是"丝绸之路经济带"建设中的重要文化使者。

2012 年 5 月 28 日，在中国驻哈萨克斯坦大使馆文化处的支持下，欧大孔院主办的中国电影周在欧亚大学学生影院拉开帷幕。此次活动是中国电影周首次走进校园、深入大学生生活。为了帮助观众对中国电影的理解，欧大孔院特别准备了中国电影推介活动，内容包括中国电影发展历史、变化、海外传播，以及如何欣赏中国电影等。本次电影周活动通过中国纪录片、功夫片、艺术片、故事片的播放，向大学生介绍中国，让更多的哈萨克斯坦人了解中国，了解中国文化。

每年公历 3 月 22 日前后是哈萨克斯坦的传统节日纳吾热孜节。"纳吾热孜"汉语意为"光明、生命、辞旧迎新"。对哈萨克人来说，纳吾热孜节象征着春回大地、万物复苏，标志着新的一年的开始。2014 年 3 月 18 日，欧大孔院与欧大国际关系系、语言系联合举办了2014 年纳吾热孜节庆祝活动。活动中，既有富有浓郁的哈萨克民族特色歌舞，也有中哈双语诗朗诵，在哈萨克传统文化表现形式中融入了中国文化元素，令人赞不绝口。

2014 年 9 月 27 日，来自阿斯塔纳市孔子学院各教学点学员、孔子学院历届学员以及欧亚大学各系部师生数百人，共同参加由欧大孔院举办的"庆祝全球孔子学院成立十周年"庆典。本次庆祝活动主要以介绍中国、扩大孔子学院的影响力为主题。活动内容分为宣传、交流、体验、学习等 4 个专题，共计 10 个项目，包括中国文化展、孔子学院建设展、中国文化讲座、中哈文化论坛、书法体验、汉字通关游戏、学打太极拳、学跳中国舞、新老学员交流和庆祝晚会等。

2012 年 4 月 19 日，欧大孔院举办哈萨克斯坦第十一届"汉语桥"世界大学生中文比赛暨第五届"汉语桥"世界中学生中文比赛阿斯塔纳赛区预赛。来自赛福林农业大学科学与文化交流中心、欧亚大学语言系汉语教研室、欧亚大学国际关系系东方学教研室及孔子学院的 24 位选手参加，最终有 4 名大学生与 5 名中学生获胜，晋级全国决赛。2012 年 4 月 28 日上午，"汉语桥"大中学生中文比赛哈萨克斯坦赛区决赛在赛福林农业大学农学系礼堂举行。来自哈萨克斯坦全国的 24 名大学生与中学生选手参加了最后角逐。最终，欧大孔院选派的古丽姆和法丽扎荣分获大学生组和中学生组第一名。2013 年 4 月 27 日，欧大孔院承办了第十二届"汉语桥"世界大学生中文比赛暨第六届"汉语桥"世界中学生中文比赛哈萨克斯坦赛区决赛。2014 年 4 月 26 日，以"我的中国梦"为主题的第十三届"汉语桥"世界大学生中文比赛暨第七届"汉语桥"世界中学生中文比赛哈萨克斯坦赛区决赛在阿拉木图市举行。来自哈萨克斯坦全国的 22 名大中学生选手参加最后角逐。欧大孔院选派的选手张娜尔和爱卡分获大学生组第一名和中学生组第三名。一年一度的"汉语桥"比赛不仅为汉语学习者提供了一个展示汉语能力的舞台，创造了一个互相学习和交流的平台，而且激发了他们学习汉语的热情和兴趣，增进了他们对中国语言和文化的理解。

（二）哈萨克斯坦国立民族大学孔子学院

所在城市：阿拉木图

承办机构：哈萨克斯坦国立民族大学

合作机构：兰州大学

启动时间：2009 年 2 月 23 日

2011 年 3 月 30 日，由哈萨克斯坦阿里 - 法拉比国立民族大学孔子学院（民大孔院）和民族大学东方学系共同主办的"中文奥林匹克汉语知识竞赛"在阿拉木图举行。来自民族大学、国际关系与外国语大学、师范大学、欧亚大学等高校的 35 名选手参加了本次比赛。中文奥林匹克竞赛是对哈萨克斯坦高校中文教学成果的一次检验。

2012 年 6 月 30 日，民大孔院举行 2011—2012 学年工作总结和优秀学员表彰活动。本学年，民大孔院本部累计开设汉语培训 23 班次，培训学员 574 人次。这次有 34 名学员受到表彰，第一批 17 名由孔院选拔推荐获得中国政府奖学金赴中国进行硕士研究生学习的学生也领取了自己的录取通知书。孔院 7 月 9 日开始暑期培训，已经报名的有 11 个班级共计约 200 余人。

2013 年 3 月 28—30 日，由哈萨克斯坦教育部发起，国立民族大学、国际关系与外国语大学、民大孔院共办的哈萨克斯坦全国高校奥林匹克语言知识竞赛举行。比赛分为东方学专业和外国语专业两大类。东方学专业比赛又分汉学、阿拉伯学、突厥学、韩国学和日本学5个组，3月28日在国立民族大学东方系举行，中国驻阿拉木图总领事、民族大学东方系主任、韩语中心主任、阿拉伯语中心主任、来自全哈萨克斯坦东方学专业的近百名学生参加，其中汉学组30余人。"汉学"比赛前三名学生获得中国政府奖学金，本科毕业后赴中国高校继续深造。3月29—30日，外国语专业比赛在国际关系与外国语大学进行，中国、美国、德国、韩国、伊朗等国的总领事，来自全哈萨克斯坦各高校的近400名外语专业学生参加。外国语专业每种语言又细分为"语言学、翻译学、双语"三个方向，参赛的语言包括汉语、英语、法语、德语、阿拉伯语、土耳其语、波斯语、韩语等八个语种。汉语专业三个方向约有40人参赛。3月30日下午，本次高校奥林匹克语言知识竞赛颁奖仪式在国际关系与外国语大学进行。汉语专业三名一等奖得主获得由中国驻阿拉木图总领事馆提供的中国政府奖学金，赴华留学。2014年2月28日—3月1日，国际关系与外国语大学举办哈萨克斯坦全国高校外语奥林匹克知识竞赛，共有来自全哈萨克斯坦外语专业的300余名学生参赛。其中，汉语类比赛继续由民大孔院与国际关系与外国语大学共同主办，共有30余名学生参赛。汉语类三名一等奖得主获得中国政府奖学金，赴中国深造。2014年3月26—27日，民大孔院与民大东方系联合举办全哈萨克斯坦高校"东方学"奥林匹克知识竞赛，来自哈萨克斯坦全国各高校"东方学"专业的69名学生参赛。"汉学"比赛前三名学生获得中国政府奖学金，本科毕业后赴中国高校继续深造。2015年2月27—28日，民大孔院和国际关系与外国语大学连续第三年共同主办哈萨克斯坦全国高校外语奥林匹克知识竞赛中的"汉语"专业比赛，共有40余名学生参赛，三名一等奖得主获得中国政府奖学金，赴中国继续学习。2015年3月26—27日，民大孔院与民大东方系联合主办全哈萨克斯坦高校"东方学"奥林匹克知识竞赛，来自哈萨克斯坦全国各高校"东方学"专业的80

名学生参赛。"汉学"一、二等奖获得者同时获得中国政府奖学金，本科毕业后赴中国高校继续学习。2016 年 2 月 27—28 日，民大孔院和国际关系与外国语大学连续第四年共同主办哈萨克斯坦全国高校外语奥林匹克知识竞赛中的"汉语"专业比赛。2016 年"汉语"组比赛设置了"外国语言文学、外国语言文学（师范方向）、翻译学、二外汉语"四个专业小组，增加了师范类专业比赛，共有百余名学生报名参赛。四名一等奖得主获得中国政府奖学金，赴中国继续学习。2016 年 3 月 29—30 日，民大孔院与民大东方系联合主办全哈萨克斯坦高校"东方学"奥林匹克知识竞赛，来自哈萨克斯坦全国各高校"东方学"专业的百名学生参赛。"汉学"一、二等奖获得者同时获得中国政府奖学金，本科毕业后赴中国高校继续学习。一年一度的国家级高校奥林匹克语言知识竞赛极大地激发了哈萨克斯坦学生学习外语和外国文化的热情，取得了良好的社会效果。

2015 年 6 月 17 日，中国驻阿拉木图总领馆与哈萨克斯坦国立民族大学联合举办"新丝绸之路——持续发展与共同繁荣之路"国际研讨会，中国驻阿拉木图总领事、国立民族大学校长、联合国公共信息局代表、哈萨克斯坦首任驻华大使及各界代表约 150 人与会。民大孔院代表做了《新丝绸之路视角下的哈萨克斯坦孔子学院建设与发展》主题报告。

2016 年 5 月 23—27 日，兰州大学共建孔子学院四方联席会议在哈萨克斯坦民大孔院召开，会议主题为"交流互通、共谋发展"。哈萨克斯坦国立民族大学第一副校长、兰州大学副校长、乌兹别克斯坦塔什干孔子学院中外方院长、格鲁吉亚第比利斯自由大学孔子学院中外方院长等出席会议。本次联席会议是兰州大学共建的 3 所孔院首次在哈萨克斯坦齐聚一堂，就孔子学院办学特色、管理经验、办学成果等议题进行深入交流。会议期间，会议代表共同出席了《阿里—法拉比思想与现代社会》新书发布会，该著作是兰州大学与哈萨克民族大学孔子学院的合作成果。

2010 年 9 月 3 日下午，中共中央政治局委员、中央书记处书记、中宣部部长刘云山一行在中国驻哈萨克斯坦大使周力的陪同下，访问了哈萨克斯坦阿里－法拉比国立民族大学孔子学院，并赠送了一批中文书籍。刘云山首先会见了哈萨克斯坦国立民族大学校长朱玛古洛夫教授，并一起观看了孔子学院的欢迎演出。在听取了孔子学院外方院长阿克木江的工作情况介绍后，刘云山指出，当前，中哈两国关系发展很快，各领域合作发展迅速。孔子学院推动了哈萨克斯坦汉语教学的发展，为中哈文化交流做出了很大的贡献。刘云山还向孔子学院中方院长张建芳亲切询问了中方教师在哈萨克斯坦的工作和生活情况，并鼓励大家继续努力，进一步促进中哈双方的合作与交流。

2011 年 2 月 2 日，民大孔院举办"兔年春节联欢"活动。孔院师生、中国留学生、阿拉木图中国公司代表以及埃及、法国等国友人100 多人参加。新华社和人民日报的记者对活动做了相关采访和报道。2012 年 1 月 21 日，民大孔院举行"龙年新春联欢"活动，中国驻阿拉木图总领事、民大领导、孔院师生、哈中语言学院师生、中国留学生、中国驻中亚新闻媒体记者等出席。2013 年 2 月 8 日，民大孔院举行"蛇年新春联欢"活动。联欢会前，中国驻阿拉木图总领事馆向孔院赠送了"鼎盛千秋"龙鼎，既是对孔院两年来汉语教学和文化传播的表彰，也是对孔院未来蓬勃发展的期望。2014 年 1 月 29 日，民大孔院举行"马年新春联欢"活动，中国驻阿拉木图领事、民族大学副校长、汉学家、中国留学生及社会各界人士共同参与。2015 年 2 月 1 日，由中国文化部、中国驻阿拉木图总领馆、哈萨克斯坦国立民族大学孔子学院联合主办的"2015 欢乐春节"大型文艺晚会在国家青年剧院举行。晚会的主角是来自河南嵩山塔沟武术学校和郑州歌舞剧院的优秀演员。中国驻阿拉木图总领事、民族大学第一副校长、阿拉木图政府官员、外国驻阿使团、华人华侨、中资机构代表等 500 余人观看演出。2016 年 1 月 29 日，民大孔院举行"猴年新春联欢"活动，中国驻阿拉木图领事、民族大学副校长、民大师生 200 余人参加。中国和哈萨克斯坦传统友谊深厚，一年一度的新春联欢活动进一步增进了中哈两国民众之间的友谊和了解，促进了两国之间的文化交流。

2012 年 10 月 22 日，民大孔院与中国驻阿拉木图总领馆在哈萨克斯坦中央国家博物馆联合举办《脉动中国》图片展。中国驻阿拉木图总领事、哈萨克斯坦中央国家博物馆第一副馆长、哈萨克斯坦教育部东方学研究所所长、阿拉木图市各界人士、华人华侨、中哈媒体代表等 100 多人出席活动。《脉动中国》图片展持续 2 周，共展出 60 幅摄影作品，主要反映了中国文化事业的发展成就。

2012 年 12 月 11 日，民大孔院举办"我用中国毛笔，书写情和谊"中国书法讲座暨比赛活动，来自哈中语言学院、师范大学、民族大学、女子师范大学、国际关系与外国语大学等单位的汉语学习者、中国文化爱好者、孔院学员 100 多人，现场聆听了国际关系与外国语大学特聘的湖北工业大学中国文化学者周金生对行书、草书、隶书、篆书和楷书的介绍与演示，然后进行毛笔和硬笔书法比赛。这次活动增加了当地学生对中国书法艺术的直观了解，激发了对中国书法和文字的探索心，提高了对汉语文化和语言的学习热情。

2013 年 10 月 25 日，民大孔院联合中国驻阿拉木图总领馆和哈萨克斯坦中央国家博物馆共同举办的《美丽中国》图片展在中央国家博物馆拉开序幕。中国驻阿拉木图总领事、中央国家博物馆第一副馆长、民大孔院理事长院长、多国驻阿拉木图外交官、阿拉木图华人华侨、中哈媒体、孔院师生等 150 多人参加开幕仪式。本次图片展共展出 60 张中国摄影家的作品，从多方面展现出中国人民为建设富强文明的国家不懈努力的精神风貌，体现了中国在建设和发展的过程中尊重自然、保护自然的生态文明理念。图片展为期两周，为哈萨克斯坦民众了解现实的中国提供了有效的窗口。

为庆祝"全球孔子学院成立 10 周年"暨第一个"孔子学院日"，2014 年 5 月 15 日开始，民大孔院举办了"太极拳进校园""中国国粹文化讲座""学写中文诗""学唱中文歌""巧手剪出中国情""团团圆圆包饺子”等系列文化推广活动。2015 年 9 月 19—25 日，为庆祝全球第二个“孔子学院日”，民大孔院举办“中国驻阿拉木图主流媒体座谈会”“中国京剧鉴赏”“体验中国书法”“体验太极拳”“中国现代经典诗歌朗诵比赛”等系列活动，吸引了众多学生及家长参与。这些活动加深了当地师生对中国文化的理解，展现了汉语和中华文化的魅力。

2014 年 12 月 21 日，民大孔院举办“孔子学院杯”硬笔书法比赛。民族大学、国际关系与外国语大学、师范大学等高校的近 110 名汉语学习者报名参赛。学生们在一笔一画认真书写汉字的同时，展现了自己对汉字书法的理解与热爱。最终比赛评选出优胜者 24 名。

2015 年 3 月 1 日，民大孔院举办第二届“孔院之声”中文歌曲比赛，比赛以“音乐是我们共同的语言”为主题，初赛阶段共有 40 余名选手参加，经过激烈角逐，民族大学、国际关系与外国语大学、师范大学等 6 所高校的 9 名选手晋级决赛。中国驻阿拉木图总领事、民大副校长、当地中资企业代表、阿拉木图 10 所高校的师生共 400 多人到场观看。2015 年 11 月 13 日，民大孔院举办第三届“孔院之声”中文歌曲比赛，阿拉木图地区近 10 所高校参与，12 名选手进入总决赛，300 余名当地师生到场观赛。音乐是不同国家和民族沟通心灵的桥梁和纽带，举行中文歌曲大赛，不仅能促进选手们提高汉语水平，还能增进他们对中国和中国文化的了解。

2012 年 4 月 21 日，民大孔院承办第十一届“汉语桥”世界大学生中文比赛阿拉木图赛区预赛，来自民族大学、国际关系与外国语大学、师范大学等高校的优秀选手参加了本次比赛，最终来自国际关系与外国语大学的安娜获得了本届比赛的第一名。2013 年 4 月 11 日，民大孔院承办第十二届“汉语桥”世界大学生中文比赛阿拉木图赛区预赛，获胜的前四名选手将代表阿拉木图赛区赴阿斯塔纳参加哈萨克斯坦赛区决赛。2013 年 4 月 27 日，第十二届“汉语桥”世界大学生中文比赛哈萨克斯坦赛区决赛在阿斯塔纳举行，民大孔院选送了 4 名选手，其中叶卡捷琳娜夺得桂冠，代表哈萨克斯坦参加在中国长沙举办的总决赛。其余 3 名选手分别获得二等奖、三等奖和优秀奖。2014 年 4 月 26 日，民大孔院承办的第十三届"汉语桥"世界大学生中文比赛哈萨克斯坦赛区决赛在阿拉木图"洲际酒店"举行。中国驻阿拉木图总领事、国立民族大学第一副校长、多国驻哈萨克斯坦使馆代表、哈萨克斯坦 4 所孔子学院代表、知名汉学家、阿拉木图高校汉语专业师生和中哈媒体记者等 150 多人出席活动，共有来自全哈萨克斯坦 4 个分赛区 7 所高校的 12 名优秀选手参加决赛。2015 年 4 月 12 日，民大孔院举办第十四届"汉语桥"世界大学生中文比赛阿拉木图赛区决赛。此次比赛吸引了当地 7 所高校的 40 余名学生参赛，13 名选手进入决赛。中国驻阿拉木图总领事、民族大学第一副校长、阿拉木图各高校汉语专业师生等 100 多人出席。前三名的选手获得中国政府奖学金，并代表本赛区参加 5 月在阿斯塔纳举办的全国"汉语桥"总决赛。2016 年 4 月 23 日，民大孔院举办第十五届"汉语桥"世界大学生中文比赛阿拉木图赛区决赛，来自当地高校的 9 名选手进入决赛。中国驻阿拉木图总领事、民族大学第一副校长、阿拉木图各高校汉语专业师生等 100 多人出席。前三名的选手获得中国政府奖学金，并代表本赛区参加 5 月在阿克托别举办的全国"汉语桥"总决赛。"汉语桥"大学生中文比赛已成为全哈萨克斯坦汉语学习者自我展示的平台，这个平台也增强了哈萨克斯坦民众对中国语言和中华文化的理解。

（三）阿克托别朱巴诺夫国立大学孔子学院

所在城市：阿克纠宾

承办机构：阿克纠宾国立师范学院

合作机构：新疆财经大学

启动时间：2011 年 3 月 24 日

2012 年 6 月 24 日，哈萨克斯坦阿克纠宾国立师范学院孔子学院举行隆重的揭牌仪式。2013 年 12 月，全球第八届孔院大会上，刘延东副总理为阿克纠宾国立师范学院孔子学院第二任理事长阿曼太校长颁发了"孔子学院先进个人"奖章。2014 年 4 月 16 日，原"阿克纠宾国立师范学院孔子学院"正式更名为"阿克托别朱巴诺夫国立大学孔子学院"（阿大孔院）。

2012 年 6 月 4—6 日，阿大孔院与阿特劳人文与工程学院签署孔子学院教学点协议，举行了四场师生见面会，安排了夏令营、中亚师资培训等项目。阿特劳市在乌拉尔河河畔，是古丝绸之路通往欧洲的主要通道。2016 年 2 月 26 日，阿大校领导、孔院中外方院长及汉语教师等应邀访问阿克托别最好的中学纳扎尔巴耶夫中学，双方就两校间的汉语教育与文化合作进行洽谈。纳扎尔巴耶夫中学校长介绍了学校的概况，强调学校师生对于汉语学习抱有很大热情，双方建立合作关系有助于推动该校的汉语教学，满足师生的汉语学习需求。孔院中外方院长介绍了孔子学院的功能和汉语项目，表示将在师资、教材、图书资料、教学方法、师资培养等方面提供大力支持。最后，双方签署了合作协议，孔院将派汉语教师在该校开设汉语课程，并逐步开展汉语水平考试、夏令营、中华文化交流推广、选拔奖学金生等活动。签字仪式后，孔子学院向纳扎尔巴耶夫中学赠送了俄汉词典、中文书籍等物品。

2015 年 4 月 27 日，阿大孔院举办第一届"书写汉字，学好汉语"硬笔书写比赛。比赛以班级为单位，不同水平的班级规定了各自的书写内容。活动期间共收到 63 幅作品，最终由孔院教师评出一等奖 2 名、二等奖 4 名、三等奖 8 名，并对获奖作品进行展示。2016 年 3 月 31 日，阿大孔院面向阿克托别地区所有教学点的孔院学员举办第二届汉字书写大赛。预赛征集到 60 余幅作品，经过筛选，有 30 名学生进入决赛。最终，孔子学院评选出一等奖 1 名、二等奖 2 名、三等奖 3 名和优秀奖数名。

2016 年 3 月 1—5 日，阿大孔院、阿克托别朱巴诺夫国立大学文学院、新疆财经大学联合举办"东方文学瑰宝"国际学术研讨会。来自哈萨克斯坦文学界专家学者、孔子学院师生和当地中学师生代表等 200 余人参会，就中哈两国古典文学作品进行鉴赏研讨。研讨会除了对中哈经典文学作家作品进行学术研讨，还举行了中国古典诗歌中哈双语吟诵比赛。此次活动不仅促进了中哈两国学术界的交流，也让当地民众加深了对孔子学院的了解，激发了认识中国、学习汉语言文化的热情。

2016 年 4 月 14 日，在哈萨克斯坦阿吾耶佐夫国立大学"科学与教育创新潜力"国际应用科学研讨会上，阿大孔院教师做了《学好汉语，促进哈中两国经济文化交流》主题发言，阐述了汉语教学在中哈两国经济发展和文化交流中的重要作用。本次大会有来自中国、英国、俄罗斯、保加利亚、肯尼亚等国的专家学者参加。

2016 年 5 月 12—13 日，阿大孔院举办"孔子学院多元化背景下合作与发展"国际研讨会。阿拉木图总领馆领事、哈萨克斯坦 4 所孔子学院的中外方院长和教师等 30 余人参会。阿大孔院外方院长担任主持，11 名中外方院长、教师就"孔子学院在丝绸之路经济带中所起的作用""如何培养培训本土教师""孔子学院发展研究""丝绸之路新发展""跨文化交际的汉语教学模式探索""多媒体技术在对外汉语教学中的应用展示"等问题做主旨发言，与会者围绕主题展开热烈讨论。

2012 年 3 月 16 日，哈萨克斯坦全国中学生奥林匹克数学竞赛在阿克纠宾国立师范学院举行，借助这一赛事，阿大孔院举办了汉语展和中国文化体验活动。内容主要包括孔子学院简介、汉语图书展、HSK 考试宣传册、书法棋类体验等，近百名来宾参加活动。为了更好地开展教学和文化活动，2011 年底，阿大孔院成立了"我们的俱乐部"，已开展唱中文歌、学打乒乓球、汉语角、主题会话、书法、棋类、招生咨询、学习答疑等活动。目前，阿大孔院开设有 9 个教学班，注册学员 138 人。

2013 年 3 月 14—15 日，阿大孔院举行"哈萨克斯坦与中国文化的东方风格：传统与革新"讲座，孔院教师、"阿克纠宾汉语教学与翻译人才培养"学会成员、阿克纠宾国立师范学院教师、拜什甫大学艺术系师生近 200 人参加。讲座上，多位专家和与会人员就"中国书画艺术传统赏析""中国绘画艺术中的东方特点""中国音乐艺术的东方特点""哈萨克民族手工艺：传统与革新""使用先进科学技术进行音乐教学"等专题进行了深入研讨。

2014 年 4 月 8 日，阿大孔院为期 10 天的"孔子学院是中哈友谊的桥梁——庆祝全球孔子学院成立十周年文化节"系列活动拉开帷幕。开幕式上，孔院师生表演了中国武术、书法、空竹、歌曲等节目，孔院学员用毛笔现场书写"祝孔子学院十周年文化节马到成功"。接下来的 10 天里，举办了主题丰富、形式多样的中国文化活动，包括"中国书法话孔子与中哈友谊""京剧演唱及创新""茶文化及其美学"为主题的讲座，"孔院学员中国书画作品展""中国书画艺术作品展""中文图书展"等展览，"友谊的旋律歌手大赛""中哈友谊舞蹈大赛""花之韵中哈诗歌朗诵大赛""阿克托别汉语桥才艺大赛"等精彩赛事。

2014 年 9 月 14—21 日，阿大孔院拜什甫大学教学点举办了"汉语周"系列活动。此次活动丰富精彩，从写作比赛到诗歌朗诵，从讲成语故事到说相声，从唱中国歌曲到跳中国民族舞，无一不流露着学生们对中国、对汉语、对中国悠久历史文化的喜爱与向往。

2015 年 5 月 17 日，第十四届"汉语桥"世界大学生暨第八届"汉语桥"世界中学生中文比赛哈萨克斯坦赛区决赛在阿斯塔纳举行。哈萨克斯坦 4 所孔子学院的中外方院长和师生、汉学家代表及驻哈使领馆工作人员等约 120 人出席了活动。比赛以"学会中国话，朋友遍天下"为主题，共有 24 名大中学生选手参加。阿大孔院选送了 3 名大学生和 2 名中学生选手，杰恩斯荣获中学组冠军，另有大学生组和中学生组三等奖各 1 名，优秀奖 2 名。2016 年 5 月 11 日，第十五届"汉语桥"世界大学生暨第九届"汉语桥"世界中学生中文比赛哈萨克斯坦赛区决赛在阿克托别举行，来自哈萨克斯坦 4 所孔子学院的中外方院长和师生、汉学家代表、驻哈使领馆代表约 100 人出席活动。此次比赛以"梦想点亮未来"为主题。经过初赛遴选，共有 21 名来自哈萨克斯坦各地的大、中学生脱颖而出，参加年度决赛。经过激烈角逐，来自欧亚大学孔子学院的明月和阿克托别朱巴诺夫国立大学孔子学院的达妮娅分获大学生组和中学生组冠军。

（四）卡拉干达国立技术大学孔子学院

所在城市：卡拉干达

承办机构：卡拉干达国立技术大学

合作机构：新疆石河子大学

启动时间：2011 年 11 月 1 日

2014 年 3 月 29 日，哈萨克斯坦卡拉干达国立技术大学孔子学院
（卡大孔院）首届中国书法课程班开课，对中国书法艺术抱有浓厚兴
趣的 20 多名注册学员将在笔墨纸砚中体验中国"汉字"文化的独特
艺术魅力。2014 年 3 月 30 日，卡大孔院"中华太极拳"特色培训班
再次开班。22 名大中学生、教师和其他社会人士参加培训。2016 年 2
月 13 日，卡大孔院"硬笔书法学习班"开课，参加学习的 30 多名学
员，全都是在孔院学习汉语的大学生。硬笔书法因兼承艺术性和实用
性，既可以帮助学员把汉字写好，又可以识记汉字，极大地调动学生
的学习热情。

2014 年 5 月 14 日，由卡大孔院和石河子大学"中亚文明与向西
开放协同创新中心"共同举办的"第二届中亚文明与向西开放论坛：
丝绸之路经济带——中国与中亚共同发展"在卡拉干达举行，中国驻
哈萨克斯坦大使馆官员、中哈两国的知名专家学者、卡拉干达国立技
术大学师生等 400 多人参加。论坛主要就"中国向西开放与中亚共同
发展""丝绸之路经济带与中国向西开放""中亚国家与新疆经贸合作
新进展""中哈经济未来的发展前景"等问题展开交流讨论。本次活
动是卡大孔院"庆祝全球孔子学院成立十周年"系列活动之一。孔子
学院不仅仅是语言文化的交流，也可以多渠道开展和推动国内外高校
间的学术交流，从而进一步提升孔子学院的地位和影响力。

2014 年 4 月 21 日，卡大孔院邀请大连金石滩医院副院长戴经跃
先生举办"中国中医文化"讲座及会诊活动。讲座由哈萨克斯坦国家
工程院院士、卡拉干达国立技术大学校长伽扎利耶夫教授亲自主持，

活动分讲授基本的中医理论原理、现场展示和体验中医三部分。近300 名各界人士聆听报告或参与中医体验、会诊。这次的活动加深了中哈两国国民更深层次的文化认同和友谊,让更多的人了解中医,扩大了孔子学院的影响。

2015 年 9 月 20—24 日,卡大孔院举行庆祝"孔子学院日"活动。为了此次活动,石河子大学也派出了文化宣讲团,举办多场关于中国文化的讲座,现场展示了中国传统服装、京剧脸谱、中国画、剪纸、书法等文化体验活动。孔院学员也表演了太极拳、中文歌、二胡演奏等精彩文艺节目。

2015 年 9 月 22 日,卡大孔院院长、教师和石河子大学校领导来到卡拉干达州第 3 中学进行慰问演出。该校由中学和孤儿院联合办学,共有师生 300 余人,其中孤儿或身体残障的孩子人数近半。演出包括京剧、中国民歌、二胡、葫芦丝、太极拳和古典舞等精彩节目。孩子们说,这是第一次看到中国的文艺演出,他们非常喜欢这些节目,也非常喜欢中国文化。

2015 年 10 月 23 日,卡大孔院举办"中国风"趣味运动会,吸引了众多学生积极参与。运动会设有筷子夹扁豆、踢毽子、抖空竹、跳绳、运球答题等单人项目和拔河、跳大绳、乒乓球等团体项目。这些项目参与性和趣味性兼具,将中国文化与游戏结合在一起,参与者在欢乐轻松的氛围中体验中国文化。

2016 年 4 月 18 日,卡大孔院邀请石河子大学文学艺术学院副院长郑亮做了一场题为"文化遗产:共同的精神财富"的学术讲座。讲座中,郑亮用简单易懂的汉语深入浅出地向汉语学习者介绍了中国新疆各民族在非物质文化遗产传承方面的情况,以图片形式展示了新疆非物质文化遗产研究中心的中国哈萨克艺人的传统手工艺作品,重点介绍了哈萨克民族的毡绣、布绣。此次讲座是一次两国文化的互动交流,促进了当地汉语学习者对中国文化的了解。

2015 年 4 月 11 日,卡大孔院举行"汉语桥"大中学生中文比赛预选赛，这是卡大孔院第二次组织"汉语桥"选拔赛活动。参赛选手按照抽签顺序依次参加自由演讲、知识问答、才艺展示等环节，最后选拔出参加哈萨克斯坦全国"汉语桥"总决赛的选手。在稍后5月17日举行的总决赛中，卡大孔院选派的选手发挥出色，荣获大学生组冠亚军和中学生组三等奖。"汉语桥"中文比赛不仅让选手增长见识、感受中华文化独特魅力，更重要的是增强了所有汉语学习者的学习汉语热情和积极性，起到了榜样的作用。2016年3月25日，卡大孔院举行"汉语桥"大学生中文比赛预选赛，共有10名选手参加。比赛分主题演讲、中国文化知识考察和才艺表演等环节。最后选拔出了3名选手参加哈萨克斯坦全国"汉语桥"总决赛。

2014年10月11日，卡大孔院第一期HSK考试辅导课程开课，共有HSK 1—4级4个培训班40多名学员，目的是"考教结合""以考促教"，提高孔院汉语教学质量。2016年3月19日，卡大孔院举行2016年度首场HSK和HSKK考试，共114名考生报名参加，首次突破百人大关。本次考试涵盖了HSKK初级、中级和HSK 1—5级共8个批次的考试。

第四节 汉语教材、师资和教学法

一 教材的选用与开发

哈萨克斯坦没有教育部统一规定选用的汉语教材，有的学校有自己规定的教材，有的学校完全由教师自己选择教材。总体上，开设汉语课的学校对教师的教学本身没有严格的要求，教师有较大的自主性，可以选用自己认为合适的教材。

在中小学，刘珣主编、荣继华编著、王瑞翻译，北京语言大学出版社出版的《发展汉语·初级汉语》教材使用比较广泛。这套教材适用于所有初学者，对于刚刚接触汉语的哈萨克斯坦中小学生来说，比较受欢迎。

在高校和孔子学院，刘珣主编，北京语言大学出版社出版的《新实用汉语课本》（俄语版，共6册）应用最为广泛。其次是莫斯科出版的俄语版《实用汉语课本》、刘珣主编，北京语言大学出版社出版的《发展汉语》、李晓琪主编，北京大学出版社出版的《博雅汉语》等教材。除了这些教材以外，本土教师们也自行编写或搜集了一些教学资料，有些教师给学生使用的复印资料还是繁体字的，内容比较陈旧，看不出教材名称及版本。有些本土教师也积极利用网络资源，下载一些国际热点问题以及与中国有关的时事新闻等资料，打印发给学生，训练学生翻译或用于上课讨论。①

在哈萨克斯坦，汉语教材的出版成本很高，而且教材的出版都是提前与学校联系好的，学校要求订多少课本就印刷多少本，从来不多印教材。所以，如果是个人想学习汉语，就很难买到汉语教材。一些商人就专门去中国寻找教材，然后带到哈萨克斯坦去，卖给需要的人，这也就是哈萨克斯坦市场上教材的主要来源。这种教材的来源与本国的文化接不上轨，这些教材直接来源于国外，并没有考虑引入国家的国情。由于大多数所用的教材是从中国直接翻译过来的，并没有考虑到当地的文化和风俗习惯，也没有考虑到当地学生的特点，也就是说不能贴近哈萨克斯坦人的思维和生活习惯，所以这种教材让当地居民接受起来有一定的难度。②

在哈萨克斯坦，俄汉、汉俄工具书相对比较便宜，但只有《哈汉词典》而没有《汉哈词典》。《哈汉词典》由努尔别克·阿布肯编写，民族出版社2005年1月出版。我国国内定价为130元，而在哈萨克斯坦售价却高达15000坚戈，约合人民币五六百元，如此昂贵的词典不要说学生，即使是老师也不可能做到人手一本。

2010年7月，新疆教育出版社出版了用哈萨克斯坦语注释的"丝

---

①　闫新艳：《哈萨克斯坦汉语教材使用现状及对本土化教材编写的启示》，《兵团教育学院学报》2015年第5期。

②　伽娜尔：《论哈萨克斯坦汉语教材本土化——以哈萨克斯坦大学使用的阅读教材为例》，硕士学位论文，华东师范大学，2011年，第14页。

绸之路学汉语系列教材",一共 3 册,分别面向 1—11 年级的中小学生、中亚地区大众和大学生,主要内容是介绍中国文化、新疆风貌、日常交际。

总体来看,哈萨克斯坦国内汉语教材面临的主要问题,一是教材和教辅资料数量少,价格贵;二是大部分教材是从中国、俄罗斯直接翻译或直接引进的,缺乏本土教材。这种状况正在逐步改善。

二 师资培训

目前哈萨克斯坦汉语师资的构成主要有三部分,一是从中国派遣去的汉语教师和志愿者;二是哈国本土的汉语教师;三是从中国新疆迁居到哈萨克斯坦的哈萨克族教师。[①] 来自中国新疆地区迁居到哈萨克斯坦的哈萨克族汉语教师,为哈萨克斯坦汉语教学的发展和扩大起到了重要作用。但这些哈萨克族汉语教师的母语为哈萨克语,大部分在中国以母语接受初中等教育,自身的汉语水平和俄语水平都不够理想。他们在移居哈萨克斯坦之前,虽然大部分受过中国的高等教育,曾在中国从事过不同工作,但只有少数是在各类学校从事过汉语教学,汉语发音、语法知识、教学法都存在一些问题。但最初正是由于他们的努力,哈萨克斯坦的汉语教学才得以全面铺开。目前,国家汉办委托兰州大学举办哈萨克斯坦汉语教师培训班,主要方式是组织外国教师在兰州大学集中培训,隔两年办一期,力争为哈萨克斯坦培养更多的合格的本土汉语教师。

2012 年 4 月 29 日,欧亚大学孔子学院举办首届哈萨克斯坦汉语教学研讨会,来自哈萨克斯坦 4 所孔院、赛福林农业大学科技与文化交流中心、欧亚大学汉语教研室及东方学教研室、巴乌拉达尔国立大学翻译教研室等教学研究机构 24 名从事汉语教学和推广的代表参加了本次研讨。本次研讨会的主题是"哈萨克斯坦汉语教学及文化推广:

---

① 赛兰别克·古丽娜:《哈萨克斯坦阿拉木图市高校汉语教学现状》,硕士学位论文,中央民族大学,2012 年,第 16 页。

过去、现状和未来"，目的是贯彻执行《2012—2015 年孔子学院发展规划》，积极推进哈萨克斯坦共和国汉语教学，加强各孔子学院及汉语教学点之间的相互联系，促进哈萨克斯坦境内汉语教师、学者、专家之间的学术交流与合作。本次研讨会的成功举办为哈萨克斯坦境内汉语教学领域专家和教师提供了一个良好的交流互动平台，有助于进一步推进汉语教学和中华文化推广。

三　教学法

问卷调查的结果显示：哈萨克斯坦汉语教师最多用的教学方法是听说法，其次是交际法，再其次是认知法，最少用的方法是视听法和任务型教学法。受苏联外语教学法的影响和自身水平的限制，哈萨克斯坦本土汉语教师仍较多使用苏联时期广泛采用的外语教学方法——自觉实践法。自觉实践法继承了直接法和语法翻译法的长处，同时综合采用其他一些外语教学法的做法，如美国听说法的句型练习、法国视听法情景的特点以及对现代化教学设备的利用、英国交际法的交际性原则等。[①]

2012 年 12 月 7 日，阿克纠宾国立师范学院国际交流合作处与阿克托别朱巴诺夫国立大学孔子学院共同举办"汉语教学与翻译人才培养"国际研讨会，阿克纠宾国立师范学院领导、孔院教师、孔院各教学点负责人及汉语教师等 36 人与会。除了中方院长《谈交际法与汉语教学艺术》和公派教师《适用于哈国的教学法与教学原则》的主旨发言外，其余与会代表根据当地汉语教学实际情况，就教学法、教学理念、翻译技巧、教学形式、教学管理、文化活动开展等方面进行了研讨。研讨会后成立了"阿克纠宾汉语教学与翻译人才培养"学会。学会的成立为整合当地汉语教学资源、传播中国文化、翻译人才培养打下了坚实的基础。

---

① 赛兰别克·古丽娜：《哈萨克斯坦阿拉木图市高校汉语教学现状》，硕士学位论文，中央民族大学，2012 年，第 25 页。

2014 年 10 月 30—31 日，阿克托别朱巴诺夫国立大学孔子学院和拜什甫大学联合举办"教育科学技术创新与实践"国际研讨会。来自中国、哈萨克斯坦、俄罗斯、韩国等国的专家学者就教育日益走向国际化的大背景下教育科学技术的创新与实践问题进行深入探讨。孔院教师做了《哈萨克斯坦汉语教学法和教学原则》的主题演讲。举办学术研讨会已经成为孔院推广中国文化的重要举措，孔院以此促进中外方的学术文化交流，宣传孔院，传播中国文化，扩大自身在当地的影响力。

2015 年 1 月 10 日，阿克托别朱巴诺夫国立大学孔子学院举办汉语教学研讨会。与会教师对汉语教材、课程设置、教学方法等进行了充分深入的讨论。教学研讨有助于教师明确教学目标、理清教学思路、寻找恰当的教学方法，推动孔院汉语教学的发展。2015 年 9 月 16 日，阿克托别朱巴诺夫国立大学孔子学院再次举办汉语教学研讨会。会上，教师们踊跃发言，就初中高级汉语班的课程设置、教材选择、教学进度、评估考核、课型分类等问题进行了热烈探讨。通过研讨，教师们取长补短，充分认识自己在教学过程中存在的缺点和不足，明确教学目标和任务，探讨改进方法。

2016 年 4 月 5—7 日，阿克托别朱巴诺夫国立大学孔子学院举办"语言教学理论与实践"国际研讨会，哈萨克斯坦语言学界专家学者、孔子学院师生、当地中学师生代表等 80 余人参加。研讨会上，与会代表重点探讨演示了多媒体教学系统的各项功能及多媒体技术在语言教学中的应用等问题。2016 年 6 月 29—30 日，阿大孔院与新疆财经大学联合举办"跨文化交际国际学术研讨会"，60 余名来自两校和当地中学的相关学者、教师代表参加了此次会议。会议围绕"第二语言教学中非智力因素""个体在语言教学中的作用""针对中国人学习俄语启发式教学法""对外汉语教学原则""对汉语教学方法"展开深入讨论。研讨会为一线教师提供了交流学习的机会，推动语言教学的发展，为中哈两国学术交流搭建友谊的桥梁。

本章主要参考文献

杜娟、R. U. 阿谢里别科夫：《管窥哈萨克斯坦汉语热》，《云南师范大学学报》（对外
　　汉语教学与研究版）2009 年第 5 期。

赛兰克·古丽娜：《哈萨克斯坦阿拉木图市高校汉语教学现状》，硕士学位论文，
　　中央民族大学，2012 年。

赛力克·穆斯塔帕、巴合提江·孜牙达：《哈萨克斯坦高校汉语教学的现状及发展趋
　　势》，《昌吉学院学报》2010 年第 5 期。

张丽娜：《哈萨克斯坦汉语教学的现状及思考》，《云南师范大学学报》（对外汉语教
　　学与研究版）2009 年第 4 期。

闫新艳：《哈萨克斯坦汉语教材使用现状及对本土化教材编写的启示》，《兵团教育学
　　院学报》2015 年第 5 期。

伽娜尔：《论哈萨克斯坦汉语教材本土化——以哈萨克斯坦大学使用的阅读教材为
　　例》，硕士学位论文，华东师范大学，2011 年。

孙力：《培育中哈友谊的基地——记哈民族大学汉语中心成立》，《人民日报》2003 年
　　4 月 29 日第 7 版。

加依娜提：《中国与哈萨克斯坦两国关系研究》，硕士学位论文，新疆大学，2003 年。

张宏莉、赵荣：《哈萨克斯坦的语言政策》，《世界民族》2006 年第 3 期。

杨诗绮：《哈萨克斯坦语言政策研究》，硕士学位论文，新疆师范大学，2013 年。

第六章　塔吉克斯坦的汉语教学

第一节　国家概况

一　自然地理

塔吉克斯坦，全称塔吉克斯坦共和国（塔吉克斯坦语：Чумхурии Точикистон，英语：The Republic of Tajikistan），国土面积 14.31 万平方公里，位于中亚东南部，与阿富汗、乌兹别克斯坦、吉尔吉斯斯坦、中国新疆接壤，是中亚五国中唯一主体民族非突厥族系的国家。塔吉克斯坦国土面积小，全国多山地，山地和高原占国土面积的 93%，且半数地区在海拔 3000 米以上，被称为"高山之国"。全国分为 3 州 1 区 1 直辖市：索格特州、哈特隆州、戈尔诺 – 巴达赫尚自治州、中央直属区和杜尚别市①。

二　历史政治

古代波斯人称阿拉伯人为塔吉克，中国古译为大食，清朝称布鲁

---

① http：//www.fmprc.gov.cn/web/gjhdq_ 676201/gj_ 676203/yz_ 676205/1206_ 676908/1206x0_ 676910/，2016 年 7 月 8 日。

特，萨曼王朝被视为第一个塔吉克族国家。1924 年 10 月 14 日成立塔吉克苏维埃社会主义自治共和国，属乌兹别克苏维埃社会主义共和国。1929 年 10 月 16 日成立塔吉克苏维埃社会主义共和国，12 月 5 日加盟苏联。1990 年 8 月 24 日塔吉克最高苏维埃发表主权宣言。1991 年 8 月底更名为塔吉克斯坦共和国，同年 9 月 9 日宣布独立。1992 年内战爆发，库利亚布民兵武装占领首都，1999 年伊斯兰复兴党放弃武装①。

三　人口经济

塔吉克斯坦境内动植物种类繁多，矿产资源以铀为主，储量占独联体国家首位；其次有铅、锌、银、钨、锑、锶、金矿、石油、天然气、煤、岩盐、萤石等。境内还蕴藏多种建筑材料，水力资源丰富。工业产值通常占社会生产总值的一半以上。2015 年 GDP 总计 78.53 亿美元（国际汇率）、人均 GDP 926 美元（2015 年，国际汇率）。2014 年 9 月，习近平主席到访塔吉克斯坦，参加上海合作组织成员国元首理事会第十四次会议并对塔吉克斯坦进行了国事访问，掀开了中塔全面合作的新篇章。

十月革命前，塔吉克斯坦教育非常落后，没有一所高等学校和中等专业学校。当时的教育主要是宗教教育，学校与宗教合一。苏联时期，塔吉克斯坦逐步建立并形成了较为完备的现代教育体系：学前教育、中等教育和高等教育。塔吉克斯坦独立后，教育基本延续苏联的免费义务教育体系，全国有 38 所高等院校，50 余所中等专业技术学校，普通中小学 1144 所，新型中小学 120 所。

塔吉克斯坦人口数量 848 万（2015 年），全国有 86 个民族，主体民族是塔吉克族，占总人口的 79.9%，乌兹别克族占 15.3%，俄罗斯族约占 1%。此外，还有鞑靼、吉尔吉斯、土库曼、哈萨克、乌克兰、白俄罗斯、亚美尼亚等民族。居民多信奉伊斯兰教，多数属逊尼派，帕米尔一带属什叶派伊斯玛仪支派。独立后，伊斯兰教迅速崛起，清真寺由 1989

---

① 孤竹博客：《列国志·塔吉克斯坦共和国》，2014 年 8 月 15 日，http://blog.sina.com.cn/u/2547761387，2016 年 7 月 18 日。

年的 79 座增至 1992 年的 2870 座，占中亚地区清真寺总数的一半以上①。

四　语言政策

1989 年 7 月 22 日通过的《塔吉克斯坦共和国语言法》规定，塔吉克语（属印欧语系伊朗语族）为国语，俄语为族际交际语，塔吉克语在法律地位上高于俄语。2009 年 7 月 22 日"语言日"，拉赫蒙总统发表电视讲话，强调了使用国语和保护国语的重要性。在塔吉克斯坦，俄语的使用范围不均衡，主要集中在塔吉克斯坦一些经济和文化比较发达的城市或城镇，例如杜尚别、苦盏等，这些地方是操俄语人口的主要聚集地。虽然塔吉克斯坦境内的俄罗斯人为数不多，但是俄语在社会上仍然发挥着不可替代的作用，它不仅是居民日常生活、传媒和教育的主要用语之一，而且是人们给予较高热情和期望的语言。

第二节　汉语教学简史

作为苏联加盟共和国，塔吉克斯坦独立前，没有开展过汉语教学。1991 年独立后即爆发内战，内战持续时间长达 5 年之久，学校基本被毁坏，教育处于停滞状态。1997 年逐步走向稳定、发展，教育也随之发展。1997 年，俄罗斯—塔吉克斯拉夫大学（斯拉夫大学）首次开设汉语本科专业，标志着汉语教学正式进入塔吉克斯坦教育体系。因师资匮乏等原因，最初几年汉语专业招生人数比较少。俄罗斯—塔吉克斯拉夫大学 1997—1999 年的招生人数分别是 17 人、13 人和 20 人，2000—2001 年停招两年。塔吉克斯坦国立语言学院 2000 年开始在东方语系下开设汉语专业，当年的招生人数是 24 人。随着中国国际地位的上升、汉语在全球的传播、新"丝绸之路经济带"的提出，塔吉克斯坦的汉语教学呈现出多样化的发展趋势，学习者人数逐年增多，学

---

① http：//fec. mofcom. gov. cn/article/gbdqzn/，2016 年 7 月 8 日。

习者范围不断扩大。塔吉克斯坦的汉语教学在 1997—2008 年的 11 年里处于起步阶段，2009 年塔吉克斯坦国立民族大学孔子学院的成立，给社会各界渴望学习汉语的学习者提供了机会和条件，仅 2009 年一年就有 352 人在孔子学院学习汉语，学习者涉及各个领域，主要有大中小学生、公务员、商人等。2009 年是汉语学习者人数飞速增长的一年，各类汉语学习者人数达到 935 人。塔吉克斯坦国立民族大学是全国规模最大的综合性高等学府，2010 年 3 月首次在国际关系系尝试开设汉语选修课，并于同年 9 月正式招收汉语专业学生。2010 年，塔吉克斯坦全国汉语学习人数超过千人，达到 1174 人。① 除大学开设汉语课程外，汉语作为选修课正逐步纳入塔吉克斯坦中小学教育体系中。首都杜尚别市是全国的政治、文化中心，大学多集中在首都杜尚别市。因此，塔吉克斯坦的汉语教学也主要集中在首都。据调查，截至 2014 年 6 月，塔吉克斯坦已有 11 所大学、8 所中小学和 1 所幼儿园开设了汉语课，汉语学习人数超过 3000 人。② 虽然短期内汉语在塔吉克斯坦的外语教学中还不属于强势语言，却是发展最迅速和稳健的语言之一。

塔吉克斯坦的第一位汉语教师是柳德米拉·瓦西里耶夫娜·阿达姆秋克（Людмила Васильевна Адамчук）。柳德米拉 1957 年由苏联莫斯科大学公派到中国北京大学学习汉语。1997 年，最早开设汉语课的斯拉夫大学找到柳德米拉，邀请她到大学教授汉语，当时该校仅有 1 名汉语教师。2001 年，在中国大使馆的帮助下，塔吉克斯坦迎来了第一位中国国家公派汉语教师。由于汉语教学起步晚，塔吉克斯坦的本土汉语教师培养没有形成科学的发展体系，教师流动性很大。部分优秀的汉语毕业生曾担任过汉语教学工作，但很多人把教书当成一个过渡，找到收入更高的工作后，他们纷纷转行。仅 2006 年至 2009 年的 3 年间，斯拉夫大学和国立语言学院的汉语教师更换超过 50 位。由于师

---

① 李雅：《塔吉克斯坦汉语教学现状研究》，硕士学位论文，新疆师范大学，2011 年，第 4 页。
② 伊莉曼·艾孜买提、俞菁：《塔吉克斯坦高校汉语教材适用性调查》，《双语教学研究》2014 年第 4 期。

资匮乏，高校只能从高年级的学生中选择优秀者担任低年级的教学工作，五年级的学生给一、二年级学生教课，在塔吉克斯坦不足为奇。2010 年，中国政府首次向塔吉克斯坦派出汉语教师志愿者。目前，塔吉克斯坦汉语师资的主要力量是中国政府派出的公派教师和汉语教师志愿者，每一个汉语教学单位都有孔子学院的教师援助，本土汉语教师严重匮乏。塔吉克斯坦基本依靠中方合作高校，通过孔子学院总部选派教师，由中国提供各种教学资源等"输血"行为开展汉语教学。①

斯拉夫大学和国立语言学院的课程设置较为全面，包括基础汉语、语音学、汉语口语、汉语听力、汉语语法、词汇学、中国文学、书写、翻译理论等课程，其他学校则只有一门综合或基础课。即便有不同类型的课程设置，但由于教材匮乏、硬件设备短缺等原因，学校基本把各类课型都上成综合课，除综合课有教材之外，其他课型都是教师自行找材料备课，缺乏科学性、系统性。由于塔吉克斯坦还没有解决教材问题，课程表上大部分课程形同虚设。常用教材却只有一套——《汉语新目标》（教育科学出版社）。因孔子学院面向社会各界招收语言培训生，所以，针对不同年龄段的学员，选用的教材也各不相同。8—14 岁少儿班选用《汉语乐园》（俄文版，北京语言大学出版社）；14 岁以上成人班选用《新实用汉语课本》（俄文版，北京语言大学出版社）、《博雅汉语》（北京大学出版社）、《汉语会话 301 句》（俄文版，北京语言大学出版社）、《体验汉语生活篇》（俄文版，高等教育出版社）。

第三节　汉语教学的环境和对象

一　高等院校汉语教学

塔吉克斯坦目前有 11 所高校开设汉语课程，首都杜尚别市有 7 所，其他 4 所分别位于胡占德市、彭吉肯特市和丹加拉市。开设汉语

---

① 李雅：《塔吉克斯坦汉语教学现状研究》，硕士学位论文，新疆师范大学，2011 年，第 13 页。

课的高校包括俄罗斯—塔吉克斯拉夫大学、国立语言学院、国立民族大学、莫斯科大学塔吉克斯坦分校、彭吉肯特师范学院、卡夫拉特私立学校、杜尚别国际学校、阿维森那国立医科大学、国立师范大学、国立政法商业大学、胡占德州立大学等。

1997 年斯拉夫大学招收 17 名汉语专业生，1998 年和 1999 年的招生人数分别是 13 名和 20 名。国立语言学院于 2000 年正式招收 24 名汉语专业生。国立民族大学 2010 年 9 月招收第一批 8 名汉语专业学生。国立语言学院主要培养各类翻译人才和语言教师，2000 年在东方语系下开设汉语专业。高校现在使用的教材主要是《新实用汉语课本》（俄语版，北京语言大学出版社），彭吉肯特师范学院的汉语选修课选用新疆教育出版社出版的《新丝路汉语》（塔吉克语版）。

高校汉语教师学历以硕士为主，62% 的教师具有硕士研究生学历，38% 的教师为本科学历，高校本土汉语教师多曾在中国留学。汉语教师最高学历的专业，超过 60% 为语言学及应用语言学或汉语国际教育专业，15% 为少数民族语言学专业。

塔吉克斯坦的高校汉语教学具有以下几个特点：

1. 课程设置较自由，以汉语综合课为主。塔吉克斯坦高校没有统一的汉语教学大纲的指导，各个高校的汉语课程设置存在很大差异。汉语课不仅在科目上、形式上、数量上有差别，在具体的教材、课时、教学时间的安排上也不一致。高校汉语课程基本上以综合课为主，其他课程处于辅助地位，如语音课、语法课、翻译课、文化课等的开展，视学校教学条件、教学要求、师资力量、学生汉语水平而定。2. 教材数量少，译本多。教材作为汉语教学的媒介，是否适用直接关系到汉语教学的效果。高校在汉语教材的选择方面，给任课教师以很大的自由，教师能够根据学生的汉语水平、兴趣和需要，在有限的汉语教材中选择知识含量、难度跨度相对适合学生的教材。塔吉克斯坦的汉语教材大多是无国别、语言针对性的通用式教材，缺乏汉语教材的本土化。目前使用最多的三种教材，分别是英语译本的、俄语译本的和塔吉克语译本的。教师在选择教材时也需考虑学生语言使用的特点和语言需求情况。3. 师资以中方教师为主。在塔吉克斯坦的高校中，汉语教学作为一种外语教学，要想取得长远的、足够的、全面的发展，就要依靠坚实的汉语师资力量。本土教师应是本国外语教学师资力量的中流砥柱。但是目前在塔吉克斯坦的高校汉语教学中，相对本土教师，中方教师承担的汉语课程更多、教学任务更重。塔吉克斯坦只有部分开设汉语专业的高校拥有数量不多的本土教师队伍，大部分开设汉语选修课程的高校没有本土教师，完全依靠中方教师独立进行教学。4. 汉语教学以课堂教学为主，文化活动为辅。汉语教学的内容上，以语言教学为主，文化教学为辅。仅仅依靠教师在课堂上的集中教学，并不能满足学生广泛的汉语学习需求。开展活动成为教师对汉语教学最主要的补充手段，也是教师进行中国文化推广的主要方式。①

塔吉克斯坦高校汉语教学基本情况（2015 年）②

学校名称	校址	开设汉语时间	学习汉语总人数	教师总数	中国汉语教师人数	本土汉语教师人数	外聘汉语教师人数
俄罗斯—塔吉克斯拉夫大学	杜尚别	1997	150	7	1	6	0
塔吉克斯坦国立语言学院	杜尚别	1999	190	7	2	4	1
塔吉克斯坦国立民族大学	杜尚别	2009	165	9	5	2	2
莫斯科国立大学杜尚别分校	杜尚别	2009	90	1	0	1	0
阿维森那国立医科大学	杜尚别	2012	147	2	2	0	0
塔吉克斯坦国立师范大学	杜尚别	2013	75	3	2	1	0
塔吉克斯坦工程技术大学	杜尚别	2014	16	1	1	0	0
彭吉肯特师范学院	彭吉肯特	2010	60	3	3	0	0
胡占德国立政法商业大学	胡占德	2013	56	1	1	0	0
胡占德州立大学	胡占德	2013	110	4	2	2	0
丹加拉国立大学	丹加拉	2013	15	1	1	0	0

---

① 王慧珂：《塔吉克斯坦高校汉语教学之中国文化教学研究》，硕士学位论文，吉林大学，2016 年，第 11 页。

② 同上书，第 9 页。

塔吉克斯坦高校实行 5 年制教学，汉语课程类别为汉语专业课、汉语必修课和汉语选修课。目前，塔吉克斯坦的 11 所高校中有 6 所学校开设了汉语专业课，其他 5 所学校开设有汉语必修课或选修课。开设有汉语专业的大学有：俄罗斯—塔吉克斯拉夫大学（1997 年开设汉语专业）、塔吉克斯坦国立语言学院［1999 年开设汉语翻译专业，新开汉语教育（师范方向）专业和汉语与信息技术专业］、塔吉克斯坦国立民族大学（2009 年开设英语汉语专业，2010 年开设汉语塔吉克语专业和汉语计算机专业）、塔吉克斯坦彭吉肯特师范学院（2010 年开设汉语专业）、塔吉克斯坦国立师范大学（2013 年开设英语汉语专业）、塔吉克斯坦胡占德州立大学（2013 年开设汉语专业）。目前，上述 6 所高校的汉语专业均是在本科阶段发展，尚未开设汉语及汉语相关专业的硕士点和博士点。学校会根据就业情况对课程设置进行调整，如国立民族大学亚欧语言系开设的汉语专业有英汉专业、汉塔专业和汉语计算机专业，并不是单纯的只学一种语言。除汉语专业课以外，国立民族大学还在法律系和国际关系系分别开设了汉语选修课。2014 年，塔吉克斯坦已经有 1049 名大学生学习汉语。①

二 中小学汉语教学

2013 年，塔吉克斯坦杜尚别市已经有 5 所公立和私立中小学开展汉语教学。由于政府层面对大规模开设汉语课持谨慎态度，塔吉克斯坦中小学的汉语教学首先在私立学校开展。卡夫拉特（Kafolat）学校成立于 2009 年 9 月，由私人企业家投资，属"贵族学校"。全校共有 22 个班级，其中塔吉克语班 11 个，俄语班 9 个，英语班 1 个，汉语班 1 个。该学校自成立之初就开设了汉语课，把汉语课列为每个学生在一至八年级学习阶段的必修外语课程之一，每周 2 节，每节课 40 分钟。卡夫拉特学校还创新性地开设了汉语班。汉语班的学生从入校开始就进行汉语和俄语的双语教学，不仅有汉语课，还有用汉语授课的

---

① 俞菁：《汉语在塔吉克斯坦高校传播现状研究》，《长春教育学院学报》2014 年第 23 期。

数学课、手工课等，每周 9 节，每节课 40 分钟。开辟了塔吉克斯坦中小学汉语教学的新模式。杜尚别国际学校 1997 年成立，分幼儿园、小学部和中学部，是国际学校欧洲委员会和国际学校委员会的正式成员之一。学校的国际教师来自英国、美国、澳大利亚、新西兰、南非、印度、日本、中国等国家，学生来自 13 个国家。学校在 9—11 年级开设语言选修课，可选修的外语有俄语、土耳其语和汉语。2010 年正式开设汉语选修课，每周 3 节，每节课 40 分钟。杜尚别第 2 中学是杜尚别第一家开设汉语课的公立学校，2010 年底开始在 5—8 年级开设汉语选修课，学习人数 230 人。杜尚别第 1 中学 2011 年在 3—9 年级开设了汉语选修课，有 140 名学生选修汉语。杜尚别第 15 中学 2012 年 10 月开设汉语课，学习汉语的学生有 54 人。

2011 年，塔吉克斯坦国立民族大学孔子学院给卡夫拉特学校赠送了一批人民教育出版社出版的《快乐汉语》（俄语版）教材，2012 年购买了暨南大学出版社出版的《汉语（塔吉克语版)》教材，主要满足汉语班学生汉语教材的配备。汉语班每周 2 节数学课所选教材为中国国内义务教育阶段《数学》（人教版）教材。杜尚别国际学校因学生性质及学校的教学条件非常好，师生一直使用人民教育出版社出版的《跟我学汉语》（英语版）教材。

公立学校因大多数学生家庭条件一般，学生往往没有教材，只有教师有教材。第 1 中学主要采用学生借书的办法，汉语教师为低年级学生选择了暨南大学出版社出版的《汉语》（塔吉克语版)、为高年级的学生选择了武汉大学出版社出版的《大众汉语》（塔吉克语版）教材。第 2 中学所选教材为人民教育出版社出版的《快乐汉语》（俄语版）教材，第 15 中学选用了武汉大学出版社出版的《大众汉语》（塔吉克语版）教材。

目前，塔吉克斯坦中小学学习汉语的人数越来越多，教学效果也在逐步提高。下一阶段，需要在教学设置中引进先进理念，面向学生需求，优化课程设置，以灵活的教学方法、现代化教育技术，注重学生语言交际能力的培养，吸引更多的中小学开设汉语课，推进塔吉克斯坦的中小学汉语教学。

三　孔子学院的汉语教学

塔吉克斯坦现有 2 所孔子学院，没有孔子课堂。[①]

（一）塔吉克斯坦国立民族大学孔子学院

所在城市：杜尚别

承办机构：塔吉克斯坦国立民族大学

合作机构：新疆师范大学

启动时间：2009 年 2 月 26 日

2014 年 12 月 27 日，塔吉克斯坦国立民族大学孔子学院（民大孔院）在胡占德市为"中国企业本土员工中文培训班"学员举行了结业典礼，来自胡占德州立大学、商贸学院、商业政法大学等高校的 100 多名汉语学员及中国企业的本土员工参加。典礼上，中国企业表示今后与孔院加强合作，进一步扩大本土员工的汉语培训规模。2015 年 8 月 27 日，民大孔院与中塔天然气管道有限责任公司塔吉克斯坦分公司合作开设首期汉语培训班。开班仪式上，双方表示会长期合作，为塔方员工提供汉语培训课程，并为表现突出的塔方员工提供赴华培训专业知识和技能的机会。2015 年 10 月 13 日，《塔吉克斯坦外交部与塔吉克斯坦国立民族大学关于在塔吉克斯坦外交部开展汉语教学援助的合同》签字仪式在塔吉克斯坦外交部举行。塔吉克斯坦外交部国家协调员、联合国开发计划署联合项目负责人 Karimov Akram 和塔吉克斯坦国立民族大学孔子学院中外方院长等相关人员参加了签字仪式。Karimov Akram 指出，中塔两国关系近年来不断发展，合作越来越紧密，这对外交部的相关工作提出了更高的要求，尤其是汉语人才成为外交部最急缺的人才。他感谢孔子学院能在师资紧缺的情况下选派最优师

---

① 以下有关塔吉克斯坦孔子学院汉语教学的信息主要来自国家汉办/孔子学院总部网页，不再
　　——注明具体出处。http：//www. hanban. org/article，2016 年 10 月 21 日。

资到外交部任教。应外交部的要求，第一期培训班共计 84 课时，每周
6 课时，目标是使学员掌握语音和最基本的生活用语，并涉及最常用
的外交术语。2016 年 1 月 22 日下午，塔吉克斯坦共和国科学院院长法
哈德·拉希米与塔吉克斯坦国立民族大学孔子学院中方院长贾静芳签
署了汉语教学合作协议。根据该协议，塔吉克斯坦国立民族大学孔子
学院将向塔吉克斯坦共和国科学院派遣汉语教师教授汉语，积极推进
科学院在汉语言教学和中国文化领域的活动。此次合作协议的签署促
进了中国与塔吉克斯坦在教育和文化领域的有效沟通，标志着汉语事
业在塔吉克斯坦的推广步入新的发展阶段。

　　2015 年 5 月 22 日，民大孔院国立师范大学教学点举办"中国建
筑·中国美"中华文化讲座活动，内容包括中国古建筑的发展阶段、
分类、基本特征以及中塔两国古代建筑风格对比等。讲座进一步激发
了汉语学习者学习中国文化的浓厚兴趣。2015 年 5 月 28 日，民大孔院
举办汉语教材交流会，新疆师范大学国际文化交流学院院长梁云、新
疆教育出版社副总编赵敏和总编室主任贺飙前来参会，与孔院 20 多名
教师以及近 10 名当地主要高校汉语专业的本土汉语教师展开交流。来
自新疆的 3 名嘉宾带来了《大学汉语》（塔吉克语版）的精读教材及
配套听说教材、阅读教材、教师用书等。梁云剖析了这套教材的编写
原则、编写内容及使用方法，赵敏和贺飙与孔院中方教师进行了座谈，
教师们为教材的后期研发及编写提供了很多思路和宝贵的建议。

　　2016 年 1 月 16 日，民大孔院艺术团应邀参加中资企业——华新
水泥亚湾公司举办的"中塔同乐，共赢猴年"企业年会，献上了舞蹈
《床前明月光》、竹笛《高山青》、葫芦丝《月光下的凤尾竹》等精彩
节目。民大孔院艺术团 2015 年 9 月成立。2016 年 2 月 22 日，由中国
驻塔吉克斯坦大使馆与塔吉克斯坦文化部主办、民大孔院承办的 2016
年"中塔一家亲"文艺演出于中国元宵节之际在首都杜尚别艾尼剧院
隆重举行。塔吉克斯坦总统代表拉赫蒙佐达、塔吉克斯坦文化部部长
奥鲁姆别克佐达、中国驻塔吉克斯坦大使岳斌、塔吉克斯坦政府官员

及驻塔吉克斯坦使节和国际组织代表等社会各界人士 500 余人出席。
"中塔一家亲"晚会连续举办 4 届。2016 年 2 月 2 日,由塔吉克斯坦
国立民族大学孔子学院主办,塔吉克斯坦武术协会承办的 "2016 年迎
新年·庆新春"中华武术巡演在首都杜尚别市卡夫拉特中学孔子课堂
拉开帷幕。中国武术博大精深,是中华文化的瑰宝,此次表演让塔吉
克斯坦孩子对中国武术产生浓厚兴趣。2016 年 2 月 20 日、24 日,民
大孔院举办了 "音乐之声·友谊之桥"中塔民乐演奏会。塔吉克斯坦
国立民族大学 Навруз 艺术团和新疆师范大学音乐学院参与了此次演
出。中国的竹笛、二胡与塔吉克斯坦的民族乐器相互融合。

2015 年 9 月 28 日,民大孔院举办 "华夏美——2015 年孔子学院
日庆典"。庆典分中华文化展示和中华文艺演出两部分。文化展示区
包括孔子学院成就展区、中国书画展区、中国茶艺展区、中国民族乐
器展区、中国古代服饰展区、中国武术展区、中国传统手工艺展区以
及中国美食体验区等 8 个展区。文艺演出则有歌曲演唱、舞蹈、武术
和乐器演奏等精彩节目。2015 年 10 月 18 日,国立民族大学亚欧语言
系汉语专业的师生举办了一次 "舌尖上的中国"中华美食活动。活动
中,学生们一边学做中国菜,一边学习和复习汉语知识。2015 年 10
月 18 日—11 月 9 日,民大孔院分别在孔院学生家中、卡夫拉特中学
孔子课堂、杜尚别市 102 社区和国立民族大学举办了 4 场 "中华美食
进社区——舌尖上的中国"系列活动。家常豆腐、酸辣土豆丝、西红柿
炒鸡蛋、蚂蚁上树、木须肉、炒面等中国美食吸引了众多社区民众和学
生前来参与。2015 年 11 月 4 日,民大孔院举办 2015 年 "塔中矿业杯"
第二届微电影大赛颁奖典礼。孔院师生共同完成了《百合花开》《留学
塔吉克》《平凡之路》《婆婆媳妇一家人》《我的中国梦》《寻爱之旅》
《青春之歌》等 7 部微电影的拍摄,所有作品均以汉语完成。

2016 年 6 月 2 日,中国驻塔吉克斯坦大使馆举办 "使馆开放日"
活动,塔吉克斯坦国立民族大学孔子学院部分教师和优秀汉语学生近
100 人参加。孔子学院师生一起观看了中华文化纪录短片,学生们还

表演了古典舞蹈、武术、歌曲《龙船调》、抖空竹、变脸等精彩的节目。2016 年 6 月 24 日、25 日，由塔吉克斯坦国立民族大学孔子学院、塔吉克斯坦武术协会共同主办了"丝路友谊——2016 年中国、俄罗斯及中亚各国庆祝塔吉克斯坦独立 25 周年国际武术节"。新疆师范大学教师耿恺斌介绍了武术的含义、派别以及阴阳学说。来自中国、俄罗斯等国的 79 名代表参加武术竞技会演，展示了杨氏太极扇、少林拳、八段锦、通背拳、螳螂拳、单刀、劈砖等节目，现场观众无不为武术的魅力所折服。《亚洲优势》《瓦勒季什运动报》、塔吉克斯坦国家电视台等媒体对此次活动进行了大力报道。2015 年 11 月 4 日，民大孔院举办 2015 年"回溯文明　感受中华"中国文化与国情巡讲活动。塔中矿业有限公司总经理严志财做了题为"塔中矿业在塔吉克斯坦的发展之路"的首场讲座。严志财介绍了塔中矿业在塔吉克斯坦的发展成果，欢迎优秀的汉语人才进入企业。孔院院长鼓励同学们努力学习，愿意为学生的就业提供帮助。2016 年 3 月 8 日，民大孔院国家图书馆教学点举办中塔女性交流会，国家图书馆馆长、各部门女性负责人、孔院女教师等 20 余名嘉宾出席。中塔两国女性分别展示了本国的传统服饰，并就两国婚俗、女性接受教育、女性社会地位等问题进行了探讨。

2016 年 6 月 1 日，民大孔院前往吉萨尔镇黑勒马纳克村孤儿院举行了慰问活动，与孤儿院的小朋友共度"六一"儿童节。孔院师生精心准备了节日礼物，包括餐具套盒、床上用品、洗漱用品、文具、零食等，还为孩子们表演了具有中国特色的小节目，如抖空竹、中国古典舞蹈《床前明月光》和歌舞《小苹果》等。此外，孔院师生为孩子们精心设计了具有趣味性的小游戏，包括"木头人""丢手绢""用筷子夹巧克力"等。孩子们玩得非常尽兴，脸上洋溢着幸福的笑容，现场充满了欢声笑语。

2015 年 5 月 16 日，丹加拉国立大学举办首届汉语听写大赛。此次大赛的举办，旨在让学生在注重听说的同时能够规范汉语拼音的拼写，更好地掌握汉字笔顺和结构。本届大赛分为听写拼音、听写词汇和听写日常用语 3 个部分。2015 年 5 月 30 日，丹加拉国立大学举办"第一届汉语诗歌朗诵比赛"。选手们朗诵了《静夜思》等古典诗歌和《雨巷》等现代诗歌。2015 年 10 月 26 日，国立师范大学举办"大学生汉字听写大赛"。大赛包括看拼音写汉字、汉字笔画听写、一笔一画写汉字、根据偏旁部首写汉字和听音写汉字 5 部分。2015 年 10 月 23 日，第四届塔吉克斯坦国立民族大学"华文杯"硬笔书法大赛颁奖典礼举行。此次大赛共收到 97 份参赛作品。2015 年 11 月 19 日，俄罗斯—塔吉克斯拉夫大学语言系汉语专业的学生举办汉语知识竞赛，46 名学生参赛。竞赛除了考查选手们的语言功底外，还考查了他们平时积累的中国文化知识。2015 年 11 月 18 日上午，民大孔院举办"汉语我最狂"首届全国大学生口语大赛决赛，10 名来自 5 所大学汉语系的优秀选手参赛。此次比赛是为了提高塔吉克斯坦学生学习汉语的积极性，锻炼提升口语能力。2015 年 11 月 20 日，国立语言学院举办第三届校园中文歌曲比赛。选手演唱了《还是好朋友》《泡沫》《一千个伤心的理由》《风中有朵雨做的云》等经典中文歌曲，让人们感受到了他们对汉语的热爱、对中国的向往之情，也感受到了他们飞扬的青春活力。2015 年 11 月 21 日，民大孔院举办全国汉语技能团队大赛决赛，来自 6 所院校的 18 名优秀选手参赛。比赛设置了听后重复、看拼音写汉字、你来比画我来猜和主题演讲 4 个环节。2015 年 11 月 23 日，民大孔院举办第二届"我是汉语明星"汉语词语大赛决赛，14 名选手被分为赴华组和未赴华组。决赛包括"口头搭配词语""选词填空""组词""看图写词语并完成句子" 4 个环节。

2015 年 9 月 27 日—11 月 27 日，民大孔院相继在国立民族大学、国立师范大学、医科大学、卡夫拉特中学和杜尚别市第 1 中学开展"手中的艺术魅力"手工系列体验活动。活动包括在老师的指导下剪纸、制作旗袍等。2015 年 11 月 25 日，民大孔院举办第三届"放飞梦想·舞动青春"中华才艺大赛决赛，27 名选手以晋级书法、国画、葫芦丝、竹笛、古筝以及歌舞等项目决赛。本次活动的目的是激发学生学习汉语的热情，为他们提供展示汉语的平台，更加深刻地感知中国、了解中国。

2015 年 12 月 11 日，卡夫拉特中学举办 2015 年"我是汉语小达人"首届中小学汉语大赛决赛，共 12 名选手参加。通过"找朋友""你来比画我来猜""背对背夹气球"等环节比赛，旨在引起学生对汉语语音和基础汉字的兴趣和重视，为今后的学习打下更为坚实的基础。2015 年 12 月 15 日，民大孔院举行"回溯中华文明，感受传统魅力"中华文化知识竞赛，选手均为高校和孔院本部的汉语学习者。通过比赛，增进了对中国文化的了解。2015 年 12 月 23 日，民大孔院主办首届全塔大学生"漂亮的汉字"硬笔书法大赛总决赛，13 名选手参加，需要在规定时间内，完成比赛作品。2015 年 12 月 26 日，民大孔院举办"魅力汉语·知识竞赛"决赛，9 名选手参加。比赛分为"汉字注音""速找朋友""看汉字说笔顺""看图答词"和"读句子写拼音"5 个环节。比赛旨在激发学生学习汉语的热情和兴趣，给初级阶段汉语学习者们提供交流、互动的机会和平台，让他们在欢乐氛围中互相结识、相互激励、共同进步。

2015 年 12 月 28 日，民大孔院首届"舞·墨"青春杯书画作品巡展闭幕。此次书画作品巡展历时 3 个月，先后在塔吉克斯坦国家图书馆、塔吉克斯坦国立民族大学孔子学院、塔吉克斯坦国立民族大学、塔吉克斯坦国立师范大学、塔吉克斯坦工程技术大学等教学点展览，巡展作品主要选自民大孔院书画班学员的作品。

2016 年 5 月 3 日，塔吉克斯坦"梦想点亮未来"首届大学生汉语主题演讲大赛在国立语言学院举办，来自当地 6 所高校和孔子学院的 13 名选手入围决赛。选手们需经过"主题演讲"和"即兴演讲"环节进行 6 强角逐，并最终产生前三甲。2016 年 5 月 11 日，"梦想点亮未来"2016 年塔吉克斯坦中学生汉语演讲比赛在中国驻塔吉克斯坦大使馆举办,多所院校的校长、师生和家长等近百人观看了此次比赛。此次比赛由中国驻塔吉克斯坦大使馆主办,塔吉克斯坦国立民族大学孔子学院承办,中国航空技术国际控股有限公司、华为塔吉克斯坦有限责任公司协办。来自孔子学院和多个教学点的 16 名选手参赛。2016 年 5 月 26 日,国立师范大学举办"汉字你·我·他"知识大赛,吸引了 12 名学生参加。比赛包括看拼音写汉字、汉字笔画听写、一笔一画写汉字、根据偏旁部首写汉字、多音字注音及组词和听音写汉字 6 个方面。比赛使该校汉语学习者深入了解了汉字结构,掌握了汉字的学习方法,进一步提高了他们学习汉语的积极性。2016 年 5 月 31 日,民大孔院举办"2016 年塔吉克斯坦大中学生汉字听写大赛",大赛分大学组和中学组,大学组 7 支代表队 15 名选手,汉语水平达到了 HSK 4—5 级;中学组 5 支代表队 12 名选手,汉语水平达到 HSK 2—3 级。比赛包括听写和笔试 2 个环节。本次比赛使学生们对汉字基本功的掌握和对中国文化的学习有了更多了解,也让学生们领略了汉字之美。

2015 年 11 月 11 日,民族大学亚欧语言系汉语专业学生举办了一年一度的"奥林匹克汉语知识竞赛"。国立民族大学亚欧语言系每年举办一次"奥林匹克汉语知识竞赛",全面检测学生的汉语学习的综合能力。获胜选手代表国立民族大学参加塔吉克斯坦全国大学生奥林匹克汉语知识竞赛。

2015 年 5 月 20 日,民大孔院与卡夫拉特中学合办的第八届"汉语桥"世界中学生中文比赛塔吉克斯坦区预选赛暨卡夫拉特"孔子课堂"揭牌仪式举行。杜尚别卡夫拉特中学孔子课堂是塔吉克斯坦首家"孔子课堂",标志着塔吉克斯坦汉语教学推广工作迈向一个新的里程碑。第八届"汉语桥"世界中学生中文比赛塔吉克斯坦区预选赛 15 名选手参赛,分为主题演讲和才艺表演 2 个环节。2016 年 5 月 25 日,第九届"汉语桥"世界中学生中文比赛塔吉克斯坦赛区预选赛在杜尚别卡夫拉特中学礼堂举行。此次比赛由中国驻塔吉克斯坦大使馆主办,塔吉克斯坦国立民族大学孔子学院承办，中国航空技术国际控股有限公司协办。此次比赛共有 12 名选手参加，包括主题演讲、才艺表演和看图说话 3 个环节。为扩大比赛在塔影响力，孔院在杜尚别卡夫拉特中学增加了外场展示环节，展示内容包括汉语作业、图片、书法、剪纸作品和充满趣味的课堂及活动照片。2016 年 5 月 18 日，由中国驻塔吉克斯坦大使馆主办、国立民族大学孔子学院承办的第十五届"汉语桥"世界大学生中文比赛塔吉克斯坦赛区预选赛拉开帷幕，共 10 名选手参加了本次比赛。中国驻塔吉克斯坦大使、塔吉克斯坦友好协会副主席、国立民族大学校长以及塔吉克斯坦教育部、文化部和在塔中资企业代表等 400 余人观看了比赛。比赛包括主题演讲和才艺展示、中华知识抢答、即兴演讲、巅峰对决 4 个环节。选手们使出浑身解数，力求发挥出自己最好的水平。近年来，"汉语桥"比赛的规模和影响力不断提升，成为促进中塔两国友好交流与合作的桥梁。"索菲娜"国家电视台、"世界之窗"国家电视台、国家公共电视台，"霍瓦尔"国家通讯社、阿维斯塔独立通讯社、亚洲之声独立媒体等多家当地媒体对比赛进行了报道。

民大孔院 2009 年成为 HSK 海外考点。自 2009 年起，每年举办 HSK 考试。开始每年 2 次，后来逐渐增加到 4 次再到可以随时报名。从 HSK 考试到新 HSK 考试再到增加 HSKK 考试、YCT 考试。"以考促教"，为汉语教学在塔吉克斯坦的推广起到了巨大的作用。截至 2013 年 1 月，已有 870 人参加 HSK 考试。2015 年 6 月，民大孔院实现了全年开放报名：只要准备好报名材料，考生可以随时来报名。

（二）冶金学院孔子学院

所在城市：胡占德

承办机构：冶金学院

合作机构：中国石油大学（华东）

启动时间：2015 年 8 月 20 日

为满足塔吉克斯坦日益增长的汉语学习需求，2014 年 9 月，国家主席习近平和塔吉克斯坦总统拉赫蒙，共同见证孔子学院总部与塔吉克斯坦冶金学院合作设立孔子学院签署协议。2015 年 8 月 20 日，塔吉克斯坦冶金学院孔子学院举行揭牌仪式。孔子学院总部总干事、国家汉办主任许琳专门发来贺信："中国与塔吉克斯坦山水相连，人文相通，两国是名副其实的好邻居、好朋友、好伙伴。我相信，在中塔双方的共同努力下，冶金学院孔子学院一定能打造成塔吉克斯坦人民学习汉语和了解中国文化的重要平台，为增进两国人民的理解和友谊做出重要贡献。"中国石油大学将和塔吉克斯坦冶金学院共同努力，把塔吉克斯坦冶金学院孔子学院建成一所"有特色、高水平、开放型"的孔子学院。

2016 年 2 月 8 日，冶金学院孔子学院举办"中国春节文化展暨师生见面会"，冶金学院领导、孔子学院中外方院长、孔院师生及冶金学院部分师生共百余人参加了活动。孔子学院院长回顾了孔子学院创建的历程，展望了孔子学院在"一带一路"建设中将发挥的作用。活动首先通过图片和视频的形式，向在场的观众展示了中国春节的习俗和文化，接着孔院师生表演了太极拳、京剧、杂技和中国歌舞等节目，最后全体嘉宾合唱一曲《喀秋莎》。

2016 年 7 月 7 日，塔吉克斯坦冶金学院孔子学院举办了"第一期汉语与中国文化学习班"结业仪式。冶金学院校长、孔院院长以及孔院师生参加了此次活动。冶金学院校长在致辞中简要回顾了冶金学院孔院的创建历史，强调了该孔院创建的意义，鼓励学员们学好汉语，争取到中国学习。冶金学院校长、孔院院长为学员们颁发了结业证书。在教学成果展示中，学员们演唱中文歌曲《送别》《月亮代表我的心》，表演武术、书法。学员们还进行了猜词、汉语对话和绕口令等游戏。孔院院长在总结发言中，分析了塔吉克斯坦的经济和就业形势，鼓励学员们学好汉语，掌握专业知识，为地方经济的发展和个人的美好未来奋斗。

第四节　汉语教材和教学法

一　教材的选用

塔吉克斯坦目前还没有全国统一的高校汉语教学大纲、没有明确规定各阶段的学生应该具有的汉语水平，也没有指定汉语教材。由各高校根据自身情况自行制定汉语课教学目标、设定课程标准和评估方式，对汉语课教学质量进行控制，在教材的选用上也是各行其是。这些都导致高校汉语教学缺乏连贯性、规范性、系统性，使汉语教学水平受到一定影响。目前，开设汉语专业的高校在汉语课程设置上已经较为系统，除了综合课以外，还开设有语音、语法、翻译、汉字、词汇、视听说等课程，部分学校为汉语专业高年级开设有专门的中国国情课和中国艺术课。其他把汉语作为选修课的高校，因受师资、教学条件、学校课程安排、学生汉语水平等诸多因素的限制，只开设有综合课。①

塔吉克斯坦国立语言学院开设有综合课、语法课、语音课（一年级）、生活用语（一到三年级）、中国地理（一年级）、中国政治（五年级）和方言（五年级）。俄罗斯—塔吉克斯拉夫大学开设有综合课、语音课、语法课、翻译课和口语课。国立师范大学、国立民族大学、莫斯科国立大学杜尚别分校、阿维森那国立医科大学、政法商业大学、胡占德州立大学和彭吉肯特师范学院只开设了综合课。塔吉克斯坦语言学院和斯拉夫大学课型设置比较全面，这样的课型设置是参照俄罗斯的按照语言要素及国情分课型，设置了综合、语音、语法、翻译、方言、生活用语、中国地理和中国政治课。

塔吉克斯坦大学汉语教材从种类上来看还不算是太多，但不同的

---

① 王慧珂：《塔吉克斯坦高校汉语教学之中国文化教学研究》，硕士学位论文，吉林大学，2016年，第9页。

大学使用不同的教材，即使是同一所大学不同年级也使用不同的教材，学校没有规定的教材（莫斯科国立大学杜尚别分校规定汉语教材必须是俄语版本），汉语教材都是任课教师自选。这主要是因为塔吉克斯坦目前还没有统一的高等院校汉语教学大纲，所以各大学的汉语教材各不相同。目前塔吉克斯坦学生使用的主要教材有塔吉克语译本的《大学汉语》、俄语译本的《新实用汉语课本》和英语译本的《博雅汉语》，缺乏本土化教材。教师的教材主要是通过孔院赠书获得，个别老师是自己从国内带教材。《大学汉语》（塔吉克语版）的出版，使塔吉克斯坦汉语教材的急缺情况有所缓解。但是有的学校目前使用其他教材，依然面临教材短缺的情况。据了解，最早开设汉语课的斯拉夫大学的汉语课程设置已较全面，但是教材却不能满足课程需求。斯拉夫大学现有教材均为中国大使馆捐赠，数量有限，学生不能购买，而且赠送的教材多是《汉语新目标》。每届学生只能到图书馆借书，学期结束后归还。因为学生数量迅速增加，目前已经不能保证人手一本。斯拉夫大学的老师鼓励学生复印。①

二　教学法

塔吉克斯坦独立后，在政治、经济等领域都有了很多改革，但是在教育改革上没有冲出传统教学理念的束缚。大多数老师在教学上提倡的还是"理论为主"，"讲授语音、生词和语法为主"，"教师讲、学生记"，"重视记笔记、重视套用"等比较传统的教学法，"翻译法"是本土教师在教学中使用最广的教学法。因此，汉字教学往往被忽视，造成学生的书写能力不高。另外，即使有先进教学理念的老师也常常受制于现有的教学设备，由于大学教学设备的落后与陈旧，直接导致教学方法的实施局限性。

2015 年 6 月 13 日，中国驻塔吉克斯坦大使馆和塔吉克斯坦国立民族大学孔院联合主办"2015 年塔吉克斯坦汉语教学交流会"。塔

---

① 俞菁：《汉语在塔吉克斯坦高校传播现状研究》，《长春教育学院学报》2014 年第 23 期。

吉克斯坦教育界文化界领导、各主要大中学校长、塔吉克斯坦国家科学院领导、从事中国方向研究的专家学者等嘉宾以及在塔吉克斯坦高校从事汉语教学的中塔双方教师、专家等共计80余名代表参加了此次交流会。国立语言学院东方语言系系主任提出了加强与中国高校合作交流等八条有建设性的意见。与会代表就塔吉克斯坦本土教师的职业发展、因地制宜的汉语教学法及教材的使用情况等进行了深入交流。2015年6月20日，"塔吉克斯坦国立民族大学孔子学院2015年汉语教师教学研讨会"在胡占德市拉开帷幕。这是塔吉克斯坦国立民族大学孔子学院中方在岗教师的第五届汉语教学研讨会。研讨会旨在促进孔院教师在汉语教学、课堂管理、文化活动等方面的交流，让在岗的孔院教师分享经验，相互学习，取长补短，共同提升教学及文化活动质量。来自塔吉克斯坦3个不同城市的30余名教师参加了会议。研讨会共收到了30篇多种类型的参会材料，5位教师在会上进行了主题发言。

2016年5月14日，塔吉克斯坦国立民族大学孔院举办"汉语教师公开课"评比大赛，38名孔院教师参加，听课教师达220人次。参赛教师们充分准备，课堂上既有对汉语的精心讲练，又有对中华文化的深入介绍，课堂气氛紧张而快乐。此次比赛激发了教师们对教学方法的深入思考，促进了教师之间的互相学习。

2016年6月4日，由中国驻塔吉克斯坦大使馆和塔吉克斯坦国立民族大学孔院共同主办，中国路桥工程有限公司协办的"2016年塔吉克斯坦汉语教学交流会"在杜尚别市拉开帷幕。孔院院长为在历时3个月的"全塔汉语教师公开课大赛"中获奖的8名教师颁奖。来自国立语言学院、塔吉克斯坦冶金学院孔子学院等院校的7位专家围绕塔吉克斯坦汉语教学状况、教学方法等进行了主题报告，对今后的汉语教学提出了相关建议。4名中塔优秀教师分别进行了公开课展示。课后，教师们围绕公开课的教学内容、教学技巧、课堂组织、学生管理、教师发展、学生成就、课程设置等话题开展了热烈讨论。会场外举办了"孔子学院 2015 年成就展",展示各教学点的汉语教学情况、文化活动和学生成就。塔吉克斯坦汉语教学交流会自 2011 年以来基本每年召开一次,该平台为塔吉克斯坦各汉语教学机构和教师们提供了充分交流的机会,为推动塔吉克斯坦汉语教学的发展发挥着重要而积极的作用。

2016 年 6 月 28 日,"塔吉克国立民族大学孔子学院 2016 年汉语教师教学研讨会暨 2015 年度工作表彰大会"在胡占德市举办。孔院 32 名教师参加了此次会议。会议对 2015 年度工作进行总结,并对教学岗、文化岗和业务岗中的优秀教师进行表彰。会议重点对教师在塔吉克斯坦工作中的跨文化交际、教学法、学生管理、偏误案例、师生关系的建立等问题进行了阐述。此次会议,通过交流与沟通,有助于提高汉语教学质量。

本章主要参考文献

张宏莉、张玉艳:《语言法:塔吉克斯坦"去俄罗斯化"的新发展》,《俄罗斯中亚东欧研究》2010 年第 4 期。

李雅:《海外汉语师资的可持续发展对策研究——以塔吉克斯坦汉语师资为例》,《新疆教育学院学报》2015 年第 2 期。

李雅:《塔吉克斯坦汉语教学现状研究》,硕士学位论文,新疆师范大学,2011 年。

俞菁:《汉语在塔吉克斯坦高校传播现状研究》,《长春教育学院学报》2014 年第 23 期。

胡雪珺:《塔吉克斯坦杜尚别 HSK 现状调查研究》,硕士学位论文,新疆师范大学,2013 年。

王慧珂:《塔吉克斯坦高校汉语教学之中国文化教学研究》,硕士学位论文,吉林大学,2016 年。

范文静:《塔吉克斯坦语言政策及其对语言教育的影响研究初探》,硕士学位论文,新疆师范大学,2014 年。

伊莉曼·艾孜买提、俞菁:《塔吉克斯坦高校汉语教材适用性调查》,《双语教学研究》2014 年第 4 期。

杜博:《塔吉克斯坦国立大学孔子学院文化教学策略研究》,硕士学位论文,新疆师范大学,2013 年。

杜博:《塔吉克斯坦中小学汉语课程设置调查研究》,《文学教育》2013 年第 2 期。

刘莎:《塔吉克斯坦孔子学院中华文化传播现状分析及策略研究》,硕士学位论文,
　　新疆师范大学,2013 年。

梁焱、焦健:《中亚孔子学院发展现状、问题与策略研究》,《新疆大学学报》(哲学
　　人文社会科学版)2011 年第 3 期。

第七章　乌兹别克斯坦的汉语教学

第一节　国家概况

一　自然地理

乌兹别克斯坦共和国，简称乌兹别克斯坦（乌兹别克语：O'zbekiston Respublikasi，英语：The Republic of Uzbekistan），位于北纬 41°16'，东经 69°13'，国土面积 44.74 万平方公里。中亚中部的内陆国家，西北濒临咸海，与哈萨克斯坦、吉尔吉斯斯坦、塔吉克斯坦、土库曼斯坦和阿富汗毗邻。乌兹别克斯坦是世界上两个双重内陆国之一（另一个为列支敦士登）。所谓双重内陆国，即本国是内陆国家而周围邻国也是内陆国家。全境地势东高西低。平原低地占全部面积的 80%，大部分位于西北部的克孜勒库姆沙漠。东部和南部属天山山系和吉萨尔—阿赖山系的西缘，内有著名的费尔干纳盆地和泽拉夫尚盆地。境内有自然资源极其丰富的肥沃谷地。[1]

---

[1] http：//www. fmprc. gov. cn/web/gjhdq_ 676201/gj_ 676203/yz_ 676205/1206_ 677052/1206x0_ 677054/，2016 年 10 月 12 日。

二　历史政治

乌兹别克斯坦历史悠久。9—11 世纪,以突厥人、东伊朗人为主要组成部分的乌兹别克民族形成,建立喀喇汗国。13 世纪被蒙古人征服。14 世纪中叶,突厥人阿米尔·帖木儿建立了以撒马尔罕为首都的庞大帝国。16—18 世纪,乌兹别克人建立布哈拉汗国、希瓦汗国和浩罕汗国。19 世纪 60—70 年代,部分领土并入俄罗斯。1917—1918 年建立苏维埃政权。1924 年成立乌兹别克苏维埃社会主义共和国并加入苏联,1991 年 8 月 31 日宣布独立,同年 12 月 21 日加入独立国家联合体。[①]

三　人口经济

乌兹别克斯坦独立后,在经济转型的头几年里有所下滑,而到 1995 年后开始复苏,这得益于政策改革的累积效应开始起作用。该国现在是世界第 6 大棉花生产国和第 2 大棉花出口国,世界第 7 大黄金生产国,同时也是区域内重要的天然气、煤、铜、石油、银和铀生产国。该国亦为从计划经济向市场经济体制平稳转型的独特范例。乌兹别克斯坦是著名的"丝绸之路"古国,历史上与中国通过"丝绸之路"有着悠久的联系。

乌兹别克斯坦自然资源丰富,是独联体国家中经济实力较强的国家,经济实力仅次于俄罗斯、乌克兰、哈萨克斯坦。2015 年 GDP 总计 667.33 亿美元(国际汇率),人均 GDP 2132 美元(2015 年,国际汇率)。截至 2014 年,探明有近 100 种矿产品,天然气开采量居世界第 11 位,黄金开采量居第 9 位,铀矿开采量居第 5 位。非金属矿产资源有钾盐、岩盐、硫酸盐以及建筑用石料等。乌兹别克斯坦工业在中亚地区举足轻重,天然气、机械制造、有色金属、黑色金属、轻纺和丝

[①]　孤竹博客:《列国志·乌兹别克斯坦共和国》,2014 年 8 月 15 日,http://blog.sina.com.cn/u/2547761387,2016 年 10 月 12 日。

绸等工业都比较发达。国民经济支柱产业是"四金":黄金、"白金"(棉花)、"黑金"(石油)、"蓝金"(天然气)。但经济结构单一,加工工业较为落后。①

乌兹别克斯坦人有两大专长和两大特点。两大专长是能歌善舞和刺绣工艺。两大特点是取暖的火塘和孩子多,年轻人占比很高。实行11年义务教育制,教育经费约占国家预算的10%。现有60多所大学,在校生近20万人,大学教师近2万人;有450多所中等专业学校,在校生近30万人;有1万多所中小学,在校生560万人。全国各类学校教师总数46万人。

人口数量为3130万人(2015年),130个民族,乌兹别克族占80%。乌兹别克族是由粟特人和突厥人融合而成,是中亚最大的民族,也是全世界第二大突厥语民族。其他民族包括:俄罗斯族(占5.5%)、塔吉克族(占4%)、哈萨克族(占3%)、卡拉卡尔帕克族(占2.5%)、鞑靼族(占1.5%)、吉尔吉斯族(占1%)、朝鲜族(占0.7%)等。

主要宗教为伊斯兰教,属逊尼派,其次为东正教。

四 语言政策

乌兹别克斯坦《国语法》规定乌兹别克语是唯一国语。1995年12月,修订后的《国语法》废除了俄语的特殊地位,将俄语与所有其他"外语"一视同仁。乌兹别克斯坦是中亚国家中没有把俄语确定为官方语言或族际交际语的国家,但俄语在乌兹别克族以外的其他族群中仍然占有很大的优势。目前,在成年人当中,乌兹别克语的使用仍然十分有限,在知识分子当中尤其如此,在讨论专业话题的时候更愿意使用俄语,在日常事务中则使用乌兹别克语。

---

① http://fec.mofcom.gov.cn/article/gbdqzn/,2016年10月12日。

第二节　汉语教学简史

在中亚地区，乌兹别克斯坦共和国是最早开始汉语教学的国家。独立后，乌兹别克斯坦将汉语定位为主要外语。

塔什干国立大学是中亚地区最大的高等学府，其前身为塔什干土耳其东方学院，始建于 1918 年，当时为中亚地区的第一所高等院校。1924 年该校并入中亚国立大学（后改称塔什干国立大学）东方系。1954 年开始汉语教学，当时是属于维吾尔语教研室的课程。1977 年后，汉语教研室规模逐渐扩大成为东方系的一个重要教研室。1977 年有 8 个班 54 名学生，学习汉语、维吾尔语、中国历史、中国经济等课程。1988—1989 年度招收 20 名汉语专业学生，当时汉语专业的在校生五个年级共有近百人。为了尽快提高大学生的汉语水平，塔什干国立大学每年都要从二至四年级的大学生中选派一部分去中国学习。1984—1988 年共派出 30 多人，1989 年派出 15 人。塔什干国立大学汉语教研室 20 世纪 80 年代已经有 12 位专职汉语教师，大多数都曾在中国生活、工作或学习过，有扎实的汉语基础和关于中国的各种知识。课程包括汉语综合课及中国古代史、中国近代史、中国现代史、中国文学等课程。①

塔什干第 59 中学是乌兹别克斯坦最早开设汉语课的中学教学单位。此外，第 309 中学、第 325 中学和东干中学也陆续开设汉语课程。塔什干中国民族文化中心和东干文化中心开设有汉语教学班。中国民族文化中心由乌兹别克斯坦籍华人在 20 世纪 90 年代初创立，设有汉语班，中心成员累计有 500—600 人。东干文化中心由在乌兹别克斯坦共和国的东干人创立，开设汉语课，主要宣传中国历史、文化和东干人的传统习俗。506 幼儿园是乌兹别克斯坦共和国开设汉语课学生年

---

① 王平：《苏联乌兹别克共和国的汉语教学》，《世界汉语教学》1989 年第 4 期。

龄段最小的教学单位，自 1999 起开始汉语教学，有近 20 年历史，很受家长和孩子们的欢迎，现有 6 个班 120 名孩子学习汉语。[1]

现在塔什干东方学院、国立语言大学、国立大学、费尔干纳国立大学、撒马尔罕外语大学等高校和多所幼儿园、中小学开设有汉语课程。学习汉语的幼儿及中小学生超过 3000 人。开设汉语课的教学单位由塔什干逐步向费尔干纳、撒马尔罕等城市甚至乡村扩展。

多数学校汉语课型只有综合课，课型非常单一。没有本土化的教材，汉语教材有用俄语翻译的，也有用英语注释的，但是很少有用乌兹别克语翻译的教材，更谈不上用乌兹别克语编写的汉语教材。总体上师资缺乏，没有能用乌兹别克语教学的汉语老师，大多数教师在课堂上用俄语教学，很多大学里的教师刚从本科毕业，具有汉语专业背景的教师较少。

第三节　汉语教学的环境和对象

一　高等院校汉语教学

乌兹别克斯坦高校汉语教学已经有很长的历史，其中以塔什干东方学院汉语教学历史最为悠久，汉语教学规模很大。1992 年，塔什干国立大学东方系改为塔什干东方学院。该学院的远东与南亚研究系下设 28 个语言专业，汉语是其中最大的专业之一。东方学院 1997 年开设汉语、中国文学及历史课，是乌兹别克斯坦唯一把汉语作为专业学习的院校。东方学院分校是隶属于学院的中等专业学校，开设汉语、日语、阿拉伯语、土耳其语等课程，自 1999 年开始汉语教学。2004 年 6 月，由兰州大学与塔什干东方学院合作的"塔什干孔子学院"成立，兰州大学为塔什干孔子学院选派汉语教师、赠送汉语教材、提供

---

[1]　李雅梅：《丝绸之路上的汉语驿站——乌兹别克斯坦共和国的汉语教学》，《云南师范大学学报》（对外汉语教学与研究版）2008 年第 5 期。

语言教学设备，并协助其修建了汉语图书馆。

1992 年 6 月 15 日，根据乌兹别克斯坦共和国总统卡里莫夫签发的文件，原塔什干外国语师范学院和俄语言文学师范学院合并成立了乌兹别克斯坦世界语言大学。共有来自 35 个不同民族的学生就读于此学校。该校开设的外语课程多达 23 门，是乌兹别克斯坦最具实力的外语院校之一。世界语言大学原先只有翻译系涉及汉语教学，只有约12% 的学生学习汉语，专业是翻译专业，另外国际新闻系每年有 5%的学生学习国际新闻以及中国新闻，同时也专门学习汉语。2008 年世界语言大学设立汉语教研室，当年就有 30 名学生开始专门学习汉语。从 2012 年起，每年录取的学生人数已达 40 人。目前该教研室有 10 位汉语教师，专门从事汉语教学。现在有 130 名学生学习汉语翻译专业，开设国际新闻学、翻译理论与实践、汉语综合课、中国文学、中国历史等课程。

1992 年根据乌总统卡里莫夫命令成立的乌兹别克斯坦世界经济与外交大学，是一所致力于培养世界经济、外交、国际经济关系、国际法、国际新闻等方面专家的教育机构。2006 年中共中央政治局常委李长春同志访问该大学时，应全校师生开设汉语课的请求，赠送了一套语音设备和教学材料，汉办派遣了公派汉语教师。2007 年 4 月 16 日该校成立了中国语言文化中心，目前已有 3 个系约 30 人学习汉语。

塔什干国立大学成立于 1918 年 5 月 12 日，当时是乌兹别克斯坦唯一的大学，现在仍是整个中亚地区最大的一所大学，乌兹别克斯坦不少大学，都是后来从塔什干国立大学独立出来的。2004 年塔什干国立大学成立了外国语言学系，2008 年开始招收汉语专业学生。2008—2010 年连续 3 年每年招收 75 名汉语专业学生。

二　中小学汉语教学

乌兹别克斯坦 1957 年在塔什干第 59 中学正式开始汉语教学，50多年从未中断，曾以优异的教学质量闻名于全苏联。2011 年 9 月，塔什干第 59 中学有 9 个年级，848 名学生，46 名教师，其中汉语教师 6 名。汉语是唯一的外语，汉语课堂上师生全用汉语。学校从二年级至九年级开设汉语课，是塔什干东方学院和世界语言大学招收汉语学生的主要生源学校。学校汉语教学的内容包括语音、词汇、翻译、书法、语法、口语、中国文化、中国地理、中国历史等，但只有一门综合课，所有内容穿插进行教授，没有清晰的分类。教师需要听、说、读、写、译、文化等方面全面教学。[①] 第 59 中使用北京语言大学出版社出版的《汉语教程》（俄语版）和教育科学出版社汉语或俄语版的《汉语新目标》教材。一般学校的外语每周平均两节课，第 59 中每周平均 4 节。为了增强学生学习汉语的兴趣，学校组织了文艺演出队，排练了许多用汉语表演的节目。1994 年，中国国务院总理李鹏夫人朱琳在乌兹别克斯坦总统卡里莫夫夫人卡里莫娃的陪同下一起访问参观了塔什干第 59 中学。

契尔契克市第 18 中学和纳瓦千市第 5 中学都将汉语作为学生的主要外语，从二年级到十年级共学习 9 年的汉语。塔什干市教育部门的一位负责人说，没有想到学生对学习汉语有如此高的兴趣，超过了对其他外语的学习。因此，准备再在几所学校开设汉语，让更多的学生有学习汉语的机会。契尔契克市在塔什干市的东北方，该市的第 18 中学 1979 年开设汉语课，有良好的汉语学习环境。老师们采用生动活泼的教学方法：卡片识字，看图说话，背诵诗歌，根据汉语拼音讲俄语，改正汉字，回答问题等等。[②]

三 孔子学院的汉语教学

乌兹别克斯坦现有两所孔子学院，没有孔子课堂。[③]

---

① 李雅梅：《丝绸之路上的汉语驿站——乌兹别克斯坦共和国的汉语教学》，《云南师范大学学报》（对外汉语教学与研究版）2008 年第 5 期。

② 王平：《苏联乌兹别克共和国的汉语教学》，《世界汉语教学》1989 年第 4 期。

③ 以下有关乌兹别克斯坦孔子学院汉语教学的信息主要来自国家汉办/孔子学院总部网页，不再一一注明具体出处。http://www.hanban.org/article，2016 年 10 月 26 日。

（一）塔什干孔子学院

所在城市：塔什干

承办机构：塔什干东方学院

合作机构：兰州大学

启动时间：2005 年 5 月 7 日

2004 年 6 月 15 日，胡锦涛主席出席了第一所孔子学院——乌兹别克斯坦塔什干孔子学院协议的签字仪式，拉开了我国在全球合作举办孔子学院的序幕。2005 年 5 月 7 日，塔什干孔子学院启动运行。2007 年，塔什干孔院荣获 "先进孔子学院" 称号。2008 年，塔什干孔院再次荣获 "先进孔子学院" 称号，院长沙夫卡特·哈姆拉库洛夫荣获 "孔子学院先进个人" 称号；2009 年，中国首次向乌兹别克斯坦派出志愿者，塔什干孔子学院中方院长兼汉语教师王芳荣获 "孔子学院先进个人" 称号。2013 年 9 月 9 日，孔子学院总部总干事、国家汉办主任许琳率团访问乌兹别克斯坦塔什干孔子学院。2014 年 6 月 4 日，"中国媒体丝路行" 一行访问塔什干孔子学院。"中国媒体丝路行" 跨境采访团是为响应国家主席习近平在中亚出访时提出 "共建丝绸之路经济带" 的倡议，由国务院新闻办组织，新华社、人民日报海外版、中央电视台、人民网等十多家主流媒体组成的，采访团由西安出发，探访丝绸之路经济带沿途各地的经济、政治、文化状况。

2012 年 10 月 3 日，以中国中央美术学院国画院副院长陈平教授为团长的中国当代著名画家团莅临塔什干孔子学院，给全体本土汉语专业师生上了一堂生动的中国书法、国画艺术课。此次活动是塔什干孔子学院的一次新尝试。

2013 年 11 月 5—11 日，塔什干孔子学院推出《"丝绸之路" 文化系列讲座》，包括《"丝绸之路经济带" ——中国与中亚合作的大舞台》《丝绸之路与敦煌莫高窟中的彩塑、壁画艺术》《丝绸之路与敦煌文献中的中国音乐》等学术报告。通过此次系列讲座不但使乌师生对丝绸之路的历史渊源及与丝路相关的绘画艺术、音乐艺术等文化瑰宝有了深刻的了解，而且使其对"丝绸之路经济带"视域下的中国与中亚国家的合作充满希冀。2014 年 11 月 12 日，塔什干孔子学院举办第十一届乌兹别克斯坦汉学研讨会暨"丝绸之路经济带"国际学术研讨会，来自中国和乌兹别克斯坦 50 余位专家学者参加。专家学者除了就中国汉字、语言、文学、历史、文化等内容发表主题演讲外，还就"共建丝绸之路经济带"倡议进行了探究。

2014 年 10 月 25 日，塔什干美国国际学校举行"校园国际日"文化活动，中国驻乌兹别克斯坦大使馆利用此次机会推介中国文化。"中国馆"正中悬挂着五星红旗、大红灯笼，展厅两侧摆放着中国结、中国特色装饰挂件及中国风景名胜海报和图书图片等。在动态文化展示区，东方学院的汉语教师教学生写毛笔字、编中国结、扎红灯笼。此次中国文化宣传活动，让美国国际学校的学生和家长们进一步了解了中国文化。2014 年 11 月 22 日，一年一度的"联合国日"活动在塔什干英国国际学校举行，来自中国、美国、日本等多个国家的文化中心参加了此次活动。中国驻乌兹别克斯坦大使馆的工作人员和塔什干孔子学院的老师们精心布置了"中国馆"，使整个馆内呈现出浓厚的中国风情。此次活动，让英国国际学校的学生和家长们感受到了中国文化的魅力。2015 年 4 月 19 日，威斯敏斯特大学塔什干分校举行一年一度的国际文化周活动，中国驻乌兹别克斯坦大使馆人文处组织汉办公派教师在该校举办中国文化宣传活动，美国、意大利、印度等国均参展。此次中国文化展分为茶艺表演区、书法对联区、剪纸区、书籍赠送区、动画影视区、图片区、工艺品展示区和中国美食区，吸引了众多学生和家长驻足观看、了解。

2016 年 3 月 31 日—4 月 2 日，乌兹别克斯坦国际教育展在塔什干文化教育中心举行，塔什干孔子学院应邀参展。此次国际教育展盛况空前，来自世界 50 多个国家的上百所高校以及教育相关机构参展。活动中，塔什干孔子学院展位人气爆棚，前来咨询的学生及家长络绎不绝，他们对留学中国兴趣浓厚。孔院老师介绍了孔子学院的教学与文

化活动开展情况，以及孔子学院奖学金的申请流程。孔子学院还准备
了茶艺和书法表演。近年来汉语学习越来越火，留学中国已越来越成
为乌兹别克斯坦学生的第一选择。

2012 年 3 月 3 日，塔什干孔子学院举办首届塔什干硬笔书法大
赛。来自塔什干东方学院、塔什干孔子学院、国立民族大学、世界语
言大学、世界经济与外交大学、东方学院附属中学、塔什干第 59 中
学、中国民族文化中心等单位的 1030 名汉语学习者和中国文化爱好者
参加了大赛。大赛分预赛和决赛两个阶段进行。塔什干孔子学院为特
等奖获得者提供免费学习 1 年汉语和中国文化的机会。2015 年 9 月 18
日，塔什干孔子学院举办"第二届中文硬笔书法比赛"，60 余名学生
参加。此次比赛是对学生们书写能力的一次"检阅"。2016 年 4 月 1
日，孔子学院举办了汉字听写比赛，共有 50 名选手参加。孔院院长表
示，汉字是汉语的根，根深才能叶茂，会写汉字、写好汉字是将来同
学们更深入学习汉语的基础。

2015 年 11 月 6 日下午，塔什干孔子学院举办中国诗词朗诵比赛，
近 60 名学生报名参加，经过初赛，27 位选手进入了最后的决赛。比
赛既加深了孔子学院学生对中国古典诗词和现代诗歌的了解，让他们
亲身感受到诗歌的魅力，同时也营造了学习汉语的氛围，激发了学生
们学习汉语的热情。2016 年 4 月 15 日，塔什干孔子学院举办"诗词
春天"塔什干地区诗歌朗诵比赛。来自塔什干孔子学院、塔什干东方
学院、世界语言大学及塔什干外交学院等院校的 40 余位选手入围决
赛。塔什干孔院院长指出，"举办朗诵比赛是希望学习汉语的同学们
能通过朗诵喜欢上中国诗歌，能够朗诵并且背诵一些诗歌，这会有助
于同学们纠正汉语发音，并且能够巩固汉字、词汇的学习效果，促进
汉语水平的提高"。

2014 年 3 月 27 日，塔什干孔子学院举办"我与孔子学院"中文
写作比赛。参赛者为孔院在读的部分学生，有小学生、中学生、大学
生，也有已经参加工作的社会人员，年龄最小者 10 岁，最大者 50 岁。

乌兹别克斯坦近年来学习汉语人数剧增，大多数学习者都本着比较实用的目标，也有不少学员纯粹出于对中国语言文字、历史、文化的爱好。2015 年 3 月 28 日，塔什干孔子学院举行第二届 "我与孔子学院" 中文写作比赛，30 余名学生报名参赛。参赛选手将自己对汉语言的浓厚兴趣、对中国文化的强烈向往、自己在学习过程中收获的点点滴滴，用汉语表达了出来。

2014 年 6 月 9 日，塔什干孔子学院在世界语言大学举办首届 "长青杯" 中乌国情知识竞赛。比赛的选手分为 "龙之队" 和 "鹰之队"，每队 6 人，内容围绕中国与乌兹别克斯坦两国的国情、历史、文化知识等展开，分为 "过关赛" "挑战赛" "晋级赛" 等环节。中间还穿插有舞蹈、歌曲、小品等丰富多彩的文艺节目，比赛现场气氛活跃。2015 年 12 月 12 日，塔什干孔子学院举办首届 "唱响中国" 中乌歌曲比赛，20 多位选手参加决赛。最终经过激烈角逐，来自塔什干市第 59 中学的 "谢娜" 同学以一首深情的《挥动翅膀的女孩》获得特等奖。

2014 年 4 月 25 日，塔什干孔子学院举办第十三届 "汉语桥" 世界大学生中文比赛乌兹别克斯坦赛区预选赛。来自塔什干东方学院、世界经济与外交大学、世界语言大学以及撒马尔罕国立外国语学院等高校 9 名选手参加。比赛分演讲、朗诵、知识问答和才艺展示 4 个环节。特等奖获得者将代表乌兹别克斯坦赴中国参加 "汉语桥" 复赛和决赛。2014 年 11 月 14 日，乌兹别克斯坦第一届 "汉语桥" 中学生中文比赛在塔什干举行，本次比赛由中国驻乌兹别克斯坦大使馆主办，来自塔什干第 187 中学、塔什干纺织轻工学院第二附中、塔什干第 59 中学以及塔什干东方学院尤努萨巴特区附中等多个中学的 10 名选手参赛。比赛包括自选题演讲、知识问答和才艺表演 3 个环节，参赛选手们凭着标准的汉语发音和有趣的故事以及精彩的中国舞和歌曲演绎，赢得阵阵掌声。2015 年 4 月 28 日，塔什干孔子学院举办第十四届 "汉语桥" 世界大学生中文比赛乌兹别克斯坦赛区预选赛。来自塔什干孔子学院、塔什干东方学院、世界语言大学以及撒马尔罕国立外国语学院等高校的 7 名选手参加，比赛分演讲、知识问答、才艺展示等环节。此次比赛得到了在乌中资企业的大力支持和赞助，开创了企业参与文化交流与传播的新模式。2016 年 4 月 24 日，塔什干孔子学院举办的第十五届"汉语桥"世界大学生中文比赛乌兹别克斯坦赛区预选赛在世界语言大学举办。此次比赛共有 8 名选手参加，包括演讲、朗诵、问答和才艺展示 4 个环节。2016 年 5 月 28 日，塔什干孔子学院举办第九届"汉语桥"世界中学生中文比赛乌兹别克斯坦赛区预选赛，8 名选手参加。选手们以流利的汉语深情地讲述了自己的"中国梦"，表达出对中国的无限向往。

2016 年 2 月 3—5 日，"中国风——中国文化系列展"在乌兹别克斯坦国立艺术博物馆举行。此次活动由塔什干孔子学院、乌兹别克斯坦国家艺术博物馆、塔什干东方学院联合主办。本次文化展包括中国书画、陶瓷、玉器、民族服饰、图片、图书展览及舞龙、中华武术、民族歌舞、书法、茶艺、剪纸、中国结、中华美食等多项中国文化体验项目。这种文化互通与交流，有助于两国人民达成深层了解与互信。

2016 年 3 月 29 日，孔子学院总部/国家汉办向乌兹别克斯坦塔什干东方学院赠建的语音教室正式投入使用，公派汉语教师胡孜孜为学生们演示了第一堂语音课，课后学生们表示，在语音教室上课感觉很奇妙，能寓教于乐、身临其境，提升学习效率。语音室配有先进的手写大屏，设有 HSK 和 HSKK 考试系统，多媒体教学短片能将中国风光、中华美食更直观地展现在学生面前。在语音室中，学生还可以通过点击鼠标进行会话互动。

（二）撒马尔罕国立外国语学院孔子学院

所在城市：撒马尔罕

承办机构：撒马尔罕国立外国语学院

合作机构：上海外国语大学

启动时间：2013 年 9 月 9 日

2013 年 9 月 9 日，中国国家主席习近平访问乌兹别克斯坦期间，两国签署了在历史名城撒马尔罕建立孔子学院的协议，习近平主席与卡里莫夫总统共同出席了签字仪式。2014 年 11 月 27 日，由撒马尔罕国立外国语学院和上海外国语大学合作创办的乌兹别克斯坦第二所孔子学院——撒马尔罕国立外国语学院孔子学院正式揭牌成立。

2014 年 6 月 4 日，撒马尔罕国立外国语学院孔子学院（撒马尔罕孔院）举办"快乐学习汉语，了解魅力中国"汉语文化节。外语学院汉语专业的学生表演了诗朗诵、演讲、唱歌、京剧、扇子舞、中国传统舞蹈、用筷子夹豆子等节目。最后，撒马尔罕外院翻译系主任和孔院中方院长为一年来在汉语学习中取得突出成绩的 14 名学生、参加各类活动的 20 名积极分子、参加汉语文化节活动的 2 个优秀班集体以及汉语教师颁发了奖状及奖品。

2014 年 9 月 10 日，撒马尔罕孔院师生来到撒马尔罕市第九孤儿院进行慰问。撒马尔罕市第九孤儿院有 96 年历史，目前收养了 73 名学龄前孤儿。孔院向孤儿院赠送了大屏幕平板彩电和 DVD 机，孔院学生自发购买了巧克力糖。孔院的学生们给孩子们带来了扇子舞、碟子舞、宫廷独舞、霹雳舞、现代舞、乌兹别克民族舞蹈以及歌曲《天路》、小合唱《玫瑰花》等节目。

2015 年 1 月 7 日，撒马尔罕孔院正式开课，为高校的大学生开设了两个初级汉语班，为社会人士开设的汉语班一周后开课。

2015 年 4 月 28 日，在塔什干举办的第十四届"汉语桥"世界大学生中文比赛乌兹别克斯坦赛区预选赛上，撒马尔罕孔院康晓鑫获得特等奖，雅静荣获二等奖，他们的指导老师获得"优秀指导教师"。

2015 年 5 月 29—30 日，撒马尔罕孔院举办"伟大丝绸之路上的普世价值观与民族价值观：语言、文化和教育"国际学术研讨会。来自中国上海外国语大学、撒马尔罕国立外国语学院、塔什干东方学院以及韩国、哈萨克斯坦的学者围绕"丝绸之路"的过去和现状，探讨丝绸之路建设中的语言、教育和文化合作问题。出席研讨会的学者还就古突厥语词中汉语借词、构建大文化背景下的中乌学术伙伴关系、哈萨克斯坦对接"丝绸之路经济带"建设的路径、合作型地域经济战略与丝绸之路经济带建设等主题做了报告。新华社、人民日报社、凤凰网、东方网、乌兹别克斯坦国立电视台、撒马尔罕电视台等媒体进行了报道。

2015 年 11 月 27 日，撒马尔罕孔院举行一周年庆典。撒马尔罕国立外国语学院校长详细介绍了孔子学院一年来的各项工作，对孔子学院的未来发展寄予了极大期望。中国驻乌兹别克斯坦大使发来贺信。孔子学院学生表演了丰富多彩的文艺节目。撒马尔罕孔院成立一年来共培训学员 432 人次。

2016 年 1 月 29 日，撒马尔罕孔院举办首届汉字书写比赛，40 多名学生报名参加，经过预赛筛选，13 名学生进入决赛。评审老师从书写规范、页面整洁等方面进行了评选。此次比赛极大地激发了学生对汉字书写的兴趣，提高了同学们的汉字书写水平。

2016 年 3 月 14 日，撒马尔罕孔院举办"我的中国梦"汉语知识竞赛。竞赛分为笔试、一分钟演讲和才艺表演三个环节。获胜选手将代表撒马尔罕孔院参加乌兹别克斯坦"汉语桥"中文比赛预选赛。

2016 年 4 月 7—8 日，哈萨克斯坦卡拉干达国立大学举办"国际大学生外语奥林匹克竞赛"，来自哈萨克斯坦、吉尔吉斯斯坦、乌兹别克斯坦、俄罗斯和中国的 26 所高校 100 多名大学生参赛。经过笔试、听力、演讲等环节的激烈角逐，撒马尔罕孔院选派的李峰在汉语组比赛中荣获第二名。

2016 年 4 月 15 日，撒马尔罕孔院组织人才推介会，推荐优秀学生到位于乌兹别克斯坦卡尔希市的中资企业"利泰纺织国际"工作。人才推介会开始前，孔院与"利泰纺织国际"双方商谈了合作规划，双方在接受孔院学生实习、开办汉语教学点等方面达成共识。人才推介会吸引了很多同学来参与，"利泰纺织国际"详细解说了招聘岗位和职业发展规划，将会组织第一批员工去中国新疆进行培训。人才推介会获得学生和用人单位的一致好评。

2016 年 4 月 30 日，撒马尔罕孔院举办"青春的旋律"中文写作比赛，十余名孔院学员参加了此次比赛。此次比赛以活动促学习，激发大家学习汉语的兴趣和信心。2016 年 5 月 14 日，撒马尔罕孔院举办"伶牙俐齿"绕口令比赛，吸引近 20 名学生参加。活动分为争分夺秒、即兴游戏、活动颁奖三个环节。通过绕口令比赛，更好地纠正了学生的发音，提升了学生的语言表达能力，也丰富了学生的业余文化生活。

2016 年 5 月 20 日，撒马尔罕孔院举行撒马尔罕国立外国语学院与上海外国语大学校际合作项目推进会。自 2014 年撒马尔罕孔子学院揭牌以来，以孔子学院为平台，上海外国语大学和撒马尔罕外国语学院实施了多种形式的校际合作。2015 年，两校联合在撒马尔罕外国语学院举办"伟大丝绸之路上的普世价值观与民族价值观：语言、文化和教育"国际学术研讨会。这一研讨会 2016 年 5 月 20—21 日在撒马尔罕外国语学院再次举行，并计划于 2016 年 10 月在上海外国语大学举办，进而形成每年轮流举办的机制。2015 年 10 月，上海外国语大学成立乌兹别克语教研室，并开设乌兹别克语课程，目前两校正在合作编写面向中国学生的乌兹别克语教材，合作编撰汉乌—乌汉词典及《丝绸之路国家语言文化图册》。两校还准备联合培养硕士研究生。2016 年以来，两校的合作项目乌兹别克语版《中国文学史》《道德经和中国文化》已经在乌兹别克斯坦正式出版。

第四节　汉语教材、师资和教学法

一　教材的选用

现在乌兹别克斯坦各学校的汉语书籍来源主要是中国政府、国家汉办和中国驻乌兹别克斯坦大使馆捐赠，本国编写的汉语教科书几乎是空白。综合课初中级阶段教材大都选用国家汉办组织编写的俄汉对照的《汉语新目标》《汉语新起点》。高级阶段使用北京语言大学编写的《汉语教程》。文学教材不是汉语原文的而是俄语译本。阅读教材大都为教师选用当前中国报刊上的各种文章和新闻报道，随讲随编。此外还有个别教师从中国带来的《汉语速成》等教材。有的班还选用《汉语会话 301 句》作为会话教材。

二　师资培训

塔什干孔子学院 2011 年、2012 年分别举办了第一、二届暑期中文教师培训班。2014 年 1 月 3—9 日举办了"第三届乌兹别克斯坦本土教师汉语教学法培训班"，30 余名来自塔什干各大中院校的本土汉语教师参加了此次培训班。培训内容涵盖了对外汉语教学的基本理论知识和汉语口语、语法、词汇、课堂教学技能等方面的教学方法，以及"敦煌壁画艺术""儒学""茶文化"等有关中国文化方面的课程。培训的最后一天安排了"学员试讲，教师点评"的环节。通过培训，促进了本土教师汉语教学水平的提高。2015 年 5 月 27 日，塔什干孔子学院举行教师教学方法与教学经验座谈会，孔子学院中外方教师十余人参加。教师们就教学过程中遇到的问题踊跃发言，总结教学经验，力争把孔子学院的教学推向更高的水平。2016 年 1 月 4—9 日，塔什干孔子学院与塔什干东方学院联合举办第五届乌兹别克斯坦本土汉语教师培训班，50 多位本土汉语教师参加。培训内容覆盖汉语教学、中国文化研究、中乌交流、孔子学院发展与汉语桥比赛、HSK 考试等多个方面，受到培训学员的欢迎。

三　教学法

塔什干东方学院注意针对不同年级的不同特点，制定相应的教学方案和方法。对刚入学的大学生，主要解决他们的语音问题，然后再学习汉语的语法，词汇量则不断积累扩大。对高年级的学生则要求学习翻译和其他方面的专业知识，这样就遵循了循序渐进的原则。在教学中，他们注意调动学生的积极性。大学生普遍对中国的现状比较关心，他们把阅读中国报纸与教学联系起来，既了解了中国的国情，又学习了汉俄翻译，甚至在考试时也采取翻译中国报纸文章的方法。他们对学生的要求非常严格。① 塔什干第 59 中学在多年的汉语教学过程中，积累了丰富的教学经验，创建了较为适合乌兹别克斯坦中小学生特点的教学模式。从二年级开始教汉语，这时候只教拼音。上课时用各种各样的图片辅助教学，这种方法帮助学生更好地记住拼音。从四年级开始教汉字。课文的教学方式是：首先教师示范朗读整篇课文，然后再指定学生朗读。教师跟学生一起翻译课文，并帮助他们理解课文的意义。翻译讲解完之后，教师向学生提出关于课文的问题。进行一个对话练习，目的是提高学生的口语水平。教师帮助学生指明并改正错误，询问学生对有关题目的意见。经过完整解析课文，每个学生复述课文。学生每周进行一次测试考试。测试考试包括回答问题、听写、语法作业。通过这种方法，对学生掌握程度进行评价，给出成绩。评估他们的写字能力，以及造句、能够使用新的词汇和改正语法错误的能力。每次讲课后布置思考题，让学生把自己听课时和课后阅读时的思考和想法写下来。②

2012 年 10 月 29 日，第九届乌兹别克斯坦汉学研讨会在塔什干孔子学院召开。中国驻乌兹别克斯坦大使、乌兹别克斯坦议会下院国际事务等议会间交往委员会副主席、东方学院院长、塔什干孔子学院院长及部分高校的汉语教学专家、学者 46 人参加。此次汉语教学及汉学研讨会对于促进乌汉语教学、进一步提升乌兹别克斯坦汉学研究在中亚的领先地位、全面深化乌中传统友谊具有重要的现实意义。2013 年

---

① 王平：《苏联乌兹别克共和国的汉语教学》，《世界汉语教学》1989 年第 4 期。
② 吉莉：《乌兹别克斯坦汉语教学状况与分析——以塔什干第 59 中学为例》，硕士学位论文，陕西师范大学，2012 年，第 6 页。

11 月 6 日，第十届乌兹别克斯坦汉学研讨会在塔什干孔子学院成功举行，来自乌兹别克斯坦部分高校和研究所的汉学家、中国问题专家、汉语教师、汉语言文学专业的硕士、博士研究生、塔什干孔子学院师生 60 余人与会。本次研讨会收到学术论文 50 余篇，专家学者就中国哲学、历史、文学、语言学、当代中国政策、经济、旅游、汉语教育等问题先后做了主题发言。2015 年 11 月 28 日，塔什干孔子学院举办第十二届乌兹别克斯坦汉学研讨会暨"丝绸之路经济带"国际学术研讨会，来自乌兹别克斯坦和中国的 60 多名汉学专家和汉语教师代表参加。随着中乌战略伙伴关系日益加强，汉学研究已经成为乌兹别克斯坦的热门研究领域，2014 年卡里莫夫总统批准塔什干东方学院成立汉学系，极大地推动了乌兹别克斯坦汉学研究的发展。研讨会上中乌汉学专家和汉语教师围绕古丝绸之路中乌贸易合作往来、汉语教学和汉学研究、中国经济政治文化以及中乌关系等话题进行了热烈的讨论。

本章主要参考文献

安静：《乌兹别克斯坦汉语教学状况调查研究分析》，硕士学位论文，中央民族大学，2013 年。

王平：《苏联乌兹别克共和国的汉语教学》，《世界汉语教学》1989 年第 4 期。

杨苗苗：《浅析乌兹别克斯坦的语言政策》，《考试周刊》2014 年第 61 期。

李雅梅：《丝绸之路上的汉语驿站——乌兹别克斯坦共和国的汉语教学》，《云南师范大学学报》（对外汉语教学与研究版）2008 年第 5 期。

吉莉：《乌兹别克斯坦汉语教学状况与分析——以塔什干第 59 中学为例》，硕士学位论文，陕西师范大学，2012 年。

第八章　土库曼斯坦的汉语教学

第一节　国家概况

一　自然地理

土库曼斯坦（土库曼语：TYpкменистан，英语：Turkmenistan）是位于中亚西南部的内陆国，面积 49.12 万平方公里，是仅次于哈萨克斯坦的第二大中亚国家。西濒里海，北邻欧亚国家哈萨克斯坦，东北部与内陆国家乌兹别克斯坦接壤，东界阿富汗，南部是伊朗。全境大部是低地，平原多在海拔 200 米以下，属强烈大陆性气候，80% 的领土被卡拉库姆沙漠覆盖，是世界上最干旱的地区之一。土库曼斯坦靠近里海的海岸线有 1768 公里长，货物经水路出口须经过俄罗斯的伏尔加河和顿河。①

二　历史政治

15 世纪左右，土库曼族基本形成。16—17 世纪隶属希瓦汗国和布

---

① http：//www.fmprc.gov.cn/web/gjhdq_676201/gj_676203/yz_676205/1206_676980/1206x0_676982/，2016 年 11 月 1 日。

哈拉汗国。近代至独立前部分领土并入俄国。土库曼人参加了 1917 年的二月革命和十月社会主义革命。1917 年 12 月建立苏维埃政权，其领土并入土耳其斯坦苏维埃社会主义自治共和国、花剌子模和布哈拉苏维埃人民共和国。1918 年成为土耳其斯坦苏维埃社会主义自治共和国的一部分，1924 年 10 月 27 日建立土库曼苏维埃社会主义共和国，并加入苏联。1990 年 8 月 23 日，土库曼最高苏维埃通过了国家主权宣言，1991 年 10 月 27 日宣布独立，改国名为土库曼斯坦，同年 12 月 21 日加入独立国家联合体。1992 年 3 月 2 日加入联合国。1995 年 12 月 12 日，第 50 届联大通过决议，承认土库曼斯坦为永久中立国。2005 年 8 月 26 日，在喀山会议上宣布退出独立国家联合体。1992 年 5 月 18 日，通过第一部宪法，规定土库曼斯坦为民主、法制和世俗的国家，实行三权分立的总统共和制，总统为国家元首和最高行政首脑。1995 年 12 月 27 日对宪法进行了修改和补充，将土库曼斯坦中立国地位写入宪法。2012 年实行多党制。①

三　人口经济

　　土库曼斯坦虽然是世界上最干旱的地区之一，但石油天然气资源丰富，天然气储量列世界第五位，石油天然气工业为该国的支柱产业。其他矿产资源包括芒硝、碘、有色及稀有金属等。而农业方面则以种植棉花和小麦为主。畜牧业中，阿哈尔捷金马（汗血宝马）举世闻名。土库曼斯坦人善于编织地毯，以细羊毛编织的地毯闻名于世。GDP 总计 373.34 亿美元（2015 年，国际汇率），人均 GDP 6948 美元（2015 年，国际汇率）。

　　中国目前已成为土库曼斯坦最重要的贸易伙伴国。2015 年，中国和土库曼斯坦的贸易额达 100 亿美元，根据两国领导人设定的新目标，中国和土库曼斯坦将在最短时间内将贸易额提升到 200 亿美元。中国

---

① 孤竹博客：《列国志·土库曼斯坦》，2014 年 8 月 15 日，http://blog.sina.com.cn/u/2547761387，2016 年 11 月 1 日。

政府提出的"一带一路"倡议为土库曼斯坦带来发展机遇，积极加入"一带一路"建设。①

　　土库曼斯坦极其重视教育。早在独立初，国家就强调教育与宗教分离的政策，实行免费教育。截至2013年3月，土库曼斯坦共有24所高等院校，国家在实行免费教育的基础上，给学生每月发放493马纳特（约172美元）奖学金，金额相当于土库曼斯坦国家公务员月工资的一半。② 2007年7月17日，中国和土库曼斯坦在北京签署了《中华人民共和国和土库曼斯坦关于进一步巩固和发展友好合作关系的联合声明》和《中华人民共和国教育部和土库曼斯坦教育部教育合作协议》，双方决心进一步加强在文化、教育等领域的交流与合作；根据各自需要，聘请对方语言教师到本国高等院校任教，支持两国高等院校建立校际联系并开展合作。2011年11月23日，双方在北京签署了《中华人民共和国和土库曼斯坦关于全面深化中土友好合作关系的联合声明》，双方愿进一步扩大两国在文化、教育、体育、旅游等领域交流与合作，互办大型文化活动。

　　土库曼斯坦人口数量为537万（2015年），主要民族有土库曼族（94%，和中国的撒拉族为同一民族）、乌兹别克族2%、俄罗斯族1%，此外，还有哈萨克、亚美尼亚、塔尔、阿塞拜疆等120多个民族（1.5%）。绝大多数民族（占总人口的89%）信仰伊斯兰教（逊尼派），俄罗斯族和亚美尼亚族信仰东正教。

四　语言政策

　　土库曼斯坦官方语言为土库曼语。1927年以前，土库曼语用阿拉伯字母书写，后采用拉丁字母，1940年起使用西里尔字母，现又改用拉丁字母。

① http：//fec. mofcom. gov. cn/article/gbdqzn/，2016年11月1日。
② 李敬欢、李睿：《土库曼斯坦现行教育体制下汉语推广现状及对策初探》，《民族教育研究》2013年第6期。

从当前土库曼斯坦的语言使用状况来看，对非国语的学习和使用完全取决于本国国内的政治、经济发展大方向，以及国民的积极性和热情、价值趋向。土库曼斯坦的语言政策正在走向以国家认同为中心，以政治、经济、科技发展方向为导向的多元化格局发展。

第二节　汉语教学简史

近 5 年来，随着中土两国各领域交流合作的全面实施，尤其是油气能源的合作发展，土库曼斯坦的汉语教育取得了长足进步，学习汉语的人数在逐年增加，热情也在日益高涨，师资人数逐年增加，汉语教育能力得到了增强。土库曼斯坦在华留学生人数也不断增长。据悉，目前有上千名土库曼斯坦学生在中国学习，其中有政府奖学金名额，还有很多是自费留学生。目前，土库曼斯坦主要有三所大学开设了汉语课：国立马赫图姆库里大学、阿扎季世界语言学院、外交部所属的国际关系学院。[①]

土库曼斯坦高校每年实际在学汉语的学生超过 100 人。以土库曼斯坦阿扎季世界语言学院为例，汉语语言专业隶属于东方语言系，学制为 5 年，每个年级的在校学生为 10 人；国立马赫图姆库里大学每年招收与学习汉语相关专业的学生在 20—30 人之间，其历史系和国际关系系（现更名为国际关系学院）都设有汉语课程。从学习汉语男女学生性别来看，女生所占比例明显大于男生，平均男女比例为 3：7。在土库曼斯坦汉语已经成为名副其实的热门专业，报考热情持续高涨。以 2010 年、2011 年为例，土库曼斯坦阿扎季世界语言学院汉语专业考试报名和最终录取的学生人数比例分别为 6：1 和 7：1。近年来，土库曼斯坦科学院开始招收研究生层次的汉语语言专业学生，学制 2 年，每年招生 1—2 名。[②]

---

① 肖贵纯：《土库曼斯坦汉语教育的主要问题与思考》，《吉林省教育学院学报》2014 年第 9 期。
② 同上。

2016 年 9 月 26 日，土库曼斯坦驻华大使齐娜尔·鲁斯捷莫娃在青海民族大学演讲时说："经过 20 多年努力，目前已有 2000 多名土库曼斯坦青年在中国各高校功读学士、硕士、博士学位。2016 年开始，土库曼斯坦已在初中、高中广泛开展汉语课程。"

土库曼斯坦汉语教师团队分为本土教师和中国外派汉语教师。汉语教师数量少，男女性别比例失调，本土汉语教师几乎全部为女教师，男性汉语教师的缺失不利于汉语教学的全面发展。本土汉语教师来源于两个方向，一是招聘从中国学成归来的土库曼斯坦留学生；二是聘用本国高校的汉语专业毕业生。汉语师资学历整体层次在本科以上（有的教师正在攻读副博士学位），大都通过各种渠道的学习培训，掌握一定程度的现代化信息技术知识。土库曼斯坦阿扎季世界语言学院 4 名中文教师中，只有 1 人有在中国学习汉语的经历，另外 3 名教师是本校汉语专业留校毕业生。尽管当前的土库曼斯坦汉语教师年龄一般在 35—45 岁之间，但因汉语教育非持续性发展以及时间等因素，大多缺乏足够的汉语教学经验和科研水平。

第三节　汉语教学的环境和对象

一　高等院校汉语教学

目前，土库曼斯坦主要有三所大学开设了汉语课：国立马赫图姆库里大学、阿扎季世界语言学院、外交部所属的国际关系学院。各高等院校均需根据就业需求制定招生指标，由校方自主招生。国家规定阿扎季世界语言学院汉语专业每年招收 10 名学生，国立马赫图姆库里大学自 2012 年起每年招收 8 名学生。除此之外，近年来中国共为土库曼斯坦提供了 398 个赴中国留学的全额奖学金名额。其中 2011 年 9 月派出 94 名学生，2012 年 9 月派出 100 名学生，2013 年 9 月派出 56 名学生。目前汉语专业毕业生有的从事国家电视台中文频道播音、翻译工作，有的从事汉语教学工作，但大部分被分配到中小学从事英语、俄语教学工作。①

汉语在土库曼斯坦为新学科，目前师资力量薄弱。土库曼斯坦各高校均按照教育部要求进行课程设置及课时安排，并要求任课老师必须有纸质的完整教案。土库曼斯坦汉语专业课程较丰富，课时安排比较合理，但部分课程套用了苏联俄语专业的教学课程，大部分课程没有相应的教材，汉语专业缺乏基础课程，如口语、听力、阅读、写作等。但许多科目并非按照教学计划进行，而是由任课老师自行安排。据调查，高校学汉语的学生72%是由于对中国以及汉语感兴趣，并意识到汉语在土库曼斯坦良好的发展前景才选择学习汉语。一半以上的学生希望毕业后去中国继续学习或在土库曼斯坦从事汉语相关的工作。

二　中小学汉语教学

2015年9月18日，土库曼斯坦总统别尔德穆哈梅多夫在内阁会议上说，中小学和大学将设立汉语和日语课程。他建议制定从小学五年级开始学习汉语和日语的教学方法，并在短时间内付诸实施。目前，土库曼斯坦高等学校和中小学设有英语和俄语课。土库曼斯坦没有孔子学院，但有4所高校设有汉语专业。②

2016年1月28日，土库曼斯坦驻华大使齐娜尔·鲁斯捷莫娃在北京召开的新闻发布会上介绍说，从2016年起，土库曼斯坦将在中小学阶段开设汉语为第二外语。根据土库曼斯坦总统的倡议，从2016年开始，土库曼斯坦将在中小学阶段（五年级至十二年级）把汉语设为第二外语。③

---

① 李敬欢、李睿：《土库曼斯坦现行教育体制下汉语推广现状及对策初探》，《民族教育研究》2013年第6期。

② 卢敬利：《土库曼斯坦中小学和大学将开设汉语课》，新华网，2015年9月19日。http://news. xinhuanet. com/world/2015－09/19/c_ 1116615130. htm，2016年10月27日。

③ 杨倩：《土库曼斯坦中小学将开设汉语课》，人民网，2016年1月29日。http：//world. peo-ple. com. cn/n1/2016/0129/c1002－28096968. html，2016年10月27日。

2009 年 9 月，国家主席胡锦涛在纽约会见土库曼斯坦总统别尔德穆哈梅多夫时表示，积极支持在土库曼斯坦建立孔子学院。但到 2016 年 6 月，土库曼斯坦还没有建立孔子学院或孔子课堂。

第四节　汉语教材和教学法

一　教材的选用

一直以来，土库曼斯坦汉语教学以中国政府捐赠的教材为主，这些教材一般是俄语或英语注释，数量、种类有限，难以满足汉语专业学生不同课型（现代汉语、汉语实践、汉俄翻译等）的需求，多数学生上课的课本都是复印教材。土库曼斯坦的汉语教材衔接性差，有的教材只有一两册，学完后需要更换其他教材，因此学生需要不断熟悉新教材。教材的选择全凭任课教师个人喜好，从而导致各个年级所用教材繁杂不一。部分学校原有教材已经不能满足学生实际需求，出现了不同课程用同一种教材的现象，有些课程则凭借教师自己准备讲义。直到 2012 年才基本将教材统一化，大部分使用《新实用汉语课本》。教辅材料（如光盘、练习册）更少，学生学完后得不到系统的巩固，汉语知识难以扎实掌握。不同年级使用同一册教材，而且教学进度较慢。另外很多科目没有教材，教师自己安排授课内容，教学缺乏系统性。正是由于汉语教材的严重缺乏，以至于通常情况下课程设置与所用教材不匹配。

土库曼斯坦汉语师资力量的严重匮乏，直接导致了本土化汉语教材的空白，缺乏适合土库曼斯坦汉语教学的本土化教材。由于中土两国地域文化差异、语言环境差异较大，部分教材内容不适用于土国学生学习。这其中涉及宗教文化等因素，影响学生的学习兴趣，有的不适合土国本土教师的授课特点。

二　教学法

土库曼斯坦的汉语教学模式和方法不尽如人意。在教学认知方法上，目前仍以教师教、学生学的"灌输式"教学法为主，手段模式单一，对学生语言能力的培养效果大打折扣。在土库曼斯坦高校的汉语教学计划中，目前还没有加入补充课时或者选修课程，校园网络教学还有待于推广普及。当前土国的教学方法主要采用讲授法，其他教学方法（情景教学法、案例教学法、讨论法、体验学习教学法）在汉语教学课堂中运用得不普遍，这与土库曼斯坦教育传统不无关系。由于一直以来的固有教学模式，汉语教学中没有树立学生是课堂教学活动主体的观念，通常的讲课模式就是老师讲、学生听，教学互动不多，课堂授课的知识容量小，教学内容少，这很有可能与课堂教学设施的实际情况有关。土库曼斯坦缺少同传实验室、多媒体教室、卫星电视等现代化手段，由于不能尽可能多地提供实践机会，想从听记能力、笔记能力、不同类型口译能力等方面培养学生的语言交传实战能力是办不到的。总体来讲，当前的汉语教学法对提高汉语教学学习水平具有一定程度的影响。[1]

本章主要参考文献

肖贵纯：《土库曼斯坦汉语教育的主要问题与思考》，《吉林省教育学院学报》2014 年第 9 期。

卢敬利：《土库曼斯坦悄然兴起"汉语热"》，《国际商报》2013 年 9 月 11 日第 2 版。

李敬欢、李睿：《土库曼斯坦现行教育体制下汉语推广现状及对策初探》，《民族教育研究》2013 年第 6 期。

---

[1]　肖贵纯：《土库曼斯坦汉语教育的主要问题与思考》，《吉林省教育学院学报》2014 年第 9 期。

第九章　吉尔吉斯斯坦的汉语教学

第一节　国家概况

一　自然地理

吉尔吉斯共和国，简称吉尔吉斯斯坦（吉尔吉斯语：Кыргыз Республикасы，Kyrgyz Respublikasy，英语：The Kyrgyz Republic/Kyrgyzstan），国土面积 19.85 万平方公里。是位于中亚东北部的内陆国，东南和东面与中国相接，有 1100 多公里的共同边界。北与哈萨克斯坦相连，西界乌兹别克斯坦，南同塔吉克斯坦接壤。境内多山，素有"中亚山国"之称，全境 90% 海拔在 1500 米以上，其中 1/3 的地区在海拔 3000—4000 米之间。吉尔吉斯斯坦位于欧亚大陆的腹心地带，是连接欧亚大陆和中东的要冲。[①]

二　历史政治

吉尔吉斯斯坦在《史记》《汉书》里被称为"鬲昆""坚昆"。15

---

① http：//www.fmprc.gov.cn/web/gjhdq_676201/gj_676203/yz_676205/1206_676548/1206x0_676550/，2016 年 7 月 18 日。

世纪后半叶吉尔吉斯民族基本形成。清朝时，东部和南部大部分地区属于中国新疆，西部属于中国清朝藩属国浩罕汗国，称为布鲁特。1876 年被沙皇俄国吞并。1917 年 11 月—1918 年 6 月建立苏维埃政权，1924 年 10 月 14 日成立卡拉吉尔吉斯自治州，属俄罗斯联邦。1925 年 5 月 25 日成立吉尔吉斯自治州。1926 年 2 月 1 日改为吉尔吉斯苏维埃社会主义自治共和国。1936 年 12 月 5 日成立吉尔吉斯苏维埃社会主义共和国，加入苏联。1991 年 8 月 31 日，正式宣布独立，改国名为吉尔吉斯共和国。1991 年 12 月 21 日加入独联体。独立后，吉尔吉斯斯坦实行总统集权制。1991 年 12 月 27 日，中国承认吉尔吉斯斯坦独立。1992 年 1 月 5 日与中国建立大使级外交关系。2013 年 9 月 10 日，中国国家主席习近平对吉尔吉斯斯坦进行国事访问并出席上海合作组织元首理事会第十三次会议。2015 年 9 月，吉尔吉斯斯坦总统阿坦巴耶夫来华出席中国人民抗日战争暨世界反法西斯战争胜利 70 周年纪念活动。①

三 人口经济

吉尔吉斯斯坦国民经济以多种所有制为基础，农牧业为主，工业基础薄弱，主要生产原材料。山区雨量充沛，河流众多。广泛分布着草甸草原和亚高山草原，宜于发展牧畜业。矿物资源丰富，以有色金属、稀有金属和煤炭为主，其中锑、锡、钨、锌、铅、金、水银等都有相当储量。独立初期，经济出现大滑坡。近年来，通过调整经济改革方针，经济保持了低增长态势，工业生产恢复性增长。针对国情，吉尔吉斯斯坦将发展旅游业和扶持中小企业列为经济工作的重点。中国新疆与吉尔吉斯斯坦山水相连，陆路相通，拥有 1100 公里的边境线。历史上，吉尔吉斯斯坦作为"丝绸之路"重要的必经地，与中国一直有着密切的往来。与中国建交以来，签订了多项合作条约和协定，

---

① 孤竹博客：《列国志·吉尔吉斯斯坦》，2014 年 8 月 15 日，http：//blog.sina.com.cn/u/2547761387，2016 年 7 月 18 日。

其内容涉及了政治、经济和文化等多个方面，是上海合作组织成员国中与中国关系最为密切的国家之一。①

"吉尔吉斯斯坦独立后，各种学校迅速发展，年轻人在国内几乎可以得到任何理想的专业。总统阿卡耶夫本人也曾立誓让国人即使不成为科学家，也要成为有学识的人。现在的吉尔吉斯斯坦各州几乎都有高等和中等专业学校，首都比什凯克真正成了大学城，这里培养出了外交官、新闻工作者、政治理论家等。"② 目前，吉尔吉斯斯坦致力于建立民主模式的教育体制，正在推行个性化教育，多元化教育和市场化教育，以便受教育者能够选择教育种类和层次。2010 年，吉尔吉斯斯坦高等学校到中国新疆留学的研究生、本科生、非学历生就有3700 多人。③

吉尔吉斯斯坦的教育体系，分为初等教育和高等教育。初等教育是 1—11 年级，其中 1—9 年级是义务教育。学生接受义务教育后，可以选择继续上初级教育学校的 10—11 年级，或者进入中专院校或职业技术院校，学生上中专或者技校所需的学费不需本人承担，由国家负担。高中教育 10—11 年级学生在毕业后可以考入大学，继续学习。大学包括专科、本科及本科以上等各类教育形式，通常专科教育时间为 4 年，本科教育时间为 5 年。

吉尔吉斯斯坦人口数量为 596 万（2015 年），有 80 多个民族，其中吉尔吉斯族占总人口的 72.6%。其余民族中，乌兹别克族占 14.4%，俄罗斯族占 6.4%。1999 年至 2009 年的 10 年间，吉尔吉斯斯坦的俄罗斯族人口减少了 16 万人，而乌兹别克族人口则增加 10 万人。还包括东干族、维吾尔族、塔吉克族、哈萨克族、乌克兰族、朝鲜族、白俄罗斯族等民族。全国人口的 60% 生活在农村。

吉尔吉斯斯坦 70% 以上居民信仰伊斯兰教，多数属逊尼派。其次

---

① http：//fec. mofcom. gov. cn/article/gbdqzn/，2016 年 7 月 18 日。
② 薛慧：《吉尔吉斯斯坦高校外语教育现状调查研究》，硕士学位论文，新疆师范大学，2012 年，第 12 页。
③ 范祖奎、易红：《吉尔吉斯斯坦高等教育现状调查研究》，《新疆社会科学》2011 年第 4 期。

为东正教或天主教。吉尔吉斯、乌兹别克、哈萨克、鞑靼、维吾尔、塔吉克和东干等民族多信奉伊斯兰教。俄罗斯、乌克兰和白俄罗斯等民族多信仰东正教。作为伊斯兰国家，与伊朗、土耳其、巴基斯坦等伊斯兰国家在宗教信仰和文化传统方面有着天然的认同感，彼此间来往频繁。

四　语言政策

1938 年俄语作为一门强制课程引入吉尔吉斯斯坦，到苏联解体前夕，俄语在城市已经占绝对的优势。吉尔吉斯斯坦独立后，虽然用吉尔吉斯语学习的人数在上升，但用俄语学习仍在吉尔吉斯斯坦占主导地位。1989 年颁布《语言法》，吉尔吉斯语被确认为国语，俄语被确定为族际交际语。2001 年 12 月，阿卡耶夫总统签署《关于赋予俄语官方语言地位的宪法修正案》，规定吉尔吉斯语是国家语言，俄语是官方语言。官方语言的地位与"国家语言"等同，并与后者一样使用。①

第二节　汉语教学简史

1991 年，吉尔吉斯斯坦国立民族大学成立中文系，是最早进行汉语教学的学校。同年，吉尔吉斯斯坦女子师范大学也开设了汉语课程。1995 年，比什凯克人文大学成立中文系，民族大学和女子师范大学的学生集体转到人文大学继续学习汉语。从此人文大学成为吉尔吉斯斯坦汉语教育的主要阵地，学生数量以每年 100% 的速度增长。2004 年人文大学中文系发展成为汉学系，学生规模由最初的 50 名发展到 901 名。2007 年初，以比什凯克人文大学、国立大学和俄罗斯斯拉夫大学

---

① 黄小勇：《独立后吉尔吉斯斯坦语言政策及其特征研究》，硕士学位论文，新疆师范大学，2011 年，第 36 页。

3 所大学为基础成立了汉学家协会，比什凯克人文大学校长穆萨耶夫出任会长，人文大学吉汉学系主任刘伟刚担任副会长。① 2000 年以前，在中小学中，鲜见汉语课程的设置。2000 年以后，不少中小学也加入汉语教学的队伍，开设了汉语课程。

2008 年 6 月 15 日，新疆大学和比什凯克人文大学合作成立了吉尔吉斯斯坦第一所孔子学院。现在已有 3 所孔子学院，12 个孔子课堂及 40 多个教学点。在吉尔吉斯斯坦，汉语已经成了最重要的外语，只要有条件的学校都开始开设汉语课程，以满足学生学习汉语的要求。据初步调查统计，吉尔吉斯斯坦 7 个州中有 3 个州的国立大学、比什凯克的 11 所大学、奥什市的 5 所大学，都开设了汉语课（包括汉语专业与一外和二外汉语）。开设汉语课的高校占到全国高校的 90%②。

吉尔吉斯斯坦的汉语国际教育起步较晚，只有短短二十几年的历史，汉语教学主要在大学和中小学开展。目前在这个人口不到 600 万的国度，超过 2000 名吉尔吉斯斯坦留学生在中国学习汉语，国内的汉语在学人数已达 1.5 万人。但汉语国际教育发展体系并不完善，缺乏明确的汉语教学大纲的指导，缺乏合格汉语教师上岗标准和对教师素质的考核，汉语教师的敬业精神、教学能力与业务水平参差不齐，成为提升吉尔吉斯斯坦汉语国际教育成效的瓶颈。③ 从 1993 年起，中国政府每年为吉尔吉斯斯坦汉语学习者提供免费奖学金名额。现有的奖学金类型包括：中国政府奖学金、孔子学院奖学金、中亚汉语推广基地奖学金、丝绸之路奖学金等。

2007 年 8 月，国家主席胡锦涛出席中国—吉尔吉斯斯坦两国教育部关于在吉尔吉斯斯坦建立孔子学院的协议书签署仪式，外交部部长杨洁

---

① 古丽尼沙·加玛力：《吉尔吉斯斯坦汉语教育现状及发展前景展望》，《世界汉语教学学会通讯》2010 年第 1 期。
② 闫丽萍、彭国庆：《吉尔吉斯斯坦高校学生汉语学习现状调查研究——以奥什国立大学为例》，《新疆职业大学学报》2013 年第 4 期。
③ 同上。

簏与吉尔吉斯斯坦教育与科学部部长签署议定书；2008 年 3 月，国家汉办与新疆教育厅合作编写的吉尔吉斯语版教材《新丝路汉语》出版发行。2010 年，中国国家汉办/孔子学院总部首次向吉尔吉斯斯坦派出汉语教师志愿者。

第三节 汉语教学的环境和对象

一 高等院校汉语教学

随着汉语国际地位的提升和吉尔吉斯斯坦对汉语人才的市场需求量的提升，加上很多学习者本身也对学习汉语有兴趣、学习热情高，从总体情况来看，吉尔吉斯斯坦高校重视汉语教学，对汉语教学的态度相当积极，高校汉语学习人数逐年增多。

吉尔吉斯斯坦现有高校 53 所。高等院校中开设汉语教学的学校由最初的 1 所发展到 23 所，学生人数由最初的 7 人发展到约 5000 人。[1]大部分大学的汉语专业主要开设于吉中关系、区域学、东方学及东方语言学等系，专业名称包括中国经济、汉语言文学及国际关系等。

吉尔吉斯斯坦高校汉语教学目前急需解决的问题，包括汉语教师处于缺乏状态、教材短缺、汉语课程设置单一、基础设施有一定局限性、教学设施的使用情况尚不尽如人意等。吉尔吉斯斯坦高校的本土汉语教师队伍整体上比较年轻，流动性大，由于薪资待遇比较低，一些汉语老师同时兼好几份职，加上缺少进修机会，导致教师难以提高自身汉语水平和教学水平。吉尔吉斯斯坦高校汉语课程一般分综合课和专项技能课两类，缺乏专项目标课、语言知识课和文化课等课程。少数高校在开设汉语课程时，有跟风之嫌，只有一时热情，缺乏周密的安排和长远的计划，培养目标不清晰，在教学管理中也缺乏经验，

---

[1] 钟燕凤：《吉尔吉斯斯坦大学生汉语学习动机调查研究》，硕士学位论文，新疆师范大学，2008 年，第 2 页。

没有高质量的师资力量，汉语教学发展缺乏后劲。吉尔吉斯斯坦高校汉语教材种类单一、教材及教辅用书数量不足，缺乏中国文化常识等类型的教材。

目前，汉语教学领先的高校包括比什凯克人文大学、吉尔吉斯国立民族大学、奥什国立大学等。吉尔吉斯国立民族大学是最早开始汉语教学的高校，现在汉语专业的学生主要分布在吉中学院和国际一体化学院等院系，共有 6 个专业 1800 多名学生，学习汉语的学生人数堪称中亚高校中最多。其中，吉中学院有学生近 1600 人，汉语教师 50 人，分汉语言和汉语翻译两个教研室。2011 年，国立民族大学就有 20 多名汉语教师去中国进修，教师每年还有在本国进行教学法等课程进修的机会。①

比什凯克人文大学现有中国语文系、中国语言文学系、汉语中心、汉语教育资源中心、汉学家协会、孔子学院、测试中心、《大陆桥》杂志等汉语教育相关机构。比什凯克人文大学与中国中央民族大学、中国人民大学、北京科技大学、天津科技大学、西安交通大学、新疆大学、新疆财经大学、新疆师范大学等多所高校有合作。比什凯克人文大学 1995 年开始招收汉语专业的学生，经过十几年的稳步发展，已经拥有了一支比较稳定的教师队伍。在吉尔吉斯斯坦，比什凯克人文大学是学习汉语的学生的首选高校。

奥什国立大学是奥什州最古老的大学，汉语学习者主要集中在国际关系与公共服务系的区域学与国际关系两个专业，学汉语的人数总计大约 430 多名。其中区域学专业将汉语作为第一外语，学习人数为 333 人，一至四年级每周四节（一节为 80 分钟）汉语课，五年级（第一学期）每周两节汉语课；国际关系专业将汉语作为第二外语，学习人数约为 100 人，二至五年级每周两节汉语课。②

---

① 薛慧：《吉尔吉斯斯坦高校外语教育现状调查研究》，硕士学位论文，新疆师范大学，2012年，第 33 页。
② 闫丽萍、彭国庆：《吉尔吉斯斯坦高校学生汉语学习现状调查研究——以奥什国立大学为例》，《新疆职业大学学报》2013 年第 4 期。

一项针对吉尔吉斯斯坦大学生汉语学习动机的调查显示：在
"A. 当个汉学家；B. 当个汉语外交官；C. 当名汉语老师；D. 做个
翻译；E. 自己与中国人做生意；F. 不知道"六个选项中，42.7%的
大学生选择了"D. 做个翻译"，说明他们的目标选择很实际，具有
明显的经济利益驱动性。因为在吉尔吉斯斯坦，当汉语翻译的收入
远高于"汉语教师"，而这一目标比起"当外交官"和"当汉学家"
更容易达到。①

二 中小学汉语教学

吉尔吉斯斯坦中小学是一贯制，即从小学到高中均在一所学校，
因此不存在单独的小学、初中和高中，一所学校囊括了1—11年级，
学校统称为中学，如：第2中学、第6中学等。2011年调查数据显示，
吉尔吉斯斯坦有2100所中小学，在校学生109.5万人，开设汉语课的
学校主要集中在比什凯克、奥什等大城市。截至2012年底，比什凯克
市设有汉语教学点的中小学有9所，均为孔子学院附属孔子课堂及教
学点，学习汉语的学生总数大约2800人。

吉尔吉斯斯坦教育部现阶段的教育发展规划目标是让所有中学
毕业生都能熟练掌握吉尔吉斯语、俄语、英语，在2030年前将汉语
列入中学课程。由于"汉语热"的持续升温，中小学开设汉语课对
提高学校自身的知名度和影响力大有益处，甚至开设汉语课程成为中
小学校长骄傲的资本。比什凯克市第69中学开展汉语教学已经有六年
时间了，校长表示，高品质的汉语课程是学校的特色和亮点，为招生
创造了有利条件。②

吉尔吉斯斯坦中小学的汉语课程分为两种：汉语必修课和汉语选
修课。各中小学在开办汉语课初期均将汉语作为选修课程，学生凭兴

---

① 钟燕凤：《吉尔吉斯斯坦大学生汉语学习动机调查研究》，硕士学位论文，新疆师范大学，
2008年，第17页。
② 勾丽红：《吉尔吉斯斯坦中小学汉语教学现状研究》，硕士学位论文，新疆师范大学，2013
年，第19页。

趣上汉语课。随着汉语教学的发展，像比什凯克市第 69 中学等学校已经把汉语作为必修课；而在贾拉拉巴德乌斯曼诺夫中学，汉语甚至取代英语成了学生的必修课。有条件的学校还会利用一些课外时间，根据学生对中国文化的兴趣和需求，开设相应的中华才艺兴趣课，如：太极拳、手工艺、书法、合唱班等。但到目前为止，尚缺乏统一的全国性的汉语教学大纲来科学合理地指导中小学的汉语教学，导致中小学的汉语教学质量无法得到有效的管理和评估。

目前在吉尔吉斯斯坦的中小学汉语教师可以分为两类：第一类是吉尔吉斯斯坦本土的汉语教师，第二类是来自中国的汉语教师。本土汉语教师的最主要来源是该国的汉语学习者，他们本科毕业后，到中学任教。中国籍的汉语教师最主要的来源是汉语教师志愿者和公派教师，其中以汉语教师志愿者为主。中国籍汉语教师完全或基本使用汉语授课，少量使用俄语、英语等媒介语，学生的听说能力得到了很大锻炼，但是汉语教师由于语言问题，需要花大量时间解释生词及语法。本土汉语教师基本大量借助媒介语授课，少量使用汉语，学生能够较快理解生词及语法。但由于本土汉语教师的汉语水平有限，加之学生用汉语进行会话操练的时间非常少，汉语教学效果不太理想。[①]

三　孔子学院（孔子课堂）的汉语教学

截至 2016 年 6 月，吉尔吉斯斯坦有 3 所孔子学院、12 个孔子课堂。[②]

（一）孔子学院的汉语教学

1. 吉尔吉斯国立民族大学孔子学院

所在城市：比什凯克

承办机构：吉尔吉斯国立民族大学

---

① 勾丽红：《吉尔吉斯斯坦中小学汉语教学现状研究》，硕士学位论文，新疆师范大学，2013 年，第 22 页。

② 以下有关吉尔吉斯斯坦孔子学院和孔子课堂汉语教学的信息主要来自国家汉办/孔子学院总部网页，不再一一注明具体出处。http://www.hanban.org/article，2016 年 7 月 25 日。

合作机构：新疆师范大学

启动时间：2007 年 11 月 6 日

2009 年 5 月 14 日，吉尔吉斯国立民族大学孔子学院正式揭牌。2009 年、2010 年、2013 年，该孔子学院三次荣获"先进孔子学院"称号。2011 年，孔院中方院长王哲荣获"孔子学院先进个人"称号。

2015 年 2 月 11 日，吉尔吉斯国立民族大学孔子学院（民大孔院）首次开展"汉语角"活动，40 余名汉语爱好者参加。本期汉语角主题为"我的爱好"。孔子学院此后每月组织两次"汉语角"活动，每次活动都有明确的主题，目的是让更多喜欢汉语的吉尔吉斯斯坦人体会到汉语的神奇和奥妙。2015 年 4 月 23 日，吉尔吉斯国立民族大学商学院授予新疆师范大学商学院院长、中亚经济研究中心主任王维然教授荣誉博士头衔。商学院院长指出，依托民大孔院，吉尔吉斯国立民族大学与新疆师范大学一直保持着良好的合作关系。希望今后在双方的共同努力下，两校能够在更宽领域、更深层次进一步加强合作。随后，王维然教授为商学院师生做了题为"中国对外开放"的专题讲座。

2015 年 1 月 27 日，民大孔院下设比什凯克市第 69 中学孔子课堂举办首届汉语童话故事表演大赛。大赛为学生提供了一个汉语水平展示的平台，激发了学生学习汉语的积极性。2015 年 2 月 24—28 日，民大孔院斯拉夫大学教学点举办第二届"中国文化周"系列活动，共 350 余人报名参加"中国饮食展""中国茶艺""迎新春汉语汇报演出""中国电影欣赏"等活动。2015 年 3 月 3 日，民大孔院阿拉套大学教学点举办"中国文化日"活动。开展了中国饮食、中国剪纸、京剧服饰、茶艺、书法等中国文化体验项目。2015 年 4 月 16 日，民大孔院卡拉库尔市第 1 中学教学点举办伊塞克湖州第一届汉语歌舞比赛。来自卡拉库尔市第 1 中学等多所中学及伊塞克湖国立大学汉语培训班的 200 余人参与了此次活动。2015 年 5 月 20 日，民大孔院下设托克马克市第 5 中学孔子课堂举行"汉语学习之星"颁奖活动。22 名学生获此称号。2015 年 5 月 22 日，民大孔院阿拉套大学教学点举办"语言日"活动。本次"语言日"活动包括汉语、土耳其语、英语、阿拉伯语、俄语、吉尔吉斯语等语种。中文专业的学生们展示了中国书法、中国茶艺、中国饮食及中国舞蹈等中国传统文化。2015 年 5 月 26 日，比什凯克市第 69 中学孔子课堂举办"吉尔吉斯斯坦中小学汉语教学观摩会"。第 69 中学学生表演了民族特色舞蹈、太极扇、武术、中国结、京剧脸谱、中国画、中国书法等中华才艺；汉语教师展示了汉语公开课，并与嘉宾就中小学汉语教学问题及对策进行了探讨。

2015 年 2 月 24 日，民大孔院举行"2015 年春季中华文化培训班"开班仪式，共 90 余名学员参加。2015 年 9 月 16 日，民大孔院举行"2015 年秋季中华文化培训班"开班仪式，100 余名学员参加。培训班课程包括武术、茶艺、书法、国画、舞蹈、剪纸和中餐烹饪等，这些课程有助于学员近距离接触中国文化，提高汉语学习的兴趣和水平。

2015 年 3 月 7 日和 12 日，民大孔院分别在孔子学院本部和伊塞克湖州分部举办"中国情，丝路梦"汉语演讲比赛。民族大学本部有来自比什凯克市周边地区的 31 名选手参赛。伊塞克湖州地区有来自伊塞克湖州国立民族大学、卡拉库尔市第 1 中学等学校的 19 名选手参赛。2015 年 4 月 30 日，民大孔院举办"挑战'字'我"硬笔书法大赛。比赛分大学组和中学组，来自民大孔院本部及下属各孔子课堂、教学点的 71 名选手参加。2015 年 10 月 24 日，民大孔院举办首届"孔子学院杯"汉字听写大赛，听写内容为新 HSK 1—5 级词汇中的汉字。经过层层选拔，奥什国立大学孔子学院、比什凯克人文大学孔子学院和国立民族大学孔子学院 3 支参赛队每队 6 名选手（4 名大学生和 2 名中学生）进入最后决赛。经过 3 轮的激烈角逐，比什凯克人文大学孔子学院代表队勇夺团体冠军。2015 年 11 月 14 日，民大孔院举行了第四届作文比赛，来自孔院下属孔子课堂和教学点的 28 名选手参加了比赛。比赛分为中小学组和大学组。2015 年 12 月 3 日，民大孔院举办第三届"吉尔吉斯斯坦大学生汉语口语大赛"。比赛分主题演讲、即兴

演讲和巅峰对决 3 个环节。来自 19 所高校的 25 名选手参赛。2015 年
12 月 11 日，比什凯克市第 69 中学举办第一届"吉尔吉斯中小学生汉
语故事大赛"。共有来自吉尔吉斯斯坦 3 所孔子学院的 11 个代表队的
60 余名选手参加。2015 年 9 月 19 日，民大孔院主办 2015 年第二届
"我唱中国歌"汉语歌曲大赛。本届比赛分为中学组和大学组，有 100
余名选手报名参赛，最终 29 名选手晋级决赛。2016 年 3 月 5 日，民大
孔院举办"我眼中的中国"汉语演讲比赛，来自比什凯克周边下属教
学点的 29 名选手参加比赛。比赛分为大学组和中学组，获胜选手可以
赴华参加暑期夏令营。2016 年 2 月 29 日，比什凯克市第 68 中学教学
点举办"汉语之星"大赛。10 位参赛选手通过汉语自我介绍和才艺表
演向大家展示自己的汉语学习成果。

　　一直以来，民大孔院致力于把中华文化融入汉语教学中。2015 年
5 月 23 日，民大孔院举办"中国文化体验日"活动，吸引当地 200 余
名民众前来观看和体验。活动包括中国书法、茶艺、乐器、剪纸、太
极拳、服饰等中国传统文化。2015 年 9 月 25 日，民大孔院下设托克马
克市第 5 中学孔子课堂举办"孔子诞辰纪念日"文化交流活动。此次
活动包括中国才艺表演、中国文化体验、游戏互动 3 部分。文化体验
活动不仅提高了孩子们学习汉语的兴趣，更对促进中国与吉尔吉斯文
化交流起到了一定的积极作用。2015 年 11 月 23—27 日，民大孔院比
什凯克市第 31 中学教学点举办"中国文化周"活动。活动主要包括
中国传统文化体验、中国文化公开课竞赛、绕口令竞赛和手抄报竞赛
等。民大孔院中方院长为在文化周中获奖的班级及个人颁奖。2016 年
2 月 29 日，阿拉套大学教学点举办"中国文化日"活动。活动主要由
中国文化体验和中国文艺表演 2 部分组成。阿拉套大学的"中国文化
日"活动到今年已成功举办八届，丰富多彩的活动不仅展示学生学习
汉语的成果，同时也让更多吉尔吉斯斯坦人了解了中国文化的魅力。

　　2015 年 4 月 24 日，民大孔院和民族大学经济与金融学院联合主
办"丝绸之路经济带与欧亚经济联盟"国际研讨会。来自多国的政

界、商界以及教育界的 60 余名嘉宾出席了会议。大家围绕"丝绸之路经济带与欧亚经济联盟关系研究""丝绸之路经济带框架下的经济合作前景""吉尔吉斯斯坦加入关税联盟对中国的影响""吉尔吉斯斯坦对丝绸之路经济带形成的作用""丝绸之路经济带国家之间经贸关系的发展前景"等议题展开讨论。2015 年 10 月 15 日，由吉尔吉斯国立民族大学和新疆师范大学联合主办，吉尔吉斯国立民族大学孔子学院、新疆师范大学文学院、北京大学中国古代史研究中心和中国李白研究会共同承办的"李白与丝绸之路"国际学术研讨会在比什凯克开幕。来自中国、哈萨克斯坦和吉尔吉斯斯坦的 60 余位资深专家和学者出席会议。北京大学历史系为此次研讨会专门编著出版了《李白研究论著目录》。2015 年 10 月 24 日，由新疆师范大学主办，吉尔吉斯国立民族大学孔子学院、新疆《玛纳斯》研究中心、新疆师范大学文学院等单位联合承办的"《玛纳斯》与柯尔克孜族民俗文化"国际学术研讨会在新疆师范大学召开。来自中国、吉尔吉斯斯坦、俄罗斯、哈萨克斯坦、德国、日本、土耳其 7 个国家的 67 位专家学者参加了研讨会。2015 年 11 月 28 日，吉尔吉斯斯坦李白基金会向民大孔院赠送 100 本《李白》诗集。李白基金会希望通过孔子学院这个平台不断扩大与中国李白协会等教育机构的学术交往。

2015 年 4 月 18 日，民大孔院举办第十四届"汉语桥"世界大学生中文比赛吉尔吉斯国立民族大学校内预选赛。获胜学生将参加第十四届"汉语桥"世界大学生中文比赛吉尔吉斯斯坦预选赛。2015 年 4 月 25 日，民大孔院和阿拉套国际大学共同举办第十四届"汉语桥"世界大学生中文比赛吉尔吉斯斯坦赛区预赛，来自吉尔吉斯斯坦 19 所高校的 31 名选手参加。2016 年 5 月 14 日，民大孔院和比什凯克第 31 中学共同举办第九届"汉语桥"世界中学生中文比赛吉尔吉斯斯坦赛区预赛，来自 21 所中学的 25 名选手参赛。获胜学生将代表吉尔吉斯斯坦参加在中国举办的"汉语桥"世界大中学生中文比赛复赛和决赛。

2. 比什凯克人文大学孔子学院

所在城市：比什凯克

承办机构：比什凯克人文大学

合作机构：新疆大学

启动时间：2008 年 6 月 15 日

2006 年，比什凯克人文大学成立了中亚地区第一个汉语水平考试中心。2008 年 6 月 15 日，由新疆大学与比什凯克人文大学合作的比什凯克人文大学孔子学院正式揭牌运行。温家宝总理专门为比什凯克人文大学孔子学院题写了"传中华之文脉，播声教于四海"的题词。2012 年 1 月 10 日，出席中吉建交 20 周年庆祝活动的中国国家主席特使、全国人大常委会副委员长陈至立访问了比什凯克人文大学孔子学院。2012 年，吉尔吉斯斯坦比什凯克人文大学孔子学院苏白·阿那别克荣获"孔子学院先进个人"称号。

比什凯克人文大学孔子学院（人文大孔院）2010 年底与吉尔吉斯斯坦外交部达成协议，为其工作人员开办为期 1 年的汉语培训班，该班于 2011 年 1 月正式开课。作为外交人员，学员们认为中国现在发展得很好，中吉两国互信度增加，经贸往来频繁，学习中国语言文化对吉尔吉斯斯坦国家的发展和自己的前途都有很重要的意义。2011 年 10 月 25 日，人文大孔院在吉尔吉斯斯坦国家缉毒总局举行了汉语培训班开学典礼，吉国家缉毒总局副局长及参加第一批汉语培训的 12 名学员、中国驻吉警务参赞、人文大孔院中方院长及教师代表参加。开学典礼仪式在庄严而欢快的气氛中进行。吉国家缉毒总局副局长用生动的实例说明学习汉语在缉毒国际合作方面的重要性。人文大孔院与吉国家缉毒总局签订了教学协议并赠送了汉语教材。

2011 年 9 月 27 日，人文大孔院和吉尔吉斯斯坦国家科学院东干学汉学研究中心合办"中亚东干历史、文化、风俗国际学术研讨会"，来自中国、俄罗斯、法国、挪威、德国、日本、哈萨克斯坦、吉尔吉斯斯坦等 8 个国家的东干问题专家及当地知名人士 450 多人参加会议。

本次会议以"东干语研究、发展、教育的追溯及其今后的前景""多民族环境下的中亚东干文化和风俗""中亚东干历史与民族过去和现在的问题"为主题，31 人做了学术报告。此次大会是吉尔吉斯斯坦近十年来举行的规模最大的一次东干学学术会议。2014 年 7 月 3 日，人文大孔院举办"中吉丝绸之路经济带研讨会"，吉尔吉斯斯坦教育科技部、经济部、外交部等政府部门领导及高校领导人、部分国家驻吉尔吉斯斯坦使馆官员等共计 600 余人出席会议。开幕式上，人文大孔院中方院长苏白·阿那别克教授发表《孔子学院在丝绸之路经济带中的作用》主题演讲。本次会议议题包括"中吉之间相互关系的现状及发展趋势""孔子学院在丝绸之路经济带中的作用"等。本次会议是比什凯克人文大学孔子学院成立以来举办的规模最大、影响最广的国际研讨会。2016 年 4 月 29 日，人文大孔院和吉尔吉斯斯坦国家战略研究院联合主办"丝绸之路经济带背景下的中亚信息传播合作"圆桌会议。来自中国、吉尔吉斯斯坦、哈萨克斯坦、塔吉克斯坦、印度、日本、巴基斯坦、伊朗等国家的代表参与讨论。2016 年 6 月 20—21 日，人文大孔院举办"2016 年中亚和南高加索地区孔子学院联席会议"。吉尔吉斯斯坦副总理、教育科学部秘书长、中国驻吉尔吉斯斯坦大使、孔子学院总部副总干事、国家汉办副主任以及来自吉尔吉斯斯坦、哈萨克斯坦、乌兹别克斯坦、塔吉克斯坦、阿塞拜疆、格鲁吉亚、亚美尼亚的孔子学院所在大学校长、孔子学院中外方院长和课堂负责人、社会各界人士等 130 余人出席会议。会议以"'一带一路'倡议下孔子学院面临的机遇与挑战"为主题，总结和分享成功经验、分析孔子学院面临的问题和挑战，集思广益，为孔子学院长期可持续发展建言献策。

2013 年 3 月 21 日，"贾拉拉巴德州巴扎库尔干区政府与比什凯克人文大学孔子学院诺鲁孜节联谊活动"举办。奥斯曼诺夫中学是巴扎库尔干区唯一一所开设了汉语课并将汉语纳入到义务教育学段的学校。人文大孔院向贾拉拉巴德州奥斯曼诺夫中学赠送了 500 套汉语教材。

奥斯曼诺夫中学学生演唱了中文歌曲《明天会更好》《永远是朋友》。
2014年1月28日，人文大孔院比什凯克第66中学教学点举办活动，
庆贺中国新春。吉尔吉斯斯坦教育科技部副部长亲临会场。该校学习
汉语的学生朗诵《春晓》《草》《静夜思》《梅花》《咏鹅》等诗歌、
表演《九九艳阳天》《老鼠爱大米》等歌舞以及棍术、花刀、散打、
长拳、太极拳等节目。2015年2月12日，人文大孔院举办了第一期比
什凯克市中小学教师剪纸培训班。近200名比什凯克市中小学、幼儿
园教师积极参加。本培训班旨在培训一批掌握基本剪纸技巧的中小学
老师，将剪纸艺术在吉尔吉斯斯坦中小学广泛推广开来，培养孩子的
动手能力及审美情趣，当地学生们能够通过剪纸更多地了解中国。
2016年1月19日，人文大孔院首次在当地最繁华的购物中心Bishkek-
park举办中国书画展和中国文化体验活动，吸引了约200名当地民众
到场观看。现场演示了茶艺、书法、国画等文化项目，最受欢迎的是
体验剪纸、书法、国画、中国结。孔子学院还请3名中医在现场为大
家把脉义诊，推拿按摩。

　　2012年3月16日，人文大孔院贾拉拉巴德州汉语教学点"中国
文化周"系列活动启动，总统阿尔马兹别克·阿坦巴耶夫到场参观并
给予高度评价。阿坦巴耶夫观看了"《雄鹰部落》吉尔吉斯斯坦人文
地理摄影展"和"贾拉拉巴德国立大学师生中国行图片展"。本次文
化周活动在贾拉拉巴德国立大学反响热烈，吉尔吉斯斯坦国家电视台
等主流媒体进行了报道。2012年3月27日，贾拉拉巴德州汉语教学点
中国文化周继续举办"汉办教材展""中国文化体验活动""中国优秀
影片展"。贾拉拉巴德州副州长、贾拉拉巴德市市长、贾拉拉巴德市
议会议长、贾拉拉巴德国立大学校长等参加活动。此次中国文化周历
时10天，展出汉办各类教材图书100余种上千余册。学写中国书法、
沏工夫茶、实践中国剪纸、学编中国结的展位吸引上千教师学生参观，
并积极参加体验活动，感叹中国文化魅力。2014年3月31日，贾拉拉
巴德国立大学汉语中心再次举办"中国文化周"系列活动。国家汉办

教材展、中国书画展及现场书法临摹体验、中国曲艺图片展及画脸谱体验、中国茶艺、中国结编制、剪纸展示及体验、中国乐器展示及体验、中国文化用品展、中国民族图片展和孔院教师风采展等 10 大项目吸引多校师生千余人参观。

2013 年 3 月 22 日，人文大孔院举行"汉语培训中心"揭牌仪式。吉尔吉斯斯坦教育科技部部长、中国驻吉尔吉斯斯坦大使、吉尔吉斯斯坦教育科技部国际司司长、人文大学校长副校长及各系系主任、中亚华人华侨协会会长、吉尔吉斯斯坦国家电视台、新华社驻吉尔吉斯斯坦分社等十多家媒体共 200 多人参加。汉语培训中心是人文大孔院 2013 年重点建设项目之一，国家汉办/孔子学院总部共投资 60 多万元配备了电教多媒体语音设备，旨在进一步扩大国际汉语传播的力度，走出校园，走向社会，进一步提高汉语教学质量。2015 年 12 月 1 日，中国驻吉尔吉斯斯坦大使馆筹建的"中国文化教育中心"在吉尔吉斯斯坦国家图书馆举行揭牌仪式。吉尔吉斯斯坦文化部部长、国会议员、中国驻吉大使等嘉宾出席并分别致辞。致辞结束后，孔院师生表演了《灯笼舞》、葫芦丝、古筝合奏《荷塘月色》等传统文化节目。

2014 年 9 月 27 日，人文大孔院在吉尔吉斯斯坦国家历史博物馆举办首次"孔子学院活动日"大型中国文化体验活动。吉尔吉斯斯坦教育科技部部长、人文大孔院中外方院长等出席开幕式。汉语体验课、中国知识问答、剪纸、中国结、书法国画、茶艺、武术、中国舞蹈、图片展……活动精彩纷呈，共有 3000 余人次参加。除了本部，人文大孔院在奥什州、贾拉拉巴德州、巴特肯州的汉语教学点也分别举办了庆祝活动。2015 年 1 月 12 日，人文大孔院下设乔力番阿塔市基洛夫中学孔子课堂举行揭牌仪式。为推动孔子课堂汉语教学，孔子学院总部/国家汉办赠送基洛夫中学中国文化体验设备。

2015 年 1 月 27 日，人文大孔院下设吉尔吉斯—土耳其玛纳斯大学孔子课堂举行揭牌仪式。玛纳斯大学 2008 年开设中文五年制本科专业，人文大孔院 2011 年开始为其选派汉语教师。玛纳斯大学除中文专

业的学历教育外，国际关系系将汉语作为第二外语进行教学。2015 年
1 月 30 日，人文大孔院下设比什凯克市第 66 中学孔子课堂举行揭牌
仪式。第 66 中学习汉语的人数逐年递增，迄今共有 668 名学生学习汉
语，孔子学院选派了 4 名汉语教师和志愿者任教。2016 年 3 月 24 日比
什凯克市第 66 中学孔子课堂举办"中国文化月"活动，包括汉语诗
歌朗诵比赛、成语故事会演、汉语公开课、"我眼中的中国"绘画比
赛以及中吉友谊联欢会等一系列丰富多彩的活动。"中国文化月活动"
是第 66 中学孔子课堂每年的常规文化活动项目。

2015 年 5 月 12 日，人文大孔院下设外交学院孔子课堂举行"孔
子文化日"活动。孔子课堂师生简介孔子生平及儒家"仁义礼智信"
的文化含义，举行孔子名言翻译比赛。活动激发了学生们学习汉语的
兴趣，有利于孔子学院与当地学校的友好交流合作。

2015 年 6 月 11 日，《电视汉语》节目在吉尔吉斯斯坦玛纳斯电视
台教育频道正式开播，这档节目由该电视台与比什凯克人文大学孔子
学院合作录制。《电视汉语》前期录制 50 集，以《快乐汉语》第一册
为主要教材，由孔院的本土汉语教师 Mametova Aziza 和中方教师张彩
艳主讲。每集节目采用吉尔吉斯语和汉语相结合的方式讲解汉语基础
知识及儿歌、剪纸、中国结、唐诗等中华传统文化知识。

2015 年 7 月 23 日，人文大孔院举办"吉尔吉斯斯坦牧区儿童夏
令营"中华文化推广周活动。活动由奥通巴耶娃基金会与孔子学院合
作。牧区儿童夏令营开办多年，中国的文化体验还是第一次。2016 年
7 月 1 日、7 月 19 日、8 月 10 日，人文大孔院携手新疆电影发行放映
公司、甘肃中医药大学比什凯克岐黄中医中心的医护人员，与奥通巴
耶娃国际教育基金会合作，深入吉尔吉斯斯坦偏远山区、牧场举办
"吉尔吉斯斯坦青少年儿童夏令营"活动。在 40 多天的时间里，为楚
河州、塔拉斯州和伊塞克湖州、奥什州和巴特肯州、松库尔草原的儿
童送去吉语配音影片，为妇女儿童和老人体检、针灸和推拿。通过中
国舞蹈、剪纸、书法、中国结、汉语儿歌、抖空竹等寓教于乐的活动，

让草原深处的孩子们亲身体验到了中华文化，感受到了来自丝路邻邦的温暖。活动全部结束后，奥通巴耶娃女士对孔子学院的合作与付出表达了诚挚的谢意。

2011 年 11 月 29 日，人文大孔院举办第一届"吉尔吉斯斯坦全国大学生汉语歌曲大奖赛"。来自全国 17 所高校的 31 名选手进入了决赛。人文大孔院中方院长在发言中说：这里的学生对汉语学习和中国文化的热情令人鼓舞，汉语歌曲比赛必将促进学生们的汉语学习，这也是中吉文化交流的绝佳纽带。2012 年 11 月 17 日，人文大孔院举办第二届"吉尔吉斯斯坦全国大学生汉语歌曲大奖赛"，来自全国 18 所高校的 30 名选手参加。2014 年 11 月 28 日，人文大孔院举办第四届"吉尔吉斯斯坦全国大学生汉语歌曲大赛"。吉尔吉斯斯坦教育科技部高教司副司长、中国驻吉尔吉斯斯坦使馆参赞及选手、汉语学习者共500 余人参加。2015 年 12 月 18 日，人文大孔院举办第五届"吉尔吉斯斯坦全国大学生汉语歌曲大赛"，来自全国 10 余所高校的 32 名大学生参赛。人文大孔院连续举办汉语歌曲大赛，旨在增进学生学习中文的兴趣，希望通过这种年轻人喜爱的方式，在吉尔吉斯斯坦推介中国的文化。2015 年 11 月 28 日，人文大孔院举办第三届比什凯克市大、中学生"太极拳比赛"。来自比什凯克市 7 所大学、3 所中学的 15 位选手参赛。

2012 年 5 月 13 日，人文大孔院举办第十一届"汉语桥"世界大学生中文比赛吉尔吉斯斯坦赛区预赛，来自全国 19 所大学的 29 位选手参赛。2014 年 5 月 16 日，人文大孔院举办第十三届"汉语桥"世界大学生中文比赛吉尔吉斯斯坦赛区预赛，来自全国 17 所大学的 31位选手参赛。2015 年 5 月 22 日，人文大孔院举办第八届"汉语桥"世界中学生中文比赛吉尔吉斯斯坦赛区预赛。来自全国 28 所中学的31 名选手参赛。一年一度的"汉语桥"大中学生中文比赛是吉尔吉斯斯坦汉语学习者、爱好者们交流的重要平台，更是中吉两国青年间一座相互学习、传递友谊的桥梁。

3. 奥什国立大学孔子学院

所在城市：奥什

承办机构：奥什国立大学

合作机构：新疆师范大学

启动时间：2013 年 1 月 24 日

奥什国立大学孔子学院是全世界第一所以汉语本科学历教育为起点的孔子学院，2013 年 6 月 20 日正式揭牌。2015 年通过孔子学院总部审批，奥什国立大学孔子学院成为示范孔子学院，是俄语区国家第一所示范孔子学院。2016 年 4 月 11 日，奥什孔院举办"孔子学院新大楼"动工仪式，新建教学大楼占地 4000 平方米，预计 2016 年内建设完成。

2015 年 3 月 16 日，奥什国立大学孔子学院（奥什孔院）举办"笔墨情"硬笔书法大赛，共收集参赛作品 150 份。此次活动不仅使学生们感受到汉字之美，也进一步提高了学生们的学习热情。2015 年 3 月 19 日，奥什孔院、奥什国立大学商务管理学院和奥什国立大学附属职业高中教学点共同举办第二届"吉尔吉斯斯坦南部地区成语大赛"。2016 年 3 月 17 日，奥什孔院举办第三届"吉尔吉斯斯坦南部地区成语大赛"，共 14 名学生参赛。比赛包括"讲成语故事""异口同声辨成语""看图猜成语""快速找成语"四个环节。这是孔院每年都举办的常规性活动。2015 年 3 月 25 日，奥什孔院举办首届"金话筒"汉语主持人大赛，42 名学生报名参加。比赛分自我介绍、普通话测试、模拟主持、必答题、记忆猜想和才艺展示六个环节。2016 年 3 月 1 日，奥什孔院举办第二届"金话筒"吉尔吉斯斯坦南部地区汉语主持人大赛，共 17 名选手参赛。此次比赛分普通话测试、模拟主持、即兴发挥和才艺表演四个环节。2015 年 4 月 2 日，奥什孔院举办第二届"丝路情·中国梦"吉尔吉斯斯坦南部地区汉语演讲比赛，共有 19 名选手参赛。2015 年 4 月 9 日，奥什孔院举办第二届"博闻强识"吉尔吉斯斯坦南部地区汉语知识趣味大赛，20 名选手报名参加。2015 年 4

月 13 日，奥什孔院举办第二届"秀华艺，展华韵"吉尔吉斯斯坦南部地区中华才艺大赛，共 18 名选手进入决赛。2015 年 4 月 29 日，奥什孔院举办首届"清风雅韵"吉尔吉斯斯坦南部地区诗歌朗诵大赛，12 名选手入围决赛。比赛分为中国现当代诗歌朗诵和随机抽取中国古代诗歌诵读两个环节。

2015 年 11 月 18 日，奥什孔院举办第三届"语音王"比赛，16 名选手参加。比赛包括"现场读绕口令""听拼音快速找卡片""听唐诗写拼音""四色球辨声调""夹花生写句子"等环节。比赛为学生提供了一个展示汉语学习成果的平台，激发了学习汉语的热情，也让学生们在挑战和快乐中感受到了汉语语音的魅力。2015 年 11 月 25 日，奥什孔院举办第二届"故事王"比赛，10 名优秀选手参加。比赛分"自选故事"和"看图即兴讲故事"两部分。2015 年 12 月 2—3 日，吉尔吉斯斯坦教育科技部和武术协会共同举办"2015 年吉尔吉斯传统武术节"。奥什孔院武术队作为唯一一支代表吉尔吉斯斯坦南部地区的武术队应邀参加，荣获 1 项"团体奖"和 6 项"个人优秀奖"。2015 年 12 月 14 日，奥什孔院举办第二届中国书画作品展，共展出书画作品 200 余幅，涵盖隶书、楷书、篆书、行书等书写字体。奥什孔院开设有中国书画班，此次书画展为他们学习成果的展示。2015 年 12 月 16 日，奥什孔院举办第三届"龙腾舞乐，锦世华彩"吉尔吉斯斯坦南部地区中华才艺大赛决赛。本届大赛历时 14 天，分为书画、歌舞、乐器和武术四大类，约 100 人报名参赛，最终有 39 位选手晋级决赛。2015 年 12 月 17 日，奥什孔院举办"问答华夏，情牵中吉"首届"丝路杯"中国国情知识大奖赛决赛。本届比赛历时 1 个月，约 150 人报名参赛，经过初赛和复赛，最终有 20 名选手入选决赛。2015 年 12 月 23 日，奥什孔院举办首届"迎新年，秀青春"模特大赛，共有 32 名选手参加。活动伊始，奥什孔院为本学期获得"全勤奖""优秀班干部""优秀学生"等奖项的学生们颁发荣誉证书。模特大赛每位选手通过个性装和晚装 2 个环节的角逐，现场观众用记名投票的方式选出自己心中的"孔院之星"。本次活动让他们感受到孔子学院的热情和活力，希望可以有机会参加更多孔子学院的文化活动。2016 年 3 月 24 日，奥什孔院举办"2016 年吉尔吉斯斯坦南部地区首届中国热点话题解读比赛"，18 名选手使用双语对所选热点话题进行阐述，并现场回答评委的提问。通过本次比赛，学生们加深对当代中国的认识。2016 年 4 月 1 日，奥什孔院举办"博闻强识·华艺芬芳"中华知识技能大赛，13 名选手参赛，含中华知识问答和才艺技能展示 2 大环节。2016 年 3 月 29 日，奥什孔院举办"我的中国梦"吉尔吉斯斯坦南部地区第三届汉语演讲比赛，24 名选手入选决赛。获胜选手代表南部地区参加吉尔吉斯斯坦"汉语桥"比赛。2016 年 4 月 14 日，奥什孔院举办第三届吉尔吉斯斯坦南部地区"翰墨华韵"中国书画大赛，共有 30 名选手参加。2016 年 4 月 7—8 日，哈萨克斯坦卡拉甘达市举办"2015 年国际大学生外语奥林匹克大赛"，共有来自中国、俄罗斯、哈萨克斯坦、吉尔吉斯斯坦、乌兹别克斯坦、印度等国家的 200 多名大学生参加，包含汉语、俄语、英语、德语、法语等语种。奥什孔院选派了 3 名选手参加汉语组的比赛，1 名选手获三等奖。2016 年 4 月 13 日，奥什孔院举办第二届"诵中华诗词，品中华文化"吉尔吉斯斯坦南部地区汉语诗歌朗诵大赛，13 名选手参赛。比赛包括自选诗歌朗诵、读诗选图和即兴创作 3 个环节。2016 年 5 月 11 日，奥什孔院举办首届吉尔吉斯斯坦南部地区中国戏剧小品大赛。2016 年 4 月 29 日，奥什孔院举办首届吉尔吉斯斯坦南部地区中国影视剧配音大赛，比赛包括规定电影配音和现场即兴配音 2 大环节，选取的影视资料包括《闪闪的红星》《西游记》《红楼梦》《功夫》《还珠格格》《甄嬛传》等，学生在轻松愉悦的氛围中体会到学习汉语的乐趣。

2016 年 9 月 1 日，奥什孔院举办首届全日制高中新生开学典礼，这次高中部共招收 230 余名学生。奥什孔院现有 357 名本科生，其中包含今年 9 月招收的 2016 届本科生 101 人。本科生所学专业分为中国学和翻译学，设有 8 个授课班级。

2015 年 3 月 3 日，奥什孔院为奥什国立大学医学部口腔专业的师生们举办了一场中医基础知识讲座，介绍中医基础知识、中医"望、闻、问、切"诊断方法及针灸、火罐的使用方法。旨在让当地学生了解中医、体验中医传统疗法，丰富中国传统文化知识。

2015 年 6 月 8 日，新疆师范大学国际文化交流学院院长梁云和新疆维吾尔自治区教育出版社副总编赵敏做客奥什孔院，分别就柯尔克孜语版《大学汉语》系列教材进行初、中级教学法培训，着重就汉语语音、汉字、词汇的教学方法进行讲解，强调"精讲多练"。

2015 年 4 月 24 日，奥什孔院武术班应邀参加 2015 年吉尔吉斯斯坦南部地区体育教师大赛开幕式。孔院武术班学员表演了刀术、棍术、长拳、少林通背拳、五步拳等传统武术，一招一式尽显中华武术魅力。

2016 年 4 月 19 日，奥什国立大学孔子学院部分师生代表受邀赴奥什州卡拉苏区喀什噶尔村参加当地举办的中国政府农机设备捐赠仪式。喀什噶尔村中学是奥什国立大学孔子学院下属成立最早，也是离市中心最远的一个汉语教学点。捐赠仪式中，奥什孔院为当地民众带来了精彩的节目表演，包括舞龙、武术、民乐联奏等。喀什噶尔村中学校方对汉语教学和中吉文化交流给予了大力支持。

2016 年 5 月 26 日，中国传媒大学教授、中国语言协会理事邢欣做客奥什孔院，为全体孔院教师和新疆师范大学的交换生开展了《"一带一路"背景下的中亚国家——语言需求研究》专题讲座。讲座结束后，邢欣参观了孔子学院，为孔院写下了"弘扬中华文化的使者"的赠言。

（二）孔子课堂的汉语教学

1. 比什凯克市第 2 中学孔子课堂

所在城市：比什凯克

承办机构：吉尔吉斯民族大学

协议签署时间：2011 年 3 月 13 日

2016 年 2 月 25 日，吉尔吉斯国立民族大学孔子学院下属孔子课堂比什凯克第 2 中学成功举办迎新春活动。比什凯克列宁区区长、吉民大孔子学院中外方院长及第 69 中学校长和学校主要负责人等莅临活动现场。中国武术、歌舞《新年好》《恭喜发财》《茉莉花》《青春修炼手册》、古筝、茶艺等表演，引起观众席上阵阵掌声。

2. 比什凯克市第 69 中学孔子课堂

所在城市：比什凯克

承办机构：比什凯克市第 69 中学

合作机构：北京外国语大学

协议签署时间：2011 年 3 月 13 日

2013 年 1 月 24 日，中国驻吉尔吉斯斯坦大使馆领事、比什凯克教育局领导、吉尔吉斯国立民族大学孔子学院院长等一行来到比什凯克第 69 中学访问并观看了汇报演出。《好中国》《汉语秀》《天路》《青花瓷》《爱，因为在心中》《我相信》等节目一次次将现场气氛推向高潮。比什凯克第 69 中学开设汉语课已有 6 年之久，孔子课堂成立也有近两年。目前，该校有公派教师一名、汉语教师志愿者两名、当地汉语老师四名，汉语教学已正式纳入该校教育体系。

2014 年 5 月 12 日，比什凯克市第 69 中学孔子课堂举办第七届"汉语桥"世界中学生中文比赛吉尔吉斯斯坦赛区预赛，这是首次由孔子课堂独立承办此项赛事。共有来自吉尔吉斯斯坦全国各地 20 余所中学的 31 名选手参加。吉尔吉斯斯坦教育科技部部长、中国驻吉尔吉斯斯坦大使、吉尔吉斯国立民族大学孔子学院院长、参赛中学校长及师生代表上千人参加了此次活动。吉尔吉斯斯坦国家电视台、吉尔吉斯斯坦人民电视台、楚河州电视台对此次活动进行了报道。

2015 年 1 月 27 日，第 69 中学孔子课堂举办首届汉语童话故事表演大赛。共有 6 个班带着《嫦娥奔月》《喜羊羊与灰太狼》《小熊拔牙》《狼来了》《狐假虎威》等 6 个不同的汉语童话故事登台，博得了现场观众热烈的掌声。本次汉语童话故事表演大赛寓教于乐，为学生提供了一个汉语水平展示的平台，提升了汉语表达能力和感受能力，丰富了学生们的校园生活，激发了学习汉语的积极性。

2016 年 2 月 22 日，比什凯克市第 69 中学孔子课堂举办"回顾 2015，展望 2016"猴年春节联欢会，比什凯克市教育局局长、第 69 中学校长、民大孔院中外方院长、第 69 中学师生及部分学生家长参加此次活动。话剧《羊猴交接》拉开了活动的序幕，舞台剧《龟兔赛跑》不仅表现出学生们高超的表演天赋和语言能力，还把大家带进了充满童趣的童话世界；喜庆欢快的歌舞《祝福你》《小酒窝》《小苹果》等都让观众大为惊叹；二年级学生的扇子舞和十年级学生的花篮舞更将中国古典舞蹈的细腻温婉表现得淋漓尽致，把浓郁的中国色彩传递给现场观众，令大家大饱眼福。

3. 卡拉布伦中学孔子课堂

所在城市：比什凯克

承办机构：卡拉布伦中学

协议签署时间：2011 年 3 月 13 日

4. 纳伦国立大学孔子课堂

所在城市：比什凯克

承办机构：纳伦国立大学

协议签署时间：2011 年 3 月 13 日

2013 年 10 月 21 日，纳伦国立大学孔子课堂举行中国文化巡展。纳伦国立大学的师生与纳伦社会各界中国文化爱好者数百人前来参观，纳伦州电视台跟踪采访了此次中国文化巡展活动。文化巡展共设置中国书法、中国乐器、中国瓷器、中国剪纸、中国古代服装秀、中国改革开放成就等六个展区。此次中国文化巡展，充分展示了中国文化的独特魅力，让更多的纳伦人有机会认识中国，了解中国。

2015 年 12 月 18 日，纳伦国立大学孔子课堂举办纳伦大学成立 20 周年暨迎新年活动。孔子课堂汉语教师介绍了中国传统乐器葫芦丝，并深情演奏了葫芦丝名曲《月光下的凤尾竹》。纳伦国立大学四年级学生带来了太极扇表演，现代舞《就现在》和歌曲合唱及诗朗诵《假如生活欺骗了你》等节目也让大家意犹未尽。

5. 塔拉斯市第 2 中学孔子课堂

所在城市：比什凯克

承办机构：塔拉斯市第 2 中学

协议签署时间：2011 年 3 月 13 日

2016 年 2 月 19 日，塔拉斯市第 2 中学孔子课堂举行迎新春体验中国新年活动，活动主要由学剪纸、画脸谱、包饺子三部分组成。学生们充分发挥自己的聪明才智和丰富的想象力，赢得了其他同学的阵阵掌声。

6. 托克玛克第 5 中学孔子课堂

所在城市：比什凯克

承办机构：托克玛克第 5 中学

协议签署时间：2011 年 3 月 13 日

为庆祝孔子学院成立 10 周年暨首个全球孔子学院日，2014 年 9 月 27 日，托克玛克市第 5 中学孔子课堂举行了系列庆祝活动。参加本次活动的有托克玛克市第 1、第 3、第 8、第 11 中学校长以及托克玛克第 5 中学全体师生。活动由节目表演、文化体验、游戏互动 3 部分组成。学生们生动的京剧表演拉开了活动的帷幕，极具中国特色的戏剧、功夫、歌曲、舞蹈与吉尔吉斯斯坦乐器库姆孜、吉尔吉斯斯坦舞蹈相映成趣；文化体验中，中国结、脸谱、书法、剪纸，无一不使孩子们感到眼前一亮；游戏互动中，彩色羽毛毽在飞舞，孩子们在欢笑中感受中国游戏的趣味。本次活动对传播中国文化，促进中国与吉尔吉斯斯坦文化互动起到了积极作用。

2015 年 2 月 13 日，托克玛克市第 5 中学孔子课堂举办春节联欢会，近 200 名中小学汉语学习者参与此次活动。孔子学院中方院长马磊和托克玛克市第 5 中学校长努尔加马克分别送上节日的祝福。火红的《扇子舞》唤醒了现场观众的眼睛和耳朵，各个年级的学生载歌载舞，不断为观众送上惊喜。舞蹈《千手观音》色彩明艳，让观众享受了华丽的视觉效果。最后，全体演员为大家送上新年祝福并共同合唱《新年好》。

2016 年 2 月 27 日，托克玛克市第 5 中学孔子课堂举办了以"灵猴献瑞"为主题的春节联欢会，学校里张灯结彩，学生们兴高采烈，到处充满了年味。这次新年活动邀请了托克玛克市第 5 中学校长努尔加马克和各位老师以及孔子学院中方院长马磊一行。在活动中马磊院长和努尔加马克校长送上了新年的祝福。随着喜庆的音乐响起，一群小孩儿蹦跶着上了舞台，精彩地演绎了《新年习俗歌》，向大家介绍了中国人是怎么过新年的。在小孩子们热闹的"过年啦、过年啦"的欢呼声中，姑娘们挥舞着红红的手绢，踩着节奏强烈的鼓点，跳着具有中国特色大秧歌向我们走来。接下来的歌曲串烧《青春修炼手册》和《喜欢你》，瞬间点燃了全场的氛围。随后，"小李白"们有模有样地朗诵了《静夜思》和《望庐山瀑布》。之后是吉尔吉斯斯坦当地特色的乐器库姆孜表演和舞蹈表演，让我们也领略了当地文化的特色。学生们《皇帝的新装》童话故事表演，幽默风趣。古风古韵的《青花瓷》歌伴舞，姑娘们柔软的舞姿，清扬悠远的歌声让老师和学生们赞叹不已，在这具有中国风味的音乐声中本次活动圆满结束了。

7. 伊塞克湖州国立大学孔子课堂

所在城市：比什凯克

承办机构：伊塞克湖州国立大学

协议签署时间：2011 年 3 月 13 日

2015 年 2 月 14 日，伊塞克湖州国立大学孔子课堂圆满完成了以"迎春三部曲"为主题的春节系列活动。此次活动共持续了 3 天，包括迎新年图片展、师生包饺子和新春美食分享。汉语教师包饺子、烹饪中餐，并邀请俄语、英语、德语及其他外语教研室的老师参与，相互交流，扩大和加深文化交流。此次"迎春三部曲"春节系列活动既让同学们在实践中深入了解了中国的新年，品味了中国的文化，又让更多的人加入到了迎新春的队伍中。

8. 总统干部管理学院孔子课堂

所在城市：比什凯克

承办机构：总统干部管理学院

协议签署时间：2011 年 3 月 13 日

9. 比什凯克第 28 中学孔子课堂

所在城市：比什凯克

承办机构：比什凯克市第 28 中学

协议签署时间：2012 年 10 月 26 日

2013 年 4 月 11 日和 12 日，比什凯克市第 28 中学孔子课堂、第 62 中学孔子课堂分别举行揭牌仪式。比什凯克市副市长、中国驻吉尔吉斯斯坦大使馆官员、比什凯克市教育局局长、比什凯克市议会议员、十月区区长以及第 28 中学第 62 中学校长、吉尔吉斯斯坦妇女协会代表、人文大学孔子学院中外方院长及汉语教师志愿者、2 个孔子课堂学习汉语的学生共 1000 多人参加活动。收视率最高的比什凯克市第五频道电视台、比什凯克"塔"电视台对活动现场进行了报道。

10. 比什凯克第 62 中学孔子课堂

所在城市：比什凯克

承办机构：比什凯克市第 62 中学

协议签署时间：2012 年 10 月 26 日

2015 年 10 月 21 日，比什凯克市第 62 中学孔子课堂举办"中国文化月"活动，比什凯克人文大学孔子学院中外方院长、第 62 中学校长、孔子学院志愿者老师和第 62 中学的 200 余名学生参加了本次活动。与会嘉宾首先参观了第 62 中学孔子课堂文化活动室、与孔子课堂师生交流。在课堂上，学生们展示了自己剪的窗花、编的中国结、画的京剧脸谱以及茶艺、太极拳等。最后，还专门进行了文艺表演，演唱了汉语歌曲《茉莉花》《蜗牛与黄鹂鸟》、朗诵诗歌《水调歌头》《沁园春·雪》《春江花月夜》等，展现了良好的汉语学习成果。

11. 比什凯克外交学院孔子课堂

所在城市：比什凯克

承办机构：比什凯克外交学院

协议签署时间：2012 年 10 月 26 日

12. 比什凯克法律学院孔子课堂

所在城市：比什凯克

承办机构：比什凯克法律学院

协议签署时间：2012 年 10 月 26 日

2013 年 9 月 26 日上午，吉尔吉斯斯坦国家法律学院孔子课堂举行揭牌仪式。中华人民共和国最高人民检察院副检察长柯汉民等一行 5 人参加了揭牌仪式。当天，吉尔吉斯斯坦共和国最高检察院副检察长、军事检察院检察长穆拉提·伊西别列夫，中国驻吉尔吉斯斯坦大使馆安全参赞白景勋，吉尔吉斯斯坦国家法律学院院长卡那提·格列孜别科夫等也出席了揭牌仪式。卡那提·格列孜别科夫感谢比什凯克人文大学孔子学院对法律学院在汉语教学上的大力支持，并指出随着中吉两国间的经济合作与交流不断扩大和加深，将需要更多既懂汉语又懂吉尔吉斯语以及法律知识的人才，而法律学院正是培养这方面的人才的摇篮。

第四节　汉语教材、师资和教学法

一　教材的选用

自吉尔吉斯斯坦汉语教学起步至今，教材问题一直是一大瓶颈。首先是教材数量不够，许多学生上课没有教材，甚至连复印的教材都没有，书店里也往往没有汉语教材出售。其次，俄文版、吉文版汉语教材种类较少，已出版的吉文版教材存在不少问题，很难正常使用。总而言之，在吉尔吉斯斯坦，缺少适合不同阶段、不同水平的汉语学习者使用的本土化系列化教材、分技能教材和与教材匹配的教辅资料，以及汉语专业教材。①

---

① 闫丽萍、赵莉、班振林：《吉尔吉斯国立民族大学孔子学院汉语国际教育发展现状与思考》，《新疆职业大学学报》2015 年第 3 期。

目前，吉尔吉斯斯坦高校的汉语教学没有统一的大纲，也没有要求使用统一的教材，多由教师根据学生的不同专业特点和要求以及现实条件，各自选择教材。其中，北京语言大学出版社的《新实用汉语课本》（俄文版）内容贴近生活实际、体系完整、材料丰富、练习多样，在教学的编排上循序渐进，加之有俄语注释，选用最多，使用范围最广。其他教材包括北京语言大学出版社的《汉语会话 301 句》（俄文版）、教育科学出版社的《汉语新目标》、北京大学出版社的《博雅汉语》、华语教育出版社的《汉语入门》等。把汉语作为第二或第三外语的高校汉语学习者多选用人民教育出版社的《快乐汉语》。种类多样的教材尽管给教师提供了多种选择的可能，但也存在由于教材不统一、不配套、不契合学习者的实际情况而带来的导致教学缺乏系统性、科学性、连贯性等弊端。

在中小学，选用最多的是人民教育出版社的《快乐汉语》。《快乐汉语》由人民教育出版社出版，主要针对英语为母语的 11—16 岁的海外中学生研制开发的一套汉语教材，已经出版了俄文注释版。《快乐汉语》内容生动有趣、版面色彩鲜艳活泼，比较适合中学生的年龄特点。整套教材包含课本、教师用书、挂图、生词卡片、汉字卡和音频视频等，相关辅助教学资源丰富，方便学生学习和汉语教师教授。其次是教育科学出版社的《汉语新起点》。这套教材是针对俄语地区 12 年制中小学校（包括小学、初中、高中）学生研制的汉语教材，比较适合吉尔吉斯斯坦中小学生使用。除此以外，还有高等教育出版社的《体验汉语》、北京语言大学出版社的《汉语会话 301 句》（俄文版）等。

比起其他问题，吉尔吉斯斯坦汉语教材数量不足，是最大问题。学生没有书，有很多学生不复印，尤其是中小学的学生很多都不复印教材，下了课仅靠笔记本上的东西还是很有限的。而且，对于初级班的学生来说，刚开始写一些太复杂的汉字，对汉字学习很不利。但没有教材，只能抄写所有的生字词。当需要背课文等语言材料时，需要花费上课时间抄书，就使原本就不多的教学时间白白流失。

2012 年 8 月 25 日比什凯克人文大学孔子学院第一届"本土汉语教师教材培训"在乔尔蓬阿塔市落下帷幕。来自比什凯克人文大学、法律学院、国际大学、国立民族大学、奥什工业大学、贾拉拉巴德国立大学、贾拉拉巴德经济管理学院、贾拉拉巴德工程技术学校等 8 所高校和贾拉拉巴德奥斯曼诺夫中学的本土汉语教师 32 人、学校管理人员 9 人参加培训。7 名培训教师以《新实用汉语课本》和《当代中文》为依据，向本土汉语教师介绍了汉语教材的编写理念、出版状况，讲解了汉语课型的教学组织和方法、文化教学在汉语教学中的原则和方法、汉语课件的基本制作方法以及汉语语音、汉字、语法教学的重点和难点等问题。

2015 年 6 月 6 日，吉尔吉斯国立民族大学孔子学院召开《大学汉语》（吉尔吉斯语）教材教法培训会，120 多名中国及本土方汉语教师参加。新疆师范大学国际文化交流学院院长梁云从教材编写原则、指导思想、预期目标、编写体例等方面介绍了《大学汉语》（吉尔吉斯语）教材。新疆教育出版社副总编赵敏做了题为《丝绸之路汉语系列教材》的讲座，并听取与会教师对汉语教材在使用过程中的意见和建议。

2015 年 6 月 8 日，新疆师范大学国际文化交流学院院长梁云、新疆教育出版社副总编赵敏向奥什国立大学孔子学院捐赠图书。此次捐赠图书类型以汉语教材为主，其中，新疆师范大学国际文化交流学院捐赠《新实用汉语课本》400 册、新疆教育出版社捐赠《大学汉语》120 册。孔子学院计划定期举办汉语教材教法研讨会，切实提高教师教学水平。

二　师资培训

2015 年 5 月 26 日，奥什国立大学孔子学院举办吉尔吉斯斯坦南部地区第二届"汉语毕业生授课大赛"，8 名选手参赛，比赛分教学技能和才艺展示。2015 年 6 月 10 日，奥什国立大学孔子学院举办"2015 年首届汉语教师教学技能大赛"，孔院全体 28 名汉语教师参加比赛。此次比赛的形式以现场教学为主，含语言教学、文化教学、中华才艺教学三大内容。此次大赛，不仅为孔院汉语教师提供了相互学习与交流的机会，同时，也有效地检验了每位汉语教师的教学能力，为教学水平的提高起到了积极作用。2015 年 12 月 26 日，奥什国立大学孔子学院举办了吉尔吉斯斯坦南部地区第三届汉语教学研讨会，来自孔院本部及各教学点的 35 名中外方教师参加了本次活动。本次研讨会包括"语言与教学"和"孔子学院教学与管理"两大议题。奥什孔院中方院长刘伟乾详细讲解了如何将课堂游戏应用于语音、汉字、词语、句段、语法等知识点教学，以及在课堂游戏设计中所需注意的问题。他认为，汉语教学应寓教于乐，适当运用课堂游戏有助于教学目标的完成，达到良好的教学效果。奥什孔院外方院长托克托逊详细介绍了吉国高等教育现状、教学管理及学生性格特点等方面的内容，使汉语教师对吉国教育情况有了更加全面的了解。本次汉语教学研讨会不仅进一步加强了两国汉语教师的沟通与交流，并且有助于他们对吉尔吉斯斯坦教育状况的全面深入了解。

2016 年 1 月 28 日，奥什国立大学孔子学院为本土汉语教师举办的寒假汉语学习班顺利结业。此次学习为期四周，授课内容以日常生活和教学管理用语为主，授课形式采用以练代讲、答疑解惑、自由发言等形式。此次语言学习班有助于孔院中外方教师在教学管理方面的沟通和交流，也有助于两国教师在文化情感上的交融和相互了解，得到本土汉语教师的一致肯定和支持。2016 年 5 月 24 日，奥什国立大学孔子学院举办第三届"毕业生汉语授课大赛"，7 名选手参加。参赛选手抽签后进入奥什国立大学职业附属中学 11 年级不同班级，进行 30 分钟的试讲。在试讲中，选手们充分利用挂图、生词卡片、实物等各种教具开展生动有趣的语言游戏，设计了角色扮演、体验汉字等互动环节。"汉语毕业生授课大赛"为吉尔吉斯斯坦南部中学本土汉语教师储备了优秀人才，为学习汉语的当地学校毕业生提供了一个展现学习成果的平台。

三　教学法

吉尔吉斯斯坦中小学所开设汉语课程的主要形式是选修课，大学则主要是必修课。大部分学校都开设了汉语综合课，其次为听说课，阅读、写作和翻译课所占比例较低，学校中仍未分课型的也占了相当一部分比例。总体上汉语科目和课程开设情况还比较单一。

吉尔吉斯斯坦本土教师的汉语课堂教学是以翻译法为主导的传统课堂教学模式，注重俄汉或吉汉两种语言及其差异性的对比教学。高年级学生在课堂上边学习边用吉尔吉斯语或俄语翻译，教师则用吉尔吉斯语或俄语辅助性地加以解释；低年级学生在课堂上接收到的语言信息以吉尔吉斯语或俄语为主，其课堂操练的主要方式是教师用吉尔吉斯语或俄语讲解，而学生也主要通过吉尔吉斯语或俄语完成课堂汉语学习任务。这种教法导致学生汉语听说和实际应用技能方面的能力极为欠缺。中国教师较注重学生听说能力，在具体的教学过程中常采用听说法以及情景教学法，注重学生的交际能力，通常对所学知识进行反复操练，其操练方式较为多样化，常采用比赛及游戏的方式，对于所学内容能给学生设定特色情境，让其进行模拟练习，较好地做到以学生为中心的教学原则。

2015 年 1 月 2 日，吉尔吉斯国立民族大学孔子学院伊塞克湖州教学点举办汉语教师集体备课活动。参会的汉语教师针对《快乐汉语》教材进行分析，就教学方法、课堂教学管理、各学校学生特点等问题进行激烈讨论，确定教案的形式和内容。2015 年 1 月 12 日，吉尔吉斯国立民族大学孔子学院举办"本土汉语教师教学技能培训班"，25 名本土汉语教师参训。此次培训为期 5 天，以"汉语模块教学"理论为基础，安排了汉语教学方法、汉语语音和汉语教学等专题课程讲座，旨在进一步提高本土汉语教师汉语教学技能。2015 年 8 月 25 日，吉尔吉斯国立民族大学孔子学院组织全体教师开展集体备课活动，由大学教研室、中小学教研室、培训教研室共同组织，分为六个小组。通过集体备课，充分发挥了孔院老教师的传帮带作用，提高新教师汉语教学能力，促进了年轻教师的专业化成长。

本章主要参考文献

陈明山：《吉尔吉斯共和国基本情况》，《国际资料信息》2001 年第 8 期。

梁云、史王鑫磊：《吉尔吉斯斯坦汉语教学前景预测研究》，《云南师范大学学报》（对外汉语教学与研究版）2012 年第 2 期。

王亚娟、刘伟刚：《吉尔吉斯斯坦高校中的汉语教学》，《东欧中亚研究》2000 年第 3 期。

范晓玲、古丽妮莎·加玛勒：《吉尔吉斯斯坦汉语教学现状及思考》，《新疆社会科学》2010 年第 4 期。

古丽尼沙·加玛力：《吉尔吉斯斯坦汉语教育现状及发展前景展望》，《世界汉语教学学会通讯》2010 年第 1 期。

蒋烜婷：《吉尔吉斯国立民族大学》，《东欧中亚研究》2000 年第 2 期。

闫丽萍、赵莉、班振林：《吉尔吉斯国立民族大学孔子学院汉语国际教育发展现状与思考》，《新疆职业大学学报》2015 年第 3 期。

范祖奎、易红：《吉尔吉斯斯坦高等教育现状调查研究》，《新疆社会科学》2011 年第 4 期。

闫丽萍、彭国庆：《吉尔吉斯斯坦高校学生汉语学习现状调查研究——以奥什国立大学为例》，《新疆职业大学学报》2013 年第 4 期。

尹春梅：《吉尔吉斯斯坦孔子课堂发展概况与对策——以吉尔吉斯国立民族大学孔子学院为例》，《学园》2014 年第 27 期。

闫丽萍、班振林：《吉尔吉斯斯坦孔子学院汉语教材使用现状调查——以吉尔吉斯国立民族大学孔子学院为例》，《新疆广播电视大学学报》2015 年第 1 期。

贾玮琼：《吉尔吉斯斯坦伊塞克湖州孔子课堂汉语言文化传播现状》，硕士学位论文，新疆师范大学，2016 年。

钟燕凤：《吉尔吉斯斯坦大学生汉语学习动机调查研究》，硕士学位论文，新疆师范大学，2008 年。

古丽：《吉尔吉斯斯坦的汉语教学研究》，硕士学位论文，西北大学，2012 年。

赵爽：《吉尔吉斯斯坦汉语教材使用状况调查分析》，硕士学位论文，新疆师范大学，2014 年。

沈雯：《吉尔吉斯斯坦汉语教学调查分析》，硕士学位论文，西北大学，2015 年。

史王鑫磊：《吉尔吉斯斯坦汉语教学现状研究》，硕士学位论文，新疆师范大学，2011 年。

勾丽红：《吉尔吉斯斯坦中小学汉语教学现状研究》，硕士学位论文，新疆师范大学，
　　2013 年。

黄小勇：《独立后吉尔吉斯斯坦语言政策及其特征研究》，硕士学位论文，新疆师范
　　大学，2011 年。

聂曦：《吉尔吉斯斯坦高校汉语教学现状》，硕士学位论文，新疆师范大学，2015 年。

薛慧：《吉尔吉斯斯坦高校外语教育现状调查研究》，硕士学位论文，新疆师范大学，
　　2012 年。

娜迪娅·纳司尔：《吉尔吉斯斯坦国立民族大学汉语教学模式调查研究》，硕士学位
　　论文，新疆师范大学，2013 年。

韩明杰：《吉尔吉斯斯坦孔子学院汉语传播现状及分析研究》，硕士学位论文，新疆
　　师范大学，2013 年。

第十章　格鲁吉亚的汉语教学

第一节　国家概况

一　自然地理

格鲁吉亚（格鲁吉亚语：საქართველო，英语：Georgia）地处亚洲西南部高加索地区的黑海沿岸，北邻俄罗斯，南部与土耳其、亚美尼亚、阿塞拜疆接壤，是欧亚大陆和高加索地区的重要衔接点。人口数量为 447.22 万人（2013 年），国土面积 6.97 万平方公里，人均 GDP 3597 美元（2013 年），是苏联领导人斯大林的故乡，风光优美，温泉和矿产资源丰富，盛产葡萄酒，素有"上帝后花园"之称。

黑海醉人的暖风、高加索山国宜人的气候、肥沃的土壤……格鲁吉亚拥有适宜葡萄生长的一切得天独厚的条件，葡萄种类超过 500 种，其中适宜酿酒的有 30 多种。据考证，陶缸酿造葡萄酒的工艺在这里已有 6000 多年的悠久历史，有学者据此提出格鲁吉亚是葡萄酒发源地之一。

中国和格鲁吉亚在地理上虽然相隔万里，但两国的交往历史源远流长。格鲁吉亚是联合国 1988 年勘定的"大丝绸之路概念"中的国家之一，属古丝绸之路南、中、北三条线中的中路分支。格鲁吉亚境内至今仍然保留着 1600 年前曾作为古丝路驿站的乌普利采亥石头城等遗址。清光绪十九年（1893），中国茶商刘俊周应俄国茶商波波夫邀请，受清政府和汉家刘氏茶坊委派，携带茶籽、茶苗到格鲁吉亚黑海沿岸栽培茶树，为中格双方种下了"友谊、合作之树"，至今格鲁吉亚人民仍称当地的茶叶为"刘茶"。2014 年，中格贸易额同比增长 30%，达 8.233 亿美元，中国成为格鲁吉亚第四大贸易伙伴。[①]

二　历史政治

高加索伊比利亚人（Kartvelians）是今天格鲁吉亚人的核心，公元前 4 世纪建立伊比利亚王国，通常称之为"高加索伊比利亚"或"东伊比利亚"，以别于西班牙、安道尔及葡萄牙所在的伊比利亚半岛。978 年建立格鲁吉亚王国，1810 年被俄罗斯吞并。1918 年格鲁吉亚民主共和国建立。1921 年 2 月 25 日成立格鲁吉亚苏维埃社会主义共和国。1922 年 3 月 12 日，格鲁吉亚加入外高加索苏维埃社会主义联邦共和国，同年 12 月作为该联邦成员加入苏联。1936 年 12 月 5 日，格鲁吉亚苏维埃社会主义共和国正式成为苏联加盟共和国。1990 年 11 月 4 日发表独立宣言，改国名为格鲁吉亚共和国。1991 年 4 月 9 日正式宣布独立，1992 年加入联合国，1993 年加入独联体。中国是最早承认格鲁吉亚独立的国家之一，1992 年 6 月 9 日与格鲁吉亚共和国正式建立外交关系。1993 年，格鲁吉亚共和国国家元首、议会主席谢瓦尔德纳泽正式访华。1995 年 8 月 24 日，定国名为"格鲁吉亚"。全国由首都第比利斯、九个大区、一个自治州（南奥塞梯）、两个自治共和国（阿布哈兹、阿扎尔）组成。作为格鲁吉亚最大的城市，第比利斯既是格鲁吉亚的首都，也是全国政治、经济、文化中心，同时也是外高加索地区的著名古都。除第比利斯之外，格鲁吉亚另外有三个非常

---

① http：//www.fmprc.gov.cn/web/gjhdq_ 676201/gj_ 676203/yz_ 676205/1206_ 676476/1206x0_ 676478/，2016 年 9 月 23 日。

重要的城市库塔伊西、巴统和苏呼米。①

三　人口经济

格鲁吉亚的文化和教育水平在苏联加盟共和国中处于较发达的地位，整个国家受教育的程度非常高。2009 年格鲁吉亚全国共有中小学2448 所，大学 120 多所。在格鲁吉亚，大部分人喜欢听歌剧、看艺术展览，全国上下对艺术有特殊的偏好。格鲁吉亚目前国立教育体系可以归纳为：1 年学前教育，提供给格鲁吉亚 6 岁以下公民，6 年小学教育，3 年初中教育，3 年高中教育。其中小学和中学教育属于国家资助的义务教育。大学分为公立学校和私立学校。

地处欧亚接合部的格鲁吉亚，占据得天独厚的地理优势。从中国到欧洲，途经格鲁吉亚是一条最短最方便的途径，中格两国由这条"丝绸之路"紧密地联系在一起。2011 年 6 月，中国新疆乌鲁木齐至第比利斯航线开通。2015 年，新疆通往第比利斯的货运列车开行，两国央行签署了货币互换协议，中国已成为格鲁吉亚的第三大贸易伙伴、第四大红酒出口国……在"一带一路"的大背景下，格鲁吉亚必将在"经济带"建设中发挥重要作用，从而带动两国各领域的有益合作。②

格鲁吉亚族占总人口的 83.8%，其他主要民族有阿塞拜疆族6.5%、亚美尼亚族 5.7%、俄罗斯族 1.5% 以及奥塞梯族、阿布哈兹族、希腊族等。多数信奉东正教，少数信奉伊斯兰教。

四　语言政策

格鲁吉亚语融合借鉴了罗马语、波斯语、阿拉伯语、斯拉夫语等多种语言，是一个独立于任何语系的特殊语言。正因为如此，格鲁吉亚人有很强的语言天赋和语言学习能力。

---

① 孤竹博客：《列国志·格鲁吉亚》，2014 年 8 月 20 日，http://blog.sina.com.cn/u/2547761387，2016 年 9 月 23 日。

② http://fec.mofcom.gov.cn/article/gbdqzn/，2016 年 9 月 23 日。

格鲁吉亚官方语言是格鲁吉亚语，全国除去外来人口，约94%使用格鲁吉亚语。同时，整个格鲁吉亚地区，俄语使用非常普遍，据统计全国大概有83.3%的人会俄语。由于历史原因格鲁吉亚语言现象比较特殊，与各邻国接壤的城市，接壤的国家不同，当地人使用各种语言的频率也大不相同，南部巴统靠近土耳其，土耳其语以及格鲁吉亚语广泛交互使用；北部靠近俄罗斯和乌克兰地区，俄语和格鲁吉亚语交融使用，靠近伊朗的边境大约有70%—80%的人能使用波斯语交流。

第二节　汉语教学简史

格鲁吉亚人很早就通过俄罗斯了解了东方文化，并对中国的茶叶、瓷器表现出浓厚的兴趣，但是实际上传播汉语的工作是从近些年才开始的。

1893年，俄罗斯茶商看到茶叶在俄市场的巨大潜力，从中国广东聘请茶师刘俊周并带领一批技术工人来到格鲁吉亚西部濒临黑海的港口城市巴统，在离巴统14公里的恰克瓦，大量种植红茶，由于培育出的茶叶产量高、品质优，被当地人称为"刘茶"。后来扩展到整个高加索地区和俄罗斯南部地区，甚至土耳其等邻国也开始种植红茶。1959年，刘俊周的女儿刘光文应格鲁吉亚外婆亲人的邀请去第比利斯留学，主修水彩画，同时研读工艺陶瓷和染织。留学期间，她与格鲁吉亚美术学院的青年教师结婚。当时格鲁吉亚美术学院有4—5个学生一边在刘老师丈夫的门下学习绘画，一边跟着刘老师学习汉语和中国水彩画。但是由于当时格鲁吉亚处在苏联的统治之下，中苏关系紧张导致这些学生没有坚持下来。1985年，随着中苏关系改善，刘光文老师回北京探亲，举办个人画展，商洽艺术交流，建立了格鲁吉亚中国文化中心。

　　1992 年，第比利斯亚非学院设立中文系，这是当时格鲁吉亚甚至整个外高加索地区第一个也是唯一一个教授中国文化和汉语言的高等学府。创建初期，汉语教学的开展非常困难，一方面没有老师来教，另一方面，没有合适的教材提供给学生。亚非学院中文系第一届学生只有 10 人，第一批学习汉语的格鲁吉亚人为后来汉语的推广做出了巨大的贡献。由于缺乏师资，亚非学院隔 2—3 年才招生一次。直到1999 年左右，刘光文女士接受亚非学院的邀请，担当起了中文系的教学重任。目前工作在格鲁吉亚各行各业的汉语人才大都出自刘老师门下，格鲁吉亚汉学家 Zurab Mamniashvili 正是刘老师最早学成的弟子，他创立高加索地区汉学家组织，并组织翻译了中格词典。2002 年，格鲁吉亚教育部向中国提出申请，请求派中国老师赴格鲁吉亚教授汉语，至此，每年都有 1—2 名中国老师来到亚非学院帮助中文系完成汉语教学任务。[①] 现在亚非学院中文系每年在格鲁吉亚全国招生 40 人左右，已经成为亚非学院第一大系。2010 年 11 月 26 日，格鲁吉亚第比利斯自由大学与兰州大学合作建立了孔子学院，进一步推动了格鲁吉亚的汉语教学和传播。2012 年，中国政府首次派出 10 名汉语教师志愿者赴格鲁吉亚教授汉语。到 2014 年，汉语教师志愿者已经增加到16 名。截至 2016 年 1 月，格鲁吉亚有 23 所大中学开设了汉语课，近千名学生学习汉语。[②]

　　格鲁吉亚正在学习汉语和对汉语感兴趣的人主要包括：其一，20世纪 70 年代出生的一代人，他们从各类历史资料中得知格鲁吉亚是古丝绸之路和现代欧亚走廊必经之地，抱着对历史的敬畏心情，对中国充满了好奇。经常可以在一些中国驻格大使馆举办的活动上见到他们的身影，大都是在职的成年人。其二，20 世纪 80 年代出生的年轻人。他们中大部分从事与中国有关的贸易活动，有一部分去过中国，汉语

[①] 王晶：《格鲁吉亚汉语教学调查研究》，硕士学位论文，兰州大学，2014 年，第 13 页。

[②] 第比利斯自由大学孔子学院：《第比利斯自由大学孔子学院协办汉学家新春招待会》，2016 年 2 月 18 日。http://www.hanban.org/article/2016 – 02/18/content_ 631736. htm，2016 年 8 月 2 日。

水平相对较高。相对于历史，他们对当下的中国更感兴趣。他们学习汉语的目的性较强，学习效率比较高，最想学习的多是商务汉语，迫切希望提高口语水平。其三，20 世纪 90 年以后出生的新生代，多为在校的大学生或中小学生，他们的父母大部分在中资企业工作，父母们已经认识到汉语在未来发展的重要性，他们往往是因为父母的要求才学习汉语。这些学生很容易被新鲜事物吸引，爱参加活动，希望得到表扬或者鼓励，对于剪纸、中国结、武术等中国文化体验活动积极性非常高①。

2006 年 4 月，中国国家汉办与格鲁吉亚第比利斯亚非学院签署孔子学院建设意向书；2015 年 9 月，与格鲁吉亚国家教师职业发展中心续签《派遣汉语志愿者教师谅解备忘录》。由于格鲁吉亚总人口较少，汉语起步比较晚，从目前来看，虽然学汉语的学生总人数不及学英语、俄语、德语等的学生多，但学习汉语的人数在不断增多，专业的师资队伍也在逐步建立和壮大。我们一方面要巩固格鲁吉亚现有的汉语教学和文化推广成果，另一方面，以"一带一路"发展为契机，努力扩大汉语及中华文化在格鲁吉亚的影响力，让更多的格鲁吉亚人学习汉语、了解中国。

第三节　汉语教学的环境和对象

一　高等院校汉语教学

格鲁吉亚第比利斯自由大学，前身是第比利斯外国语学院，该学院 1984 年设立社会学系，开设有汉语选修课，提供给研究中国政治经济的学生，但是后来因种种原因停办。1991 年，苏联解体之后，格鲁吉亚在第比利斯外国语学院的基础上成立了第比利斯亚非学院。1992 年，第比利斯亚非学院设立中文系，这是当时格鲁吉亚甚至整个外高

---

① 王晶：《格鲁吉亚汉语教学调查研究》，硕士学位论文，兰州大学，2014 年，第 14 页。

加索地区第一个也是唯一一个教授中国文化和汉语言的高等学府。据中文系主任刘光文教授介绍，建系之初，第一批学生只有 10 人，且隔 2—3 年才招生一次。从 1996 年开始，中国政府吸收格鲁吉亚学生来中国留学。第比利斯自由大学孔子学院首位格方院长玛琳娜·吉布拉泽女士就在中国南京师范大学获得博士学位。2009 年第比利斯亚非学院正式改名为第比利斯自由大学。2010 年 4 月 22 日，第九届"汉语桥"世界大学生中文比赛格鲁吉亚赛区预选赛在第比利斯自由大学举行。这是中国国家汉办首次在格鲁吉亚举办这一比赛。2010 年 11 月，自由大学和兰州大学合办的孔子学院揭牌运营。在 2011 年 5 月 25 日第十届"汉语桥"世界大学生中文比赛格鲁吉亚赛区预选赛上，格鲁吉亚教育部副部长苏尔古拉泽在致辞中称，根据总统令，中文已成为格鲁吉亚大学必修外语的选择之一。① 随着汉语人才需求的增长，现在亚非学院中文系每年在格鲁吉亚全国招生 40 人左右，有四个年级，教授的汉语课程主要有《综合汉语》《商务汉语》《听力》《口语》等。中文系的学生接受的汉语知识教学比较系统、有连贯性，但缺乏针对语音、词汇、语法等的专门训练。格鲁吉亚大学毕业生就业情况并不理想，但是中文专业毕业的学生都能找到适合自己的工作，就业率高达 95%，甚至很多学生没有毕业就已经开始从事各类与汉语相关的工作。孔子学院也面向自由大学全校有意愿学习汉语的老师和学生开设《综合汉语》《商务汉语》《听说课》等课程。并且开设周末汉语兴趣班，面向社会有意向学汉语的所有人。

2013 年 9 月，第比利斯开放大学请求自由大学孔子学院安排汉语教师开展汉语教学工作，有 26 名学生报名学习汉语，都是国际关系或者国际政治东方学方向的学生，汉语水平基本上都是零起点。2013 年 12 月，中国驻格鲁吉亚大使馆给开放大学赠送了数百套汉语图书和音像资

---

① 第比利斯自由大学孔子学院：《第十届"汉语桥"世界大学生中文比赛格鲁吉亚赛区决赛圆满落幕》，2011 年 5 月 31 日。http://www.hanban.org/article/2011–05/31/content_266279. htm，2016 年 8 月 2 日。

料，开放大学在学校设立了"孔子屋"。开放大学的校长表示，要大力配合汉语老师的工作，推广汉语教学，力争尽快建立系统的中文系。2015 年 8 月，开放大学完成汉语教学招生，9 月，正式开设汉语课。

第比利斯国立大学是格鲁吉亚一所历史悠久、久负盛名的公立大学，是唯一一所开设汉语课程的公立大学。2013 年 7 月，国立大学向中国驻格鲁吉亚大使馆和孔子学院申请派中国教师开展汉语教学工作。2013 年 9 月开始开设汉语课，有 12 名学生，来自国际关系学东方研究方向。校方给汉语课堂配备了投影仪和语音设备，但缺乏相应的汉语图书、影像等资料。2013 年 12 月，中国驻格鲁吉亚大使馆捐赠了近百册汉语图书，解了燃眉之急。师资方面，孔子学院派去一名中国汉语教师，还有一名格鲁吉亚本地汉语教师，是汉语国际教育专业硕士研究生毕业。第比利斯国立大学的汉语专业课程正逐步完善，并且成立了"丝绸之路汉语教研室"。[①]

中格建交 25 年来，两国关系发展迅速，两国高层间的互访往来密切，中国已成为格鲁吉亚第三大贸易伙伴，两国间的文化交流逐渐频繁，对汉语人才的需求量与日俱增，学习汉语已然成为一种趋势。截至 2015 年底，格鲁吉亚已经有 5 所大学（自由大学、国立大学、开放大学、圣·安德里亚大学、伊利亚大学）开设汉语课程。[②] 中国政府每年为格鲁吉亚高等院校提供赴华留学奖学金名额，孔子学院也有奖学金项目帮助学生实现赴中国学习的梦想。

二　中小学汉语教学

格鲁吉亚第比利斯市共有中小学 297 所，其中 16 所在 2012 年通过向孔子学院和中国驻格鲁吉亚大使馆申请，由中国政府派遣的 10 名志愿者教师开始汉语教学工作。这 16 所中小学，有 2 所学校是私立学

---

① 王晶：《格鲁吉亚汉语教学调查研究》，硕士学位论文，兰州大学，2014 年，第 30 页。
② 陈桂满：《"汉语桥"比赛对中学汉语学习者的影响研究——以格鲁吉亚第比利斯自由大学孔子学院为中心》，硕士学位论文，兰州大学，2015 年，第 19 页。

校，其余 14 所为公立学校，其中 3 所公立学校是以俄语为主的学校。
16 所中小学共有 15 名汉语教师，全部来自中国，没有格鲁吉亚本土
汉语教师。大部分开设汉语课的中小学要求汉语教师使用的教学语言
是英语，只有 2 所离市中心较远的公立学校要求上课教师使用俄语。
2013 年，开设汉语课的中小学总数比 2012 年增加了 5 个。

　　格鲁吉亚的中小学为 12 学年制，小学、初中、高中不分家，学
生从早上 9：00 到中午 1：30 是正式上课时间，之后才是汉语选修课
的时间。中学一般使用《快乐汉语》作为汉语课的通用教材。截至
2016 年 1 月，格鲁吉亚有 18 所中学开设了汉语课。18 所开设汉语
选修课的中小学，课程一般都安排在下午，学生来自各个年级，年
龄跨度大，汉语基础不同，任课教师在学习计划、学习内容等方面
有较大的自主权。

三　孔子学院的汉语教学

　　格鲁吉亚只有 1 所孔子学院，没有孔子课堂。[①]

第比利斯自由大学孔子学院

所在城市：第比利斯

承办机构：第比利斯自由大学

合作机构：兰州大学

启动时间：2010 年 11 月 26 日

　　格鲁吉亚第比利斯自由大学亚非学院已有十多年教授中文的历史。
2010 年 11 月 26 日，格鲁吉亚首所孔子学院——第比利斯自由大学孔子
学院正式揭牌。中国驻格鲁吉亚大使陈建福、格鲁吉亚教育与科技部副
部长诺达尔·苏尔古拉泽、中方合作院校兰州大学副校长景涛、第比利
斯自由大学董事长卡哈·本度基泽、校长古拉姆·奇科瓦尼，新华社、
格鲁吉亚主要媒体、部分在格中国企业、格鲁吉亚高校代表等各界人士

---

① 　以下有关格鲁吉亚孔子学院汉语教学的信息主要来自国家汉办/孔子学院总部网页，不再一
　　一注明具体出处。http://www.hanban.org/article，2016 年 8 月 1 日。

200 余人参加了揭牌仪式。国家汉办/孔子学院总部专程发来贺信。

2010 年 11 月 5 日，孔子学院第一批 12 名学生开课，每周上课 3 次，6 学时，系统学习汉语和中国文化。开课同时，举办了中国文化图片展、图书展，开放中文图书馆借阅服务和中国文化体验设备。今后学院将陆续开设其他类型课程，面向社会招生。

2015 年 1 月 29 日，孔子学院举办第二届"格鲁吉亚中小学生汉语知识竞赛"，来自第比利斯第 53 中学、第 98 中学、第 180 中学等 12 所中小学的近 500 名学生参加本次大赛。"格鲁吉亚中小学生汉语知识竞赛"是孔子学院在格鲁吉亚开展中小学汉语项目的重要活动，对于提升汉语教学质量、推动汉语事业全面发展有着重要作用。

2011 年 1 月中旬，孔子学院联合自由大学中文系邀请高中学生"走进孔子学院，体验中国文化"，先后邀请三批高中生共 60 余人走进中文系及孔子学院，聆听中国历史、城市、饮食的讲座、参加书写汉字、使用筷子等文化体验活动。1 月 26 日，中国传统的腊月二十三，小年，孔子学院举办新春文化讲座和联欢活动，共庆中国兔年新春。中国驻格鲁吉亚大使、自由大学校长、新华社记者、高中生代表等共 150 余人参加。

2011 年 3 月 5—13 日，格鲁吉亚教育与科技部和第比利斯市政府联合举办"2011 格鲁吉亚教育周"大型展览咨询活动，孔子学院应邀参加。利用有限的展位，通过多媒体演示、发放宣传材料、教材展示、现场表演中国舞蹈、太极、书法、中医、剪纸等多种形式，全方位宣传中国文化，介绍孔院使命及汉语培训课程，扩大孔院影响。2016 年 5 月 26—29 日，一年一度的第比利斯国际书展节上，孔子学院在第比利斯会展中心举办了大型文化推介活动，参与其中的民众两万余人次。此次活动分为中华才艺和中国知识两个主题。中华才艺展区包括脸谱、剪纸、中国结和书画，中国知识则展示汉语课本、文化读物和孔子学院宣传册等相关书籍。活动期间，孔子学院还举办了《YCT（中小学生汉语考试）词典》新书发布会，并在发布会上表演了太极扇、中国舞蹈、民族器乐等精彩节目。

2011 年 11 月 28 日，孔子学院举办第一届中文歌曲演唱比赛，来自自由大学孔子学院和自由大学的 17 名选手参加了角逐，各界代表 60 余人参加活动。2013 年 12 月 26 日，孔子学院举办第三届中文歌曲大赛，来自第比利斯自由大学、国际关系大学、第比利斯第 87 中学、第比利斯第 98 中学等十余所大中小学的 30 名学生成功晋级决赛，200 余人参加活动。2015 年 1 月 28 日，孔子学院举办第四届中文歌曲大赛，来自第比利斯国立大学、开放大学、圣·安德里亚大学、伊利亚大学、第比利斯第 53 中学、第比利斯第 98 中学等 17 所大中小学的 40 名选手参加。2015 年 4 月 17 日，孔子学院举办"中国之声"中文歌曲大赛。来自第比利斯自由大学、国立大学、国际经济关系大学、第比利斯第 98 中学等开设汉语课程学校的 15 名选手参赛。中国驻格鲁吉亚大使、格鲁吉亚教育与科技部、外交部官员代表等 300 多人参加活动。2015 年 12 月 22 日，格鲁吉亚第比利斯自由大学孔子学院举办第五届中文歌曲大赛，10 名选手进入决赛。中文歌曲演唱比赛为孔院及中小学的汉语学习者提供了展示学习成果的平台，为中格之间进一步的文化交流搭建了桥梁，对于格鲁吉亚的汉语传播工作有着积极的推动作用。

2013 年 3 月 27—30 日，兰州大学高水平武术代表队一行 7 人在孔子学院与格鲁吉亚武术协会联合举办了"中国—格鲁吉亚武术交流会"。格鲁吉亚体育与青年事务部部长基皮亚尼、中国驻格鲁吉亚大使、参赞、武官、格鲁吉亚武术协会、库塔伊西武术协会、格鲁吉亚大中小学代表、汉语志愿者老师、"鲁斯塔维—2 电视台""第九频道""绿波电台"、新华社、CCTV 等媒体代表等各界共 300 余人参加了此次活动。兰州大学武术队表演了拳术、器械、对练等 17 个精彩节目，格鲁吉亚武术协会也表演了太极拳、硬气功等节目。此次中国—格鲁吉亚武术交流活动极大地推广了中国武术在格鲁吉亚的传播，弘扬了中国传统文化。

2013 年 11 月 5 日，孔子学院举办中文诗歌朗诵比赛。来自第比利斯 20 多所大中学校的 50 余名学生参赛。参赛节目既有《水调歌头》《游子吟》等中国古典诗词，也有《雨巷》《我不知道风是在哪一个方向吹》等现代诗歌名篇。2014 年 6 月 3 日，孔子学院举办首届格鲁吉亚大学生中文演讲比赛。大赛以"我爱你，中国"为演讲主题，来自第比利斯国立大学、自由大学、开放大学及国际关系大学的 11 名学生参赛，格鲁吉亚开设汉语课程大学的百余名师生观看了比赛。2015 年 5 月 15 日，孔子学院举办"格鲁吉亚第四届中国诗歌朗诵大赛"。来自第比利斯自由大学、开放大学、伊利亚大学、第比利斯第 98 中学、GLC 国际学校等 20 余所大中学校的 34 名参赛者，分成中学组和大学组进行比赛，中国驻格鲁吉亚大使、自由大学校长、格鲁吉亚外交部代表等 200 余人参加活动。2015 年 12 月 17 日，孔子学院举办第五届中国诗歌朗诵比赛，本届比赛分为中学诗歌组和小学儿歌组。来自孔子学院和各汉语教学点的 30 名学生参加比赛，百余名师生代表、家长观看比赛。2016 年 1 月 23 日，孔子学院举办大中学生中文演讲比赛，此次比赛分中学组和大学组，演讲主题为"我与中国"。来自孔子学院本部和第比利斯各汉语教学点的 16 名选手参赛，100 余名师生代表和家长观看比赛。中文朗诵、演讲比赛是汉语学习者们锻炼汉语表达能力、增强汉语学习乐趣的重要平台。

春节是中国最重要的传统节日，在每年春节来临之际，孔子学院都举办春节联欢晚会。2014 年 1 月 27 日，举办"马年春节联欢晚会"。中国驻格鲁吉亚大使、格鲁吉亚新任驻华大使、自由大学校长、中外汉语师生、家长等 400 多人参加。晚会开始之前，孔子学院还举行了舞龙表演和"中国春节民俗文化展览"。2015 年 2 月 7 日，举办"羊年春节联欢晚会"。中国驻格鲁吉亚大使、自由大学校长、格鲁吉亚外交部教育与科技部代表、中资企业代表、各大中院校师生等近千人观看了晚会。2016 年 2 月 1 日，举办了"猴年春节联欢晚会"。中国驻格鲁吉亚大使、自由大学校长、格鲁吉亚各部门官员、驻格中资企业代表、各大中院校师生代表及家长等 1000 余人观看了晚会。每年晚会内容丰富，都是一场包含经典中文歌曲、中格民族舞蹈、中文诗歌朗诵、中国功夫、中国古典乐器、中华民族服装秀等文化精粹的艺术盛宴。

2014 年 5 月 15 日，中国驻格鲁吉亚使馆为格鲁吉亚学习汉语的中小学生开展"使馆开放日"活动。来自第比利斯 16 所中小学的近 50 名汉语学习者观看《中国国家形象》《舌尖上的中国》纪录片。2014 年 11 月 17 日，中国驻格鲁吉亚大使馆为格学习汉语的大学生举办"使馆开放日"活动，来自第比利斯国立大学、自由大学、国际关系大学、圣·安德里亚大学以及孔子学院的百余名汉语师生参观使馆、品尝中国美食并进行了中华才艺表演。这是中国大使馆第四次为汉语学生举办"开放日"活动。旨在加深格鲁吉亚汉语学习者对中国的了解，增强学习汉语的热情和动力。

2015 年 3 月 18 日，孔子学院在当地 QSI（Quality School International）国际学校开展"中华文化宣传系列活动"。活动面向 QSI 国际学校全校师生举行，分主题展示了中国书法、中国结、太极功夫、民间剪纸、中华美食、京剧等内容；毛笔、筷子、泥塑、剪纸、脸谱等中国元素受到极大青睐和喜爱。QSI 国际学校是非营利性基础教育机构，在全球 20 多个国家设有分校，第比利斯分校有来自英、俄、德、法等 20 多个国家的中小学生，是自由大学孔院新增的汉语教学点。

2015 年 6 月 1 日，孔子学院在姆兹晤丽公园举办"中国文化展示与体验活动"，共吸引近万格鲁吉亚民众与。风筝、大熊猫、中国结、中国画、大红灯笼等中国元素、《鲁冰花》《读书郎》《听妈妈讲那过去的故事》等中国经典歌曲，吸引众多游客驻足。"京剧脸谱 DIY""美丽中国结""筷子夹糖豆""剪纸小能手""花样抖空竹"等趣味活动让体验者尽情发挥、"棋逢对手""跳绳""拔河""踢毽子"等竞技游戏让体验者在智慧的碰撞和力量的比拼中感受中国文化的精彩和快乐，"中国之家"园地则可以尽情阅读各类汉语书籍、学说"你好""中国""我爱你"等简单汉语、学习使用"文房四宝"书写自己的名字、在沁人心脾的铁观音、西湖龙井香气中领略中国博大精深的"茶文化"。此次活动是孔子学院首次面向格鲁吉亚公众举办的大型"中国文化展示与体验活动",受到民众的大力支持与热烈欢迎。

2015 年 7 月 23 日,孔子学院外方院长、汉语言教授玛琳娜·吉布拉泽受邀为中国援格鲁吉亚温室蔬菜栽培技术合作项目首期培训班的 34 名学员讲授中国文化。在两个半小时的讲座中,玛琳娜教授讲授了中国传统文化及现代文化的发展,学员们就自己对中国感兴趣的问题向玛琳娜教授提问。玛琳娜院长表示,很高兴有机会讲授中国文化、传播汉语知识,希望孔子学院能够跟湖南农业集团开展更多的合作。

2015 年 8 月 16—29 日,孔子学院在兰州大学举行孔院学员暑期夏令营和格鲁吉亚大中学校校长及教育官员访华活动。活动期间,夏令营的营员们和各位大中学校校长、教育官员目睹了中国社会的繁荣景象,欣赏了中国的美丽山河,零距离感受了中国的风土人情和悠久历史。格鲁吉亚圣·安德里亚大学、第比利斯开放大学校领导与兰州大学校领导还就孔子课堂建设、学生互换、合作研究、人员往来等方面开展国际合作事宜举行专题会谈。9 月 19 日,中国驻格鲁吉亚大使岳斌主持召开暑期访华的格鲁吉亚校长、教育官员和夏令营学员成果交流座谈会。校长们表示,通过访华他们感受到了中国近年来取得的巨大成就,进一步坚定了开设汉语课程的决心。其中,第比利斯开放大学在暑期完成中文专业招生,已正式开课。营员们则表示中国美食、名胜古迹、热情好客的人民、博大精深的中华文化让他们难忘。他们要努力学好汉语,争取未来能够去中国留学。

2015 年 10 月 1 日,格鲁吉亚第比利斯自由大学"孔子学院日"系列活动之"中华文化走进中学"在第比利斯欧洲学校举办,参与人数千余人次。折扇、中国结、大红灯笼、卷轴字画、大熊猫、京剧脸谱布满活动现场,书法、国画、剪纸、中国结、茶艺、筷子夹花生、踢毽子活动齐齐上阵,引得学生们蜂拥而至。第比利斯欧洲学校是孔院近期考察的汉语教学点,该校校领导对汉语课程十分重视,对孔院举办的此次文化活动的效果极为满意,并表示将大力推进与孔院合作的进程。

2015 年 10 月 9 日，由孔子学院总部主办的"2015 年孔子学院艺术巡演"格鲁吉亚站在第比利斯文化中心精彩上演。中国驻格鲁吉亚大使、格鲁吉亚外交部、教育科技部、文化与古迹保护部代表、孔院师生及当地民众 400 余人观看了演出。此次演出为格鲁吉亚民众全方位地展示了中国传统乐器、民乐、舞蹈、武术等特色文化，使其身临其境地感知中国风情，受到格鲁吉亚民众的一致称赞。

2015 年 10 月 11 日，"孔子学院日"系列活动之"中华文化走进社区"暨"格鲁吉亚首届中国日"活动在第比利斯 Deda Ena 公园盛大举办。此次活动由中国驻格鲁吉亚使馆、第比利斯市政府、第比利斯自由大学孔子学院联合举办。中国驻格鲁吉亚大使、格鲁吉亚教育科技部部长、国家旅游局局长、第比利斯市市长等政府要员及格鲁吉亚民众等万余人参加。活动现场分为中华文化体验和中国传统体育两大展区。文化体验展区设国画、书法、茶艺、传统手工艺制作等展台；传统体育展区则包括拔河、武术、抖空竹、踢毽子及民族舞展示等项目。

2015 年 12 月 12 日，孔子学院举办"中格经济贸易合作论坛"暨"孔子学院成立五周年"庆祝活动。格鲁吉亚外交部、工商局、旅游局、农业部代表，中国驻格鲁吉亚大使馆商务参赞、格鲁吉亚合作基金会代表，中格经济学者、在格中资企业代表、当地媒体记者等百余人参加了论坛。此次论坛分为中方专家组和格方专家组两个主场，代表们围绕中格经贸发展形势、发展计划及"一带一路"倡议下中格关系的发展前途等方面展开讨论。

2016 年 3 月 27 日，孔子学院举办"中国高等教育"专题讲座，孔子学院全体教师、格鲁吉亚大中学生代表及汉语爱好者等 100 余人到场聆听。中国知名学者刘海峰应邀主讲，孔院中方院长车如山主持。近年来，格鲁吉亚赴华留学人数日益增加，越来越多的当地学生希望了解中国的教育机制，尤其是高等教育的现状。此次讲座普及了中国现代的教育文化，为汉语学习者们提供了了解中国教育体制的平台。3 月 31 日，北京故宫博物院院长单霁翔应邀在孔子学院作题为"故宫的世界，世界的故宫"的文化讲座。孔子学院全体教师、第比利斯各大中院校师生代表及汉语爱好者等 200 余人到场聆听。第比利斯自由大学校长古拉姆担任主持。单霁翔从开放空间调整、文物建筑修缮、文物专题陈列和文化创意产业开发等方面介绍了故宫博物院的现状和未来发展趋势。

2016 年 4 月 18 日和 21 日，孔子学院在其汉语教学点欧洲教育大学和高加索大学举行"中国书画走进大学"系列活动。此次活动吸引了千余名师生参加。此次活动包括书画体验和书画欣赏两部分。在书画体验区，学生们在孔院书画教师的示范引导下，尝试用毛笔作画或书写自己的名字。在书画欣赏区，负责讲解书画知识的教师介绍了每一幅作品的含义、艺术美以及蕴藏的文化内涵。此次活动宣传了中国的书画文化，提高了汉语教学在两所大学的影响力和知名度，有利于汉语教学规模的进一步扩大。

2011 年 5 月 25 日，孔子学院举办第十届"汉语桥"世界大学生中文比赛格鲁吉亚赛区预选赛。来自自由大学和孔子学院的 9 名选手进入决赛，最终，自由大学亚非学院三年级学生塔玛尔·瓦恰泽获得冠军。2012 年 5 月 29 日，孔子学院举办第十一届"汉语桥"世界大学生中文比赛格鲁吉亚赛区预选赛。中国驻格鲁吉亚大使、参赞、第比利斯自由大学校长、自由大学及孔子学院师生、部分中学师生、媒体代表等 150 余人出席。最终，自由大学亚非学院四年级的学生凯蒂摘得桂冠。2013 年 5 月 29 日，孔子学院举办第十二届"汉语桥"大学生中文比赛格鲁吉亚赛区预选赛。经过激烈角逐，自由大学亚非学院三年级的学生萨洛梅夺冠。2014 年 5 月 27 日，孔子学院举办第十三届"汉语桥"大学生中文比赛格鲁吉亚赛区预选赛。来自第比利斯国立大学、自由大学、国际关系大学以及孔子学院的 10 名学生展开了角逐。最后，来自自由大学三年级的学生特克拉夺取桂冠。2014 年 6 月 12 日，孔子学院举办第七届"汉语桥"世界中学生中文比赛格鲁吉亚赛区预选赛。来自第比利斯 13 所中学的 22 名中小学生进入了决赛。

最终，来自第 180 中学的索罗加什维利夺取了桂冠。2015 年 5 月 22
日，孔子学院举办第八届"汉语桥"世界中学生中文比赛格鲁吉亚赛
区预选赛，来自孔子学院及第比利斯各汉语教学点的 9 名中学生参加
比赛。最终，第比利斯第 158 中学的瓦赫堂·卡驰巴亚摘得本次大赛
桂冠。2015 年 5 月 28 日，孔子学院举办第十四届"汉语桥"世界大
学生中文比赛格鲁吉亚赛区预选赛，共 9 名选手参赛。最终，来自第
比利斯自由大学的戴琳·拉兹玛泽拔得头筹。2016 年 6 月 10 日，孔子
学院举办"汉语桥"世界大、中学生中文比赛格鲁吉亚赛区预选赛。
来自第比利斯汉语教学点的 8 名大学生、9 名中学生参加比赛。经过
激烈角逐，茉彩在中学组夺冠，玛丽娅姆折桂大学组。作为历年规模
最大的赛事，"汉语桥"中文比赛在格鲁吉亚一直深受师生和家长们
的热捧。它不仅直接地检验汉语教学成果，还为汉语学生搭建了展示
自我的平台，为学生们"圆梦中国"提供了便捷通道。

　　为帮助格鲁吉亚汉语学习者检验学习效果、提高学习效率，孔子
学院坚持贯彻"以考促教""以考促学"原则，多次成功举办 HSK 考
试，考生人数逐年增加。2011 年 12 月 4 日，孔子学院举办格鲁吉亚第
一次新汉语水平考试（HSK），来自孔子学院、自由大学及社会各界的
23 名考生参加 2—5 级的考试。2012 年 5 月 20 日，举办第二次 HSK 考
试，来自孔子学院、大学及社会人士共 43 人参加 2—4 级的考试，人
数比第一次翻了一番。2015 年 2 月 1 日，举办汉语水平考试（HSK），
35 名考生参加。2015 年 6 月 14 日，举行 2015 年度第二次 HSK 考试，
共有 51 名考生参加。

第四节　汉语教材、师资和教学法

一　汉语教材

格鲁吉亚开设汉语课的大学，汉语教材主要选用北京语言大学出

版社的《新实用汉语课本》，开设汉语课的中小学，汉语教材都选用了人民教育出版社的《快乐汉语》。因为教材多是中英文对照的，给格鲁吉亚学生的汉语学习造成了一定困难。大多数汉语老师会根据学生的情况和教学活动的开展，补充教学资料。但这些"自编教材"比较随机，大多缺乏连贯性、科学性。近年来，国家汉办和中国驻格鲁吉亚大使馆持续不断地向开设汉语课的中小学和大学免费赠书，但由于种种原因，这些赠书往往大部分被搁置在图书馆无法分类也无法借阅，加上很少有格鲁吉亚语介绍中国或者学习汉语的书，学生就更难提起学习和借阅的兴趣。根据格鲁吉亚学生和汉语教学的现实和特点，在教材建设方面，最迫切的，是编写格鲁吉亚本土化汉语教材。2015年5月22日，格鲁吉亚语版《实用汉语课本》首发式在第比利斯自由大学孔子学院举行。《实用汉语课本》（格鲁吉亚语版）在原有中文版的基础上，进一步加强实用性，密切结合格汉语学生在新世纪的学习需求，在课文、练习、文化常识等部分完善了相应内容，并添加了与新汉语水平考试（HSK）相关的词汇。①

二　师资培训

2012年5月15日，由中国驻格鲁吉亚使馆主办、孔子学院协办的主要面向格鲁吉亚格教育科技部、2所大学、17所中学校长及师生的"汉字的故事"公开课正式开讲。格教育与科技部副部长恰赫纳什维利、第比利斯自由大学、国际关系大学、17所中学的校领导及师生、中格主流媒体等约100人参加。中国驻格鲁吉亚大使陈建福表示，2012年6月9日是中格建交20周年纪念日，这次孔子学院的"汉字的故事"公开课是纪念活动的重要一项。孔子学院中方院长吴万佩围绕"汉字的故事"，介绍了汉字起源、变化规律、基本结构、主要构

---

① 第比利斯自由大学孔子学院：《格鲁吉亚语版〈实用汉语课本〉首发式在第比利斯自由大学举行》，2015年5月28日，http://www.hanban.org/article/2015 – 05/28/content_ 599022.htm，2016年8月3日。

字法以及汉语语序及基本句式特点等汉语基础知识。讲座结束后，格鲁吉亚教育科技部副部长恰赫纳什维利致辞，感谢中国使馆及孔子学院组织此次精彩的讲座，表示格鲁吉亚政府重视汉语教学，已决定将汉语课逐步推广到各中学。

2013 年 3 月 22 日，孔子学院首次举办"格鲁吉亚中小学汉语教学成果展"。中国首批赴格鲁吉亚汉语教师志愿者带领各自学校的汉语学习者参加"我爱学汉语"活动，第比利斯 20 所中小学的校领导及师生等 150 多人参加。成果展包括汉字书写、剪纸、绘画、朗诵中文诗歌、演唱中文歌曲等文化活动展示和汉语课堂教学展示。这次活动极大地鼓舞了格鲁吉亚青少年学习汉语的兴趣和信心。

2014 年 12 月 5 日，中国驻格鲁吉亚大使馆举行志愿者教师经验交流会。志愿者教师详细讲述了任职学校的具体情况及教学感想，分享个人教学过程中的经验和反思，与大家探讨了格鲁吉亚汉语学生的学习心理、认知习惯等特征。针对格鲁吉亚学生倾向于兴趣学习的心理特征，志愿者教师表示将更加重视对课堂游戏的设计和中华文化知识的讲解，努力将课堂的知识性和趣味性完美融合。

2015 年 3 月 14 日，孔子学院举办中国汉语教师教学经验交流展示会，参会人员有孔院院长、公派汉语教师及汉语志愿者教师。交流会分为模拟课堂、教学点评和集体探讨三个环节。首先由三名汉语志愿者教师分别展示三个课时的课堂教学，其他教师则扮演学生角色，向授课者提出问题、制造难题甚至教学事故。在评课和集体讨论阶段，教师们踊跃发言，指出授课者的教学优缺点和自己的教学经验、感受：课前检查教具、减少使用媒介语、控制讲课语速、丰富教学层次、完善教学环节、强化主要知识点等内容受到大家的普遍重视。最后，中方院长车如山做了总结发言。

2015 年 4 月 18 日，孔子学院召开格鲁吉亚首届"中小学汉语教学研讨会"。格鲁吉亚外交部官员代表，中格双方汉语教师及学生代表参加了本次会议。孔院外方院长玛琳娜·吉布拉泽担任主持。围绕之前提交的会议论文，汉语教师们就汉字教学、语音教学、教学方法、课堂活动、教材使用、图画书使用等问题发表观点并分享心得。有的教师还分享了他们会前专门展开的问卷和访谈调查结果。

2016 年 3 月 27 日，孔子学院举办汉语教师培训暨汉语教学成果展示会。孔子学院中外方院长、汉语教师及学生代表参加。会上，16 名中格汉语教师从不同角度展示了精彩的汉语教学片段，涉及饮料、颜色、数字及身体部位等教学主题，重温了直接法、游戏教学、全身反应法等经典教学法。老师们以独特的授课技巧、熟练的课堂管控，以及对实物、卡片等教学用具的使用，与学生之间形成了一种良好的互动，整个课堂气氛轻松愉悦。展示结束后，教师们相互交换意见，取长补短，共同分析汉语课堂中常见的问题并得出最佳解决方案。

2016 年 5 月 5—8 日，孔子学院汉语教师志愿者代表应邀参加由格鲁吉亚教育科技部举办的为期 4 天的教学培训，与格鲁吉亚本土教师和其他国家语言教师一起交流学习。培训期间，汉语教师志愿者代表积极参与课堂讨论，并作了一场汉语教学报告。格鲁吉亚教育科技部项目官员对汉语教师志愿者为当地汉语教学做出的贡献表示感谢，肯定了其汉语教学水平。汉语教师志愿者受邀参加教学培训，表明了汉语教学正在被逐步纳入当地的教育体系。

2016 年 5 月 20 日，孔子学院举办格鲁吉亚第二届中小学汉语教学研讨会。格鲁吉亚教育科技部代表、孔子学院中外方院长、本土汉语教师及中国汉语教师志愿者教师共 30 余人参加了本次研讨会。研讨会上，与会教师围绕教学方法、教学设计、语言学习理论等中小学汉语教学的各个方面展开热烈讨论。本次研讨会不仅为汉语教师提供了交流的机会，也为格鲁吉亚教育科技部和孔子学院之间提供了沟通的平台。

三　教学法

第比利斯自由大学中文系和孔子学院把汉语教学列入教学计划，课程相对固定，每周 3 节课。其他的大学和中小学，汉语教学没有被

列入教学大纲，只是作为兴趣课，课程每周 2—3 节不等。汉语教学
2013 年底还不是格鲁吉亚教育科技部计划内的课程，因此课程设置和
课程实施没有统一的安排，也没有相应的测试和评估机制。在课程设
置方面，学校没有具体规定，虽然给老师一个可以自由发挥的平台，
但是对于刚开始从事教学工作的年轻老师，自由度过高会导致部分教
师工作状态比较松散。

格鲁吉亚的学生和中国学生相比，缺乏时间观念、纪律观念，迟
到早退以及旷课对很多学生是家常便饭，甚至天气不好不想上学也能
成为不来上课的理由。无论是中小学生还是大学生，总体上比较懒散，
在汉语学习上不够勤奋努力。根据格鲁吉亚学生的特点，对 9 年级以
下的中小学生，情境法相对比较适合。教师可以根据课文内容，设定
场景，模拟相应的语言学习环境，辅助大量相关的图片、影像等资料，
把课文所描绘所涉及的内容情景化、交际化，让学生在自然、轻松的
情境下，理解、掌握、运用汉语，提高汉语水平。对于 9 年级以上的
中学生以及大学生，他们的接受能力和理解能力比 9 年级以下的学生
好很多，可以采用归纳法、演绎法、对比法或综合教学法。虽然格鲁
吉亚学生在汉语学习上普遍不愿意多说多写多看，但由于格鲁吉亚语
本身语言的特殊性，格鲁吉亚学生对汉语的习得能力普遍要比以俄语
为母语的学生要好很多。因此，要多方面了解学生，充分利用学生的
特点，增加学习汉语的兴趣，提高汉语水平。

2012 年 7 月 5—12 日，孔子学院首次举办全封闭式汉语强化周活
动。孔院学生及其他汉语优秀学习者 40 余人参加。2014 年 6 月 23—
30 日，孔子学院举办第三届全封闭式汉语强化周活动。孔子学院从本
院、大学及中学教学点选取优秀汉语学生 40 余人参加。这种高强度、
封闭式、沉浸式汉语强化学习，学员和老师每天从早上练习太极拳开
始，参加包括汉语听说课、中国书法练习、中医讲座、太极学习、中
国饮食讲座、中国电影赏析、学唱中文歌曲等丰富多彩的汉语培训活
动。活动容量大、强度高、内容丰富、形式活泼，管理严格，帮助汉

语学习者进一步强化语感、提高水平，全方位体验中国文化。

本章主要参考文献

玛琳娜·吉布拉泽：《格鲁吉亚汉学发展与汉语教学》，《世界汉语教学》2004 年第 4 期。

玛莉雅：《冷战以来格鲁吉亚与中国双边关系分析》，硕士学位论文，华中师范大学，
2012 年。

陈桂满：《"汉语桥"比赛对中学汉语学习者的影响研究——以格鲁吉亚第比利斯自
由大学孔子学院为中心》，硕士学位论文，兰州大学，2015 年。

芦韩娇：《民俗文化视域下的格鲁吉亚汉语教学》，硕士学位论文，兰州大学，2015 年。

王晶：《格鲁吉亚汉语教学调查研究》，硕士学位论文，兰州大学，2014 年。

第十一章 摩尔多瓦的汉语教学

第一节 国家概况

一 自然地理

摩尔多瓦共和国，简称摩尔多瓦（摩尔多瓦语：Republica Moldova，英语：Republic of Moldova），地处欧洲巴尔干半岛东北部多瑙河下游，东欧平原南部边缘地区，绝大部分国土介于普鲁特河和德涅斯特河之间，东部和南部与乌克兰接壤，西部毗邻罗马尼亚，面积 3.38万平方公里。首都基希讷乌，人口超过 75 万，是摩尔多瓦共和国的政治、经济与文化中心。摩尔多瓦共和国气候宜人，夏季不热，冬季温和，年平均气温为 8℃—10℃。年平均降水量南部为 380 毫米，中部、北部为 560 毫米。①

二 历史政治

摩尔多瓦人与罗马尼亚人同宗同文，都是达契亚人的子孙。13 世纪至 14 世纪，蒙古鞑靼人和匈牙利人入侵，达契亚人逐渐分为三支：

---

① 赖汀：《摩尔多瓦共和国》，《东欧中亚市场研究》1998 年第 10 期。

摩尔多瓦人、瓦拉几亚人、特兰西瓦尼亚人。古代的摩尔多瓦的国名
为达契亚—图拉真国，它后来又形成了罗马尼亚、摩尔多瓦和特兰
西瓦尼亚三国。1359 年波格丹一世建立了独立的封建公国。1487 年
后沦为奥斯曼帝国附庸。1812 年俄国将摩领土（比萨拉比亚）划入
其版图。1859 年 1 月摩尔多瓦和瓦拉几亚合并，称罗马尼亚。1918
年 1 月 14 日，摩尔多瓦共和国宣布独立。摩尔多瓦共和国在苏联时
期曾先后称为"摩尔达维亚自治共和国""摩尔达维亚苏维埃社会主
义共和国"。1990 年 6 月改名为"摩尔多瓦苏维埃社会主义共和国"，
1991 年 5 月 23 日改名为"摩尔多瓦共和国"。1991 年 8 月 27 日宣布
独立。[①]

三　人口经济

摩尔多瓦是苏联加盟共和国中经济发展水平最落后的国家之一，
苏联解体后，经济情况更是日益恶化。2015 年，GDP 总计 65.51 亿美
元（国际汇率），人均 GDP1843 美元（2015 年，国际汇率）。

摩尔多瓦自然资源相对贫乏，缺少硬煤、铁矿、石油和天然气。
经济主要靠农业，农业产值约占国内生产总值的 40%。农产品有蔬
菜、水果、酒、谷物、甜菜、葵花子、肉类、牛奶、烟草。蕴藏着丰
富的非金属富矿，主要有大理石、石膏、玻璃沙土、石灰岩、沙土、
硅藻土、陶土等。工业技术落后，产业结构单一，基础设施不完善，
主要工业品有罐头食品、农业机械、铸造设备、冷藏设备等[②]。

摩尔多瓦位于"丝绸之路经济带"沿线，连接中东欧地区。2014
年 12 月 4 日，《中华人民共和国商务部与摩尔多瓦共和国经济部关于
在中摩政府间经贸合作委员会框架内加强共建丝绸之路经济带合作的
谅解备忘录》正式签署，成为欧亚地区首个与中国签署共建"丝绸之

---

① http：//www.fmprc.gov.cn/web/gjhdq_ 676201/gj_ 676203/oz_ 678770/1206_ 1206x0_ 679498/1206_ 679500/，2016 年 7 月 18 日。
② 赖汀：《摩尔多瓦共和国》，《东欧中亚市场研究》1998 年第 10 期。

路经济带"合作文件的国家。[①]

摩尔多瓦教育体系较为发达，基础教育较好，大多数公民懂两种以上语言，高素质廉价劳动力资源相对较丰富。在 2013 年世界银行的商业环境排名中居第 62 位，比前一年提升了 19 位。1992 年 11 月，中摩签署《中华人民共和国政府与摩尔多瓦共和国政府文化合作协定》。

人口数量为 355.4 万人（2015 年），其中摩尔多瓦族占 75.8%。从人口构成上看，摩尔多瓦共和国是除罗马尼亚之外第二个以罗马尼亚人为主体的国家，罗马尼亚族（摩尔多瓦族）占全国总人口的七成以上。其他还有乌克兰族 8.4%、俄罗斯族 5.9%、加告兹族 4.4% 等。绝大多数居民信奉希腊正教。

四　语言政策

历史上摩尔多瓦共和国曾分属于罗马尼亚和苏联。在苏联时期，摩尔达维亚苏维埃社会主义共和国境内通用俄语，只有少数人会使用摩尔多瓦语。1941 年 1 月 1 日起，摩尔多瓦语的书写方式由拉丁字母改为基里尔（俄文）字母。为了加强民族意识和民族文化认同，1989 年 8 月，摩尔多瓦最高苏维埃通过《摩尔达维亚共和国国语地位法》，规定摩尔多瓦语为国语，俄语为族际交际语。2002 年 6 月，宪法法院通过决议，宣布摩尔多瓦语为国家唯一国语。1995 年颁布的《摩尔多瓦共和国教育法》明确规定，国语是所有院校的必修课。据 2012 年调查，以摩尔多瓦语为母语并且经常使用摩尔多瓦语的人数远远超过掌握俄语的人数。

1989 年的《国语法》及《语言功能法》确立摩尔多瓦语为国语，1991 年的《独立宣言》则宣布罗马尼亚语为国语，1994 年的《宪法》又规定摩尔多瓦语为国语。事实上，有关摩尔多瓦语和罗马尼亚语是否同属一种语言的纷争不断。学术界普遍认为，"摩尔多瓦语"这一

---

① 史凡玉：《中国—摩尔多瓦互联互通的新机遇——访我国驻摩使馆经商处宋学军参赞》，《国际工程与劳务》2015 年第 3 期。

名称不过是罗马尼亚语在摩尔多瓦共和国的一个政治性称呼。2013 年底，摩尔多瓦宪法法院终审裁定，摩尔多瓦的官方语言为罗马尼亚语，同时正式承认摩尔多瓦的国语为罗马尼亚语。

第二节　汉语教学简史

摩尔多瓦虽然地域不大，经济也并不发达，但是这里的民众十分重视教育，其中就包括对第二语言的学习。21 世纪初，在摩尔多瓦看到亚洲面孔会认为是日本人，而现在首先会想到是中国人，打招呼更多用的是"你好"。

2010 年摩尔多瓦自由国际大学孔子学院揭牌运营以来，以孔子学院为依托，摩尔多瓦的汉语教学不断发展壮大，除了最基本的兴趣课以外，已在 2012 年开设英汉翻译专业课，2015 年迎来英汉翻译专业第一批毕业生。总体来看，摩尔多瓦汉语教学现在还处于上升期，正在不断增加的汉语学习人数也说明已经有越来越多的摩尔多瓦人正在了解汉语、了解中国文化。

2009 年 9 月，中国国家汉办在摩尔多瓦与当地自由国际大学合作建立了摩尔多瓦自由国际大学孔子学院。经过 5 年的发展，2014 年当地汉语学员已经由最初的 70 人增长到 625 人。在摩尔多瓦汉语教育蓬勃发展的状况下，2014 年 9 月摩尔多瓦自由国际大学孔子学院与摩尔多瓦当地 Lǎstǎraş 幼儿园签订合作协议，首次将幼儿汉语教育融入当地幼儿园的教学内容中。Lǎstǎraş 幼儿园有 336 名幼儿学习汉语，包含 4—5 岁幼儿 170 人，5—6 岁幼儿 83 人，6—7 岁幼儿 77 人。[①]

---

① 张娜梅：《幼儿对外汉语词语教学实践——以摩尔多瓦 Lǎstǎraş 幼儿园为例》，硕士学位论文，西北师范大学，2015 年，第 4 页。

第三节　汉语教学的环境和对象

一　高等院校汉语教学

目前，摩尔多瓦高校的汉语教学主要集中在摩尔多瓦国立大学、自由国际大学及其孔子学院、摩尔多瓦经济大学、摩尔多瓦医药大学中医中心等高校。自由国际大学 2012 年开设英汉翻译专业课，2015年已经有英汉翻译专业第一批毕业生。2013 年，经济大学开设了 3 个学生班和 1 个教师班的商务汉语课程。2010 年 3 月，国家汉办正式派遣公派汉语教师赴自由国际大学孔子学院任教。目前，孔子学院 7 位志愿者老师、3 名公派教师、1 名中方院长和 2 位本土汉语教师。除了本部自由国际大学的汉语课程外，还与基希讷乌市 3 所中学、1 所幼儿园建立了长期合作关系，其中纳入当地学分体系的有 2 所中学。2014 年 11 月，孔院教学点已经从首都基希讷乌扩展到了摩尔多瓦第二大城市贝尔茨，以及温格内和卡拉拉什。孔子学院开设的班级类型分为两种：英汉翻译专业的专业汉语课程、孔子学院的常规兴趣班。

二　中小学汉语教学

2012 年 9 月 24 日，自由国际大学孔子学院在摩尔多瓦最大的中学 Berezovschi 中学举行了盛大的汉语课程开班典礼。2012 年 10 月 23日，自由国际大学孔子学院与基希讷乌市属 CUZA 中学签订了汉语教学点协议，有 36 名学生选修汉语，分 3 个班教学，每个星期上 2 次课，每次上 2 节课。摩尔多瓦家长期待幼儿能从幼儿园开始就学习一门其他的语言，当地幼儿园负责人尤利娅女士表示，在幼儿园开设中文课程是因为当地家长对幼儿语言学习的需求，他们认为学习一门语系不同的语言，不仅有利于幼儿的语言机能开发，也有利于幼儿的智力发展。Lăstăraș 幼儿园就是摩尔多瓦孔子学院首次开设汉语课的幼儿园。2014 年 9 月起，该幼儿园与摩尔多瓦自由国际大学孔子学院合作，为 12 个班 330 名学生开始免费开设汉语课，汉语教师都是来自中国的汉语志愿者教师。摩尔多瓦国家儿童中心是一所公立的学习中心，隶属于摩尔多瓦教育部。2012 年 5 月摩尔多瓦自由国际大学孔子学院与摩尔多瓦国家儿童中心签署了合作开设汉语课程的协议。自 2012 年 9 月 1 日起，摩尔多瓦自由国际大学孔子学院向摩尔多瓦国家儿童中心派遣汉语教师，开设汉语课程。除此以外，现已有当地中学将汉语学习纳入课程体系。

三 孔子学院（孔子课堂）的汉语教学

摩尔多瓦现有 1 所孔子学院和 1 个孔子课堂。①

（一）自由国际大学孔子学院

所在城市：基希讷乌

承办机构：自由国际大学

合作机构：西北师范大学

启动时间：2009 年 4 月 10 日

2010 年 9 月 21 日，摩尔多瓦副总理 Ion Negrei 在中国驻摩尔多瓦大使房利的陪同下一起参观了摩尔多瓦自由国际大学孔子学院。副总理对自由国际大学孔子学院在两国友好交流所做的贡献表示感谢，对学院的汉语及中国文化推广工作给予了充分肯定。2012 年 10 月 16 日，在摩尔多瓦自由国际大学 20 周年校庆庆典上，摩尔多瓦总理弗拉德·菲拉特（Vlad Filat）亲自给自由国际大学孔子学院中方院长赵焕改女士颁发"摩尔多瓦总理第一学位"奖，以表彰她为推动孔子学院建设发展和中摩两国之间的文化交流所做出的积极努力。2013 年摩尔多瓦自由国际大学孔子学院荣获"先进孔子学院"称号。

自 2010 年 12 月 5 日起，摩尔多瓦自由国际大学孔子学院定期举

---

① 以下有关摩尔多瓦孔子学院和孔子课堂汉语教学的信息主要来自国家汉办/孔子学院总部网页，不再一一注明具体出处。http://www.hanban.org/article 2016 年 7 月 25 日。

办"汉语角"活动,活动每两周举行一次,自开办以来从未中断。活动内容涉及"中国书法""京剧""中国文化讲座""中国茶""中国武术""中国饮食文化""中医理论与养生""中国传统乐器"等方面。"汉语角"活动的持续开展,为汉语学习者提供用汉语交流的平台,弥补国外汉语学习者没有汉语语言环境的缺陷,同时也增进了摩尔多瓦汉语学习者对中国文化、中国人的了解。

2011 年 1 月 28 日,由孔子学院总部派出赴摩尔多瓦中国春节庆祝巡演在摩尔多瓦首都基希讷乌市埃米内斯库剧院隆重举行。此次演出由国家汉办暨孔子学院总部主办,中国驻摩尔多瓦大使馆、中国西北师范大学和摩尔多瓦自由国际大学孔子学院承办。来自中国西北师范大学的文艺代表团和孔子学院、汉语中心学生为当地观众奉献了一台精彩、难忘的艺术盛宴。摩尔多瓦代总统兼议长卢普、宪法法院院长布尔别列、总检察长祖布科、最高法院院长穆鲁扬努、前总统卢钦斯基和沃罗宁、科学院院长杜卡、副外长盖尔曼以及外国驻摩尔多瓦使节、摩尔多瓦各界知名士等共 300 余人观看了演出。

2011 年 3 月 4 日,摩尔多瓦自由国际大学孔子学院成功举办"中国文明与价值观国际研讨会",中国驻摩尔多瓦特命全权大使房利、摩尔多瓦教育部部长施良奇斯基、摩尔多瓦文化部副部长波斯迪卡、摩尔多瓦前驻华大使波尔塞维奇、摩尔多瓦自由国际大学校长加尔本、西北师范大学刘仲奎副校长等出席了开幕式并发表讲话。来自中国、摩尔多瓦、法国、罗马尼亚以及美国共 5 国 7 所大学的 40 位专家学者参加了此次研讨会。大家就中国文明、中国的传统价值观以及相关内容进行了激烈讨论,并交换了不同意见。摩尔多瓦共和国国家电视台以及 Jurnal TV 电视台对此次会议进行了采访报道。

2011 年 5 月 21—22 日,作为摩尔多瓦唯一的 HSK 考点的自由国际大学孔子学院举办摩尔多瓦首次汉语水平考试。此次汉语水平考试包括 HSK 一级、二级和四级,共有 19 名学员参加考试。

2012 年 2 月 7 日,摩尔多瓦自由国际大学孔子学院在摩尔多瓦首都基希讷乌的丘比特饭店举办了新春元宵晚会。中国驻摩尔多瓦大使、摩尔多瓦教育部部长、基希讷乌市教育厅厅长、自由国际大学校长以及摩尔多瓦各界友人、孔院师生和中国留学生近 200 人出席了此次活动，共贺中国新春元宵佳节。

2012 年 12 月 25 日，自由国际大学孔子学院举办"中国文化图片展"，展出了自中华人民共和国成立以来，在文化方面取得的进步和成就的 60 幅图片，内容涉及京剧、哲学、建筑艺术、文化遗产等方面。配合图片展，自由国际大学在全校循环播放了一天的中国音乐以及电视 PPT 图片等方式。摩尔多瓦电视 1 台、广播电台、俄罗斯 STS 电视台等新闻媒体进行了报道。

2013 年 2 月 22 日，自由国际大学孔子学院在摩尔多瓦 OVIDIUS 图书馆，为图书馆的读者和图书馆附近建筑大学的部分师生举办了一场丰富多彩的中国文化活动，孔院师生展示了中国歌曲、中国舞蹈、中国剪纸、中国书法等文化活动，并通过中国知识问答等环节和与会者进行互动，最后代表国家汉办和孔子学院总部为图书馆赠送了汉语学习资料和春节礼物。

2013 年 4 月 18—21 日，自由国际大学孔子学院参加"摩尔多瓦国际儿童书展"，孔子学院老师积极推介各种汉语学习书籍并展示中国书法，让更多的摩尔多瓦民众了解汉语和中国文化，提高了孔子学院在当地的影响力。

2013 年 3 月 20 日，自由国际大学孔子学院应邀在基希讷乌市俄语高中小学部成功开展中国文化活动。孔子学院负责人简要介绍了中国文化。小朋友们兴趣很大，争相提问。志愿者教师和孔子学院学生表演了中国民族舞蹈、诗朗诵、太极拳、书法、中国歌曲等节目，受到师生热烈欢迎。

2014 年 2 月 10 日，自由国际大学孔子学院与摩尔多瓦摄影协会共同举办"中国印象"摄影作品展开幕式。中国驻摩尔多瓦大使、摩尔多瓦自由国际大学副校长、摩尔多瓦摄影联合会主席、摩尔多瓦摄影协会成员及自由国际大学师生近百人参加。此次摄影展展出了罗马尼亚著名摄影师斯特凡·托特四次远赴中国拍摄的 30 幅摄影作品，介绍了当代中国不同地区人民大众的生活。此次摄影展将在自由国际大学孔子学院"中国语言文化中心"展出一周。

2014 年 5 月 29 日，自由国际大学孔子学院与华为技术有限公司摩尔多瓦子公司签署校企合作意向书。华为在孔子学院设立"华为奖学金"，2014 年分两批资助 10 名摩尔多瓦学生学习汉语。孔院免费为华为摩尔多瓦籍科技人才提供汉语课程，提高华为本地员工汉语语言能力。5 月 30 日，"摩尔多瓦自由国际大学孔子学院实习基地"挂牌仪式在华为技术有限公司摩尔多瓦子公司举行。华为同意自由国际大学孔子学院在对外发布信息中使用该基地名称，双方达成协议开展实习、培训、科研合作。

2015 年 10 月 16 日，全国人大常委会副委员长向巴平措先生率代表团访问摩尔多瓦自由国际大学孔子学院。中国驻摩尔多瓦大使等陪同出席活动。向巴平措副委员长参观孔子学院校区、走进孔子学院课堂，与授课教师和学生进行交流，了解学生的学习情况。向巴平措副委员长对自由国际大学孔子学院近年来汉语国际教育的成功开展表示高度的肯定和赞扬，并希望充分利用"一带一路"发展契机和中摩双方的良好关系等优势，进一步加强中摩语言及文化的沟通与交流。

2012 年 5 月 12 日，自由国际大学孔子学院主办第十一届"汉语桥"世界大学生中文比赛暨第五届"汉语桥"世界中学生中文比赛摩尔多瓦赛区选拔赛，共有 10 名参赛选手，中学组 6 人，大学组 4 人，分别来自孔子学院、摩尔多瓦国立大学和摩尔多瓦基希讷乌市各中学。2013 年 4 月 27 日，孔院举办第十二届"汉语桥"世界大学生暨"汉语桥"第六届世界中学生中文比赛摩尔多瓦赛区预赛。来自摩尔多瓦国立大学、自由国际大学、经济大学、孔院教学点的 6 名中学生选手和 8 名大学生选手参加比赛。2014 年 5 月 2 日，孔院举办第十三届"汉语桥"世界大学生中文比赛暨第七届"汉语桥"世界中学生中文比赛摩尔多瓦赛区预赛。2015 年 4 月 27 日，孔院举办第十四届"汉语桥"大学生中文比赛暨第八届世界中学生中文比赛摩尔多瓦赛区预赛。2016 年 4 月 23 日，孔院举办第十五届"汉语桥"大学生中文比赛暨第九届世界中学生中文比赛摩尔多瓦赛区预赛。每年"汉语桥"获胜选手都代表摩尔多瓦赴中国参加或观摩"汉语桥"大中学生中文比赛的复赛和决赛。通过"汉语桥"比赛，选手们从不同的视角，抒发了对汉语以及中国文化的热爱，也从不同的侧面，展示了自己的风采。

（二）摩尔多瓦国家儿童中心孔子课堂

所在城市：基希讷乌

承办机构：国家儿童中心

合作机构：自由国际大学孔子学院

启动时间：2014 年 11 月 17 日

摩尔多瓦国家儿童中心是一所公立的学习中心，隶属于摩尔多瓦教育部。主要性质是为少年儿童提供教育服务的机构，类似于我们国家的兴趣班或者私立兴趣学校。2012 年 5 月 23 日，自由国际大学孔子学院与国家儿童中心签署合作开设汉语课程的协议。在合作协议签字仪式上，孔子学院向儿童中心赠送了价值约 3000 美元的汉语教材。自 2012 年 9 月 1 日起，自由国际大学孔子学院向国家儿童中心派遣汉语教师，开设汉语课程。国家儿童中心提供教室、教学设备等方面的支持。

第四节　汉语教材和教学法

一　教材的选用

摩尔多瓦孔院针对成年人的汉语综合课和语法课主要使用的教材是北京语言大学出版社的《新实用汉语课本》《赢在中国——商务汉

语系列教程》等。针对青少年学生的汉语教材主要是人民教育出版社的《快乐汉语》（罗马尼亚语版）或《快乐汉语》（俄语版）。《快乐汉语》系列教材话题性清晰，内容贴近生活，覆盖听说读写多项语言技能，因此受到普遍欢迎和认同。

2011 年 11 月 20—27 日，由摩尔多瓦教育部、青年体育部、文化部、国家儿童图书馆、国家青少年中心、自由国际大学、国立大学、医科大学、技术大学、教育大学、经济学院等 14 个部门的 53 位教育专员组成 "2011 年度外国本土汉语教师来华教材培训教育官员团"，赴大连外国语学院和孔子学院总部参观、培训。教育官员赴华参加中国国家汉办组织的本土汉语教材培训在摩尔多瓦尚属首次。2011 年 3 月 15 日，摩尔多瓦自由国际大学孔子学院在自由国际大学会议室举行了国家汉办 2011 年汉语教材赠书仪式。摩尔多瓦教育部、文化部、青年体育部、国家儿童图书馆、国家青少年中心以及摩高校和中小学代表共 40 多人出席了赠书仪式。此次活动是国家汉办组织的 "2011 年外国本土汉语教师教材培训" 活动的一部分，摩尔多瓦参加培训的 53 名代表每人获赠 200 本汉语教材，在摩尔多瓦各大、中小学推广使用。2012 年 12 月 1 日，自由国际大学孔子学院再次组织了以摩尔多瓦高校及研究所评估委员会、大中学校长及本土汉语教师 15 人组成的教育官员团，赴大连外国语学院参加 "2012 年度外国本土汉语教师教材培训教育官员团" 培训班。

二　教学法

在幼儿园，教学的方式以师生互动、游戏为主，让幼儿 "学中玩，玩中学"。教师多自编教材，利用鲜艳的卡片，大量以卡通形象为主的有趣的图片，选择孩子感兴趣的视频以及一些节奏感强且简单的儿歌，进行主题式教学。孩子虽然不懂中文，但可以通过图片、动作等明白老师在教什么。同时，因为小孩子的模仿能力和记忆能力都非常强，所以老师的声音、表情以及重复性的动作都非常重要。对摩尔多瓦国家儿童中心的学生，采用双人共同教学的模式进行汉语教学，即整个上课过程都是在两位老师相互协助下共同完成的。经过一学期的教学实践，发现学生们对双人教学的模式很是喜欢，学习兴趣浓厚，能积极配合老师的教学，对学习汉语表现出极大的热情。例如：一位老师在黑板上写下要学习，认读和练习的新内容，准备的过程中，第二位老师已经开始带领学生复习；一位老师领读准备好的内容时，另一位老师则走向每一位同学的旁边，挨个仔细听每个人的发音，并及时记录和纠正。如此分工合作，既不耽误时间，也不会让学生在课堂上因为无聊等待而分心。两人轮番讲解，也不会让学生有视觉或听觉疲劳。组织学生方面，一位老师在讲课，另一位老师在座位旁检查和组织纪律。因为学生毕竟是孩子，有玩的天性，这时候教师的作用就在于不但要让他们保持活跃的状态，还要制止他们做与课堂无关的事情①。

2015 年 4 月 6 日，自由国际大学孔子学院举办"2015 年本土汉语教师培训"，自由国际大学、国立大学汉语老师、孔子学院教学点管理人员及汉语教师等参加培训。西北师范大学凌茜、高亚芳教授，先做了两场"人民币与中国文化""带你了解中国旅游"的精彩文化讲座。在讲座之后，然后针对摩尔多瓦语教学现状，展示了教案设计、课内活动设计、多媒体利用、网络教学资源利用等汉语教学研究领域的新成果，传授了汉语教学经验及教学策略。

本章主要参考文献

潘海英、戴慧：《全球化趋势下俄罗斯语言政策的调整及动因》，《东北师范大学学报》（哲学社会科学版）2013 年第 6 期。

张宏莉、赵静：《摩尔多瓦语言政策及相关问题分析》，《俄罗斯研究》2015 年第 4 期。

赵焕改：《作为中国民间外交友好平台的孔子学院发展现状研究——以摩尔多瓦自由

---

① 李娜：《摩尔多瓦幼儿和少儿汉语教学实践分析——以 Lăstăraş 幼儿园和 Artico 国家儿童中心为例》，硕士学位论文，西北师范大学，2015 年，第 21 页。

国际大学孔子学院为例》,《语文学刊》2014 年第 3 期。

史凡玉:《中国—摩尔多瓦互联互通的新机遇——访我国驻摩使馆经商处宋学军参赞》,《国际工程与劳务》2015 年第 3 期。

马丽:《非目的语环境下汉语学习的难点及对策研究——以摩尔多瓦学生为例》,《佳木斯职业学院学报》2014 年第 12 期。

陈薇:《初级〈新实用汉语课本〉的文化内容及教学策略研究——以摩尔多瓦自由国际大学孔子学院汉语学习者为例》,硕士学位论文,西北师范大学,2015 年。

张娜梅:《幼儿对外汉语词语教学实践——以摩尔多瓦 Lăstăraş 幼儿园为例》,硕士学位论文,西北师范大学,2015 年。

李金艳:《摩尔多瓦孔子学院教材研究——以〈快乐汉语〉(罗马尼亚语版)第一册为例》,硕士学位论文,西北师范大学,2015 年。

李娜:《摩尔多瓦幼儿和少儿汉语教学实践分析——以 Lăstăraş 幼儿园和 Artico 国家儿童中心为例》,硕士学位论文,西北师范大学,2015 年。

第十二章　阿塞拜疆的汉语教学

第一节　国家概况

一　自然地理

阿塞拜疆共和国（阿塞拜疆语：Azə rbaycan Respublikasl，英语：The Republic of Azerbaijan），简称阿塞拜疆。地处亚洲与欧洲交界处的外高加索东南部，形状像一只飞翔的鹰，首都巴库就在鹰嘴上，东临里海，南接伊朗，北靠俄罗斯，西与格鲁吉亚和亚美尼亚为邻，被称为东欧和西亚的"十字路口"。阿塞拜疆面积为 8.66 万平方公里，南北相距约 400 公里，东西约 500 公里。首都巴库是全国经济、文化中心以及里海的最大港口，位于阿普歇伦米岛南部，是石油工业中心，有"石油城"之誉。阿塞拜疆属典型的山地国家，地形复杂，全境 50% 以上为山地，北部有大高加索山脉，南部为小高加索山脉，其间是库临卡盆地。阿塞拜疆基本上位于亚热带，气候呈现多样性特征。①

---

① http://www.fmprc.gov.cn/web/gjhdq_ 676201/gj_ 676203/yz_ 676205/1206_ 676284/1206x0_ 676286/，2016 年 6 月 18 日。

二　历史政治

　　史学界认为 11—13 世纪阿塞拜疆部族形成。11—14 世纪，该地区先后被塞尔柱突厥人和蒙古人占领，后来又成为土耳其人和伊朗人争夺的对象。十月革命前阿塞拜疆一直处于俄罗斯的统治之下，1917 年俄国十月革命推翻了沙皇专制制度，列宁所倡导的"民族自决"为高加索国家的独立提供了机会。阿塞拜疆人民利用这个契机，开始了民族解放运动。当时阿塞拜疆存在着双重政权，一个是 1917 年 11 月布尔什维克在阿塞拜疆境内成立了苏维埃政权巴库公社，一个是 1918 年 5 月 28 日成立的"阿塞拜疆民主共和国"。1920 年 4 月阿塞拜疆苏维埃社会主义共和国成立，1921 年 11 月 3 日，俄共（布）中央委员会高加索政治局通过表决，确定阿塞拜疆、格鲁吉亚和亚美尼亚三国联合组成外高加索苏维埃社会主义联邦，这样，阿塞拜疆于 1922 年 3 月 12 日加入外高加索联邦，同年 12 月 30 日作为外高加索联邦的组成部分加入苏联。1936 年，苏联颁布了新宪法，取消外高加索联邦，规定阿塞拜疆、亚美尼亚和格鲁吉亚三个高加索国家各自以加盟共和国的身份加入苏联。1937 年 3 月 14 日，阿塞拜疆共和国苏维埃第九次非常代表大会通过了阿塞拜疆社会主义共和国宪法，成为苏联的一个加盟共和国。1991 年 2 月 6 日改国名为"阿塞拜疆共和国"，10 月 18 日正式独立，开始了民族国家发展的进程。①

　　1995 年 11 月 12 日，阿塞拜疆颁布了独立后的第一部新宪法《阿塞拜疆共和国宪法》，确立了有关阿塞拜疆共和国国家政体的一系列基本原则：总统制、三权分立制、民主选举制、多党制、世俗国家制。苏联时期整个高加索地区都被置于苏联的版图之内，阿塞拜疆在整个欧亚格局中只是苏联对外扩张的一个南部"前哨站"，在苏联与美国的争霸中，阿塞拜疆地缘政治意义的重要性不言自明。不过，在苏联

---

① 孤竹博客：《列国志·阿塞拜疆共和国》，2014 年 8 月 20 日，http：//blog. sina. com. cn/u/2547761387，2016 年 6 月 18 日。

解体之后，阿塞拜疆才充分显示出独特性和重要性。苏联的解体造成了高加索地区的断裂，大高加索山脉以北的地区留在了俄罗斯的版图之内，而以南地区则出现了阿塞拜疆、格鲁吉亚和亚美尼亚三个国家。三个国家连成一片，横亘在黑海与里海之间，阻断了俄罗斯南向的通道。阿塞拜疆东部濒临里海，位于这个通道之上。

阿塞拜疆独立以后，奉行全方位的对外政策，与俄罗斯、美国、伊朗、欧洲国家的关系比较密切，与土耳其的关系更是非同一般。除与土耳其继续保持盟友与伙伴关系外，两国首脑和高层领导互访频繁，在众多国际问题上两者相互支持，互为借重。阿塞拜疆一方面积极向欧洲靠拢，积极强化与欧洲的政治、经济和人文联系，努力将其定位为欧洲国家；另一方面，加速"去俄罗斯化"，大力宣扬自己民族的独特性和悠久的历史，切割与俄罗斯的联系。①

三　人口经济

阿塞拜疆境内矿产资源丰富，其中最重要的是石油、天然气、铁矿、多金属矿和明矾石。石油的主要产区是阿普歇伦半岛、库拉—阿拉斯低地和里海石油礁。铁矿产区主要集中在小高加索的沙姆霍尔地区。阿塞拜疆盛产多金属矿，如铬、钛、钼、锡、锰、钴、镉、铜等。另外，阿塞拜疆的地热资源也十分丰富。在苏联时期，阿塞拜疆和俄罗斯是仅有的两个不需要中央财政补贴的共和国。阿塞拜疆自苏联解体获得独立的 20 多年，经济发展良好，国民人均收入稳步提高，GDP 总计 754.98 亿美元（2014 年，国际汇率），人均 GDP 7884 美元（2014 年，国际汇率），是独联体中的佼佼者。这得益于其丰富的油气资源，石油工业成为国民经济的主要支柱。②

虽然国土面积不大，但阿塞拜疆自认为地理位置优越，是东西方的交汇点，正雄心勃勃地打造东西方文化、交通及油气管线的枢纽，

---

① 阮宗泽：《阿塞拜疆：国家小雄心大》，《时事报告》2012 年第 11 期。
② http：//fec. mofcom. gov. cn/article/gbdqzn/，2016 年 6 月 18 日。

塑造其外高加索地区的"一哥"地位。作为里海岸边的新兴国家，阿塞拜疆希望通过整合自身和所在地区的地缘政治与地缘优势，积极拓展国际空间，使其在引领外高加索地区经济、人文发展方面发挥更大影响。

应中华人民共和国国家主席习近平邀请，阿塞拜疆共和国总统伊利哈姆·阿利耶夫于 2015 年 12 月 8 日至 11 日对中华人民共和国进行国事访问。两国共同发表了《关于进一步发展和深化友好合作关系的联合声明》。双方支持并愿共同落实中方关于建设丝绸之路经济带的倡议，认为两国开展全方位合作面临新的机遇。双方愿以签署《中华人民共和国政府和阿塞拜疆共和国政府关于共同推进丝绸之路经济带建设的谅解备忘录》为契机，进一步加强和扩大教育、文化、科技、环保、旅游、影视等领域合作，挖掘丝绸之路文化内涵，共同围绕丝绸之路主题举办文化活动。

阿塞拜疆人口为 947.7 万（2014 年），城市人口占 51.5%；农村人口占 48.5%。主体民族为阿塞拜疆族，占总人口的 90.6%；列兹根族占 2.2%，俄罗斯族占 1.8%，亚美尼亚族占 1.5%（主要集中在纳卡地区），塔雷什族占 1.0%，还有其他少数民族，如阿布哈兹人、犹太人、阿瓦尔人、乌定人、察胡尔人、库尔德人、鞑靼族人、亚述人、格鲁吉亚人等。全世界阿塞拜疆人目前约有 1500 万，一半居住在阿塞拜疆境内，其余主要居住在伊朗西北部地区，还有少数居住在中亚地区。阿塞拜疆唯一的官方语言是阿塞拜疆语，居民中有 95% 的人使用阿塞拜疆语。阿塞拜疆虽然曾经处于东正教俄罗斯的势力范围之下，但它却是伊斯兰国家，属于伊斯兰文明区。目前，阿塞拜疆境内 80% 以上的居民为穆斯林，属什叶派十二伊玛目支派。除伊斯兰教外，阿塞拜疆境内还有少数居民信仰东正教，主要是操俄语的民族和格鲁吉亚人，少数犹太人信仰犹太教。

1995 年 11 月通过全民公决制定的独立后的第一部宪法也规定，阿塞拜疆是一个民主的、世俗的和单一的共和国。宪法一方面指出，每个阿塞拜疆公民都有宗教信仰自由，有权独立地决定自己的宗教倾向，单独或与其他人加入宗教组织，自由举行宗教仪式；另一方面，宪法又着重强调，阿塞拜疆共和国实行政教分离，禁止普及和宣传那些损害人的尊严和与人类道义相违背的宗教。

四　语言政策

阿塞拜疆的官方语言是阿塞拜疆语，属于阿尔泰语系突厥语族，与土耳其语同源，书写体系已经拉丁化。阿塞拜疆特殊的地理位置使这里自古以来就是各种文化交融的地方，这里大多数居民通晓俄语。在阿塞拜疆，俄语是族际交际语。"俄罗斯世界"基金会 2012 年在全世界范围内进行"你想让你的孩子学习俄语吗"的问卷调查，90% 的阿塞拜疆受访者做出了肯定答复。

第二节　汉语教学的环境和对象

阿塞拜疆学生是留学生中的一个特殊群体，他们与突厥语区国家的学生有很多文化和语言上的共通之处，近些年来华留学的阿塞拜疆学生有日趋增多的趋势，近几年来我国与阿塞拜疆的文化教育交流日益密切，大批的阿塞拜疆留学生来到中国学习汉语。

截至 2016 年 6 月，阿塞拜疆共建有 2 所孔子学院。①

一　巴库国立大学孔子学院的汉语教学

所在城市：巴库

承办机构：巴库国立大学

合作机构：安徽大学

---

① 以下有关阿塞拜疆孔子学院汉语教学的信息主要来自国家汉办/孔子学院总部网页，不再一一注明具体出处。http://www.hanban.org/article，2016 年 7 月 1 日。

启动时间：2011 年 4 月 22 日

巴库国立大学是阿塞拜疆著名高校，创建于 1919 年，现有 17 个系、2 个研究所、4 个博物馆和 3 个图书馆。在校学生约 13000 人，教师 2300 人。2011 年 4 月 22 日，阿塞拜疆巴库国立大学校长马格拉莫夫和中国驻阿塞拜疆使馆临时代办姜笑洋出席巴库国立大学孔子学院揭牌仪式。当天，由中国安徽大学和巴库国立大学合办的孔子学院在巴库大学宣告成立。截至 2015 年，共有注册学员 1000 多人，学员既包括阿塞拜疆外交大学、里海大学一类的大学生，也有巴库国立大学附属中学一类的中学生，还有年龄在 6 岁以下的儿童，涉及初级班、中级班、文化兴趣班、商务班等多个级别，他们学习汉语的时间差别很大，长的已有五六年时间，短的只有几个月。

2015 年 2 月 4 日，巴库国立大学孔子学院与阿塞拜疆国家科学院尼扎米文学研究所共同创办的"中国文化中心"开办仪式在科学院举行。科学院副院长、尼扎米文学所所长依萨·加比贝里院长担任主持。阿塞拜疆科学院尼扎米文学所成立于 1933 年，是阿塞拜疆最具权威的文学研究机构。活动当天，阿塞拜疆国家电视台 AZTV 等媒体对活动进行了报道。

2015 年 4 月，由中国驻阿塞拜疆大使馆主办，巴库国立大学孔子学院承办的阿塞拜疆历史上首次"汉语桥"大学生、中学生中文比赛拉开序幕，比赛包括笔试、听力、演讲、知识问答和才艺等内容。2015 年 5 月 2 日，"汉语桥"世界大学生中文比赛举行。中国驻阿塞拜疆大使馆参赞于洪驰、巴库国立大学校长助理阿利耶夫、阿塞拜疆总统直属国家管理学院副校长阿卜杜拉耶夫以及孔子学院中外方院长出席活动并发表致辞。来自巴库国立大学孔子学院、巴库国立大学东方系、阿塞拜疆总统直属国家管理学院等十多所高校的 14 名选手参加比赛，共 300 余人前来观赛。2015 年 6 月 13 日，"汉语桥"世界中学生中文比赛举行，共有六所中学的 10 名选手参赛。孔院中方院长担任主持，巴库国立大学副校长依拉达·阿利耶娃出席并致辞。

2012 年 4 月 14 日，巴库国立大学孔子学院组织了阿塞拜疆境内第一次正式举行的新 HSK 考试，考试涵盖 HSK 1—6 级，共有 28 名考生参加考试。本次新 HSK 考试是也是孔子学院自成立以来组织的第一次新 HSK 考试。2016 年 3 月 20 日，阿塞拜疆巴库国立大学孔子学院举办了孔院建院以来的第 12 次 HSK 考试和第 8 次 HSKK 考试，此次考试包括 HSK 1—5 级和 HSKK 初、中级，共有 83 名考生参加，考生人数再创新高。其中，46 人参加 HSK 考试，37 人参加 HSKK 考试。相较以往，参加 HSK 中级以上级别和 HSKK 考试的人数明显增加。

2016 年 2 月 29 日，应阿塞拜疆 21 世纪中学的邀请，巴库国立大学孔子学院在该校举办了中国文化展示活动。21 世纪中学英语教学部的近百名师生和学生家长参加了此次活动。21 世纪中学是阿塞拜疆的一所国际化中学，设有阿塞拜疆语、英语和俄语三个教学部，现有来自 7 个国家的 400 余名学生在此学习。校方对汉语和中国文化有着浓厚的兴趣，并希望以后多多举办类似的活动。

二 阿塞拜疆语言大学孔子学院的汉语教学

所在城市：巴库

承办机构：阿塞拜疆语言大学

合作机构：湖州师范学院

启动时间：2015 年 12 月

2015 年 12 月，中国湖州师范学院与阿塞拜疆语言大学联合申办孔子学院正式获批。阿塞拜疆语言大学以语言学与区域性研究著称。2013 年成立中国语言文化中心，致力于中国语言文化传播。

孔子学院的设立，有利于阿塞拜疆培养优秀本土汉语师资，增进西亚特别是外高加索地区人民对中国语言文化的了解，加强中阿两国之间的教育文化交流与经贸往来，为当地人民创造一个汉语教学和中外综合文化交流的重要平台。

第三节　汉语教材和教学法

一　教材的选用与开发

目前，阿塞拜疆汉语教学使用的主体教材是北京语言大学出版社的《新实用汉语课本》，有英语版和俄语版两种版本，中小学生所使用的汉语教材主要是教育科学出版社的《汉语新起点》。从教学的实际情况看，《新实用汉语课本》内容贴近生活实际、体系完整、材料丰富、练习多样，在教学的编排上循序渐进，有很好的示范性。《汉语新起点》是一套针对俄语地区 12 年制中小学校学生使用的系列汉语教材。

就汉语教材来说，最紧迫的是国别化汉语课本的开发。有国别特色的汉语教材的开发是今后的主流方向，目前第一套阿塞拜疆语版的汉语教材已经由阿塞拜疆巴库国立语言大学出版。国别化教材的开发会遇到很多困难，特别是像阿塞拜疆语这种语言，中国国内很少有精通阿塞拜疆语的汉语人才，而阿塞拜疆又很少有精通汉语的人才。但当地特殊的语言环境要求必须尽快开发出更多的以阿塞拜疆语为对应语言的汉语教材，原因是目前阿塞拜疆的年轻人，很多已经不会说俄语了，即使能说，也远远达不到父辈的水平，他们的英语教学又很滞后，经常有学生无法理解课后的相关注释，这一点在中学生身上表现得更加明显。在解释汉字的偏旁、部首及与汉字有关的故事时，这种媒介语言的桥梁作用尤为明显，英语或者俄语的很多词汇与阿塞拜疆语是没有对译的，那么阿塞拜疆的学生要通过本身已经是第二语言的俄语或者英语理解另一种第二语言汉语，就变得很困难，这其中会有很多文化差异的问题，比如"谢谢"这个词，在阿塞拜疆语中和"再见"用的是一个词。一方面是如火如荼开展起来的汉语教学，另一方面国别化汉语教材匮乏，国别化教材开发的重要性不言而喻。汉语背后不仅仅是音、形、义等客观的结构体系，更是代表了中国文化的一种思维方式和审美方式，要把这种抽象的结构体系、文化背景输出到另外一个国家，就必须用最能被当地人所熟悉的语言。目前阿塞拜疆已经建立了尼扎米中国文化中心，一批对中国文化感兴趣的阿塞拜疆学者开始关注汉语，他们有相当一部分立志于开发阿塞拜疆语版本的汉语教材。

其次，要重视定位不同学生群体的汉语教材的开发。目前，阿塞拜疆的汉语学习者呈现出年龄、职业多样化的趋势，既有5—6岁的幼儿，也有40岁以上的中老年人，他们学习汉语的目的也多种多样，有些单纯是为了去中国留学，还有相当一部分是对中国文化感兴趣，也有一部分是工作需要，到中国经商。根据巴库国立大学孔子学院学员调查统计表，学习动机相关数据如下：留学类占47%，工作需要占10%，对中国文化感兴趣占7%，旅游占14%，其他类占22%。① 不同的学生群体对汉语学习的要求也不同，比如去留学的学生群体就应该接受全面系统的汉字教学和训练，而以工作需要为主的商务人士则应该强调"辨识优于书写"的顺序，对中国文化感兴趣和旅游的学员口语交际对他们来说更重要，可以有针对性地开设一些书法类文化体验课，他们的兴趣更大。还有一些教学点开设的是二外汉语课，是纳入到他们的学分体系的。一方面，目前大部分开设的二外汉语班是一年期的，很多学生学完后就放弃了；另一方面，部分学校管理混乱散漫，学生学习动机不强，对汉语课程有畏难情绪，学校方面有意祖护学生不参与考核。这些都是阿塞拜疆汉语教学所面临的挑战。

最后，开发国别化汉语练习册。目前主流的汉语教材大都有配套的练习册，这些练习册大多以语法、词汇的讲解为重点。练习册的开发应该和汉语书籍的开发一样体现出国别化的特色，相关的翻译应该

---

① 曾奇：《阿塞拜疆孔子学院学生汉字学习策略的调查研究》，硕士学位论文，安徽大学，2015年，第8页。

使用阿塞拜疆语，配套的插图和文化性的解释应该考虑到当地的文化传统，甚至外包装都应该考虑到国别化的审美习惯。阿塞拜疆是一个小国家，人口为 947.7 万（2014 年），而合肥市的人口是 761.1 万（2014 年），但是目前这里的汉语教学市场已经出现竞争的态势，由巴库语言大学主导的汉语教学点已经在抓紧时间开发国别化特色的汉语教材和中国文化教材，而巴库国立大学孔子学院由于没有精通阿塞拜疆语的师资，目前的进程还相对缓慢。事实上，国别化教材的开发至关重要，它体现的是对当地文化和语言的尊重，并且从沟通的效果上，更容易被当地人所接受，如果能有一套成熟的阿塞拜疆语版本的汉语教材，那么很多不懂俄语或者英语的阿塞拜疆人也可以在家里自学汉语，这将进一步打开当地的汉语教学市场。47% 的阿塞拜疆孔院学员都是为了留学而学习汉语的，那么在设计教材的时候也要充分考虑 HSK 考试的要求，可以把 HSK 考试和汉语练习册做一个配套的编排，这样一举两得，学生练习汉字的同时也是在为 HSK 考试做准备。

二　教学法

阿塞拜疆的文化受高加索区俄语文化和伊斯兰文化及部分东方文化的多重影响，在生活上注重享受，学习表现上就是不勤奋，需要老师反复督促才能完成任务。从阿塞拜疆的教育现状看，阿塞拜疆学生作为非汉字圈的学生，生活中接触汉字的机会极少，大部分学生学习汉字的积极性不高，83% 的学生认为学习汉字是很难的，仅有 10% 的学生认为汉字的难度适中，只有不到 8% 的学生认为汉字简单。[1] 很多学生还没学习汉语就开始问老师能不能不学习汉字，同时这两项数据也从侧面说明汉字教学是阿塞拜疆汉语教学的最大难点。

虽然学习主动性差，但他们普遍爱炫耀，喜欢把学到的东西立刻

---

[1]　曾奇：《阿塞拜疆孔子学院学生汉字学习策略的调查研究》，硕士学位论文，安徽大学，2015年，第16页。

用到生活里，迫切希望得到别人的认可。大多数的阿塞拜疆学生都拥有一部配备安卓系统的智能手机，他们使用频率最高的是汉字词典类软件及翻译类的软件。在教学中可以鼓励学生在手机中增加汉字输入法等与汉语有关的软件，这样他们就可以随时使用汉字发短信、写日记、在 Facebook 发表状态，增加汉语汉字在生活中的使用频率。其次，培养学生使用汉字字典的习惯，这个字典既指纸质的又指手机中可以安装的电子词典，电子设备的普及已经到了我们无法回避的地步，虽然我们不想每个学生都变成"低头族"，但当这种科技可以辅助我们的汉语教学时，不妨一试。以谷歌开发的图形搜索为例，你无须知道这个汉字的读音，无须知道这个汉字的翻译或者释义，只要用手机相机对着这个汉字一刷，系统可以自动识别汉字并找到与之相关的释义。这大大便捷了学生的汉字学习并且节省了很多宝贵的时间，学生在任何时间任何地点，只要看到就能知道。还可以针对阿塞拜疆学生的特点，开发汉语游戏软件。以目前开发的比较好的"汉字英雄"软件为例，这款软件以游戏的形式要求用户书写汉字，目前共有 30 多级，每一个级别都需要全部写对才能进入下一关，对手机的要求是触屏手机，闯关成功后有积分奖励并且可以组合成一个图形，还有配套的汉字音频、视频讲解，最受欢迎的是当你闯关后可以立刻分享到 Facebook 或者微信朋友圈等，让你的朋友都知道你完成了这项任务。各种手机软件的更新变革已经深刻影响了当下年轻人的外语学习方式，当然也包括汉语的学习。以"我爱汉字"这款软件为例，就非常适合儿童群体的使用，里面的汉字以动画的形式展现出笔画、读音，背景丰富多彩，很符合儿童的认知特点和思维模式，在玩中学习汉字，提升了汉字学习的趣味性。21 世纪，多媒体设备以及各种智能设备发展的进程早已超乎我们的想象，然而一些资深的老教师还在固守着最传统的教学方法，看不到这个世界科技的变化，在对外汉语教学上，我们要和国际的趋势接轨，就必须重视并认真研究这些语言类软件的开发和使用，甚至比学生了解得更早更精通。

本章主要参考文献

阮宗泽：《阿塞拜疆：国家小雄心大》，《时事报告》2012 年第 11 期。

曾奇：《阿塞拜疆孔子学院学生汉字学习策略的调查研究》，硕士学位论文，安徽大学，2015 年。

道明：《阿塞拜疆在欧亚格局中的战略地位研究》，博士学位论文，外交学院，2011 年。

第十三章　亚美尼亚的汉语教学

第一节　国家概况

一　自然地理

亚美尼亚共和国（亚美尼亚语：Հայաստանի Հանրապետու թյուն，英语：The Republic of Armenia），简称亚美尼亚。位于黑海与里海之间、亚洲与欧洲交界处的外高加索南部的内陆国，国土面积 2.98 万平方公里，全境由数条山脉所形成的高原和凹地组成，地形崎岖，90% 以上地区位于海拔 1000 米以上。西邻土耳其，北邻格鲁吉亚，东为阿塞拜疆，南接伊朗和阿塞拜疆的飞地纳希切万自治共和国。是原苏联加盟共和国，首都为埃里温。

亚美尼亚与东边邻国阿塞拜疆一直因为领土争议而不和，除了亚美尼亚南部领土将阿塞拜疆的纳希切万自治共和国与阿塞拜疆本土一分为二外，亚美尼亚长期以来一直宣称阿塞拜疆西南部的纳戈尔诺－卡拉巴赫飞地（境内大多数居民为信奉基督教的亚美尼亚人）是亚美尼亚领土的一部分，并且支持当地的叛军与阿塞拜疆政府对抗。这样的做法导致邻国土耳其与阿塞拜疆因此将通往亚美尼亚的铁路与输油管完全封锁，让本身资源已经不是很充足的亚美尼亚，变得更加贫困。近年通过元首互访等方式逐渐修复关系、重建沟通对话。①

二　历史政治

亚美尼亚相传是旧约圣经中挪亚方舟在大洪水退去后着陆抵达之处，传说挪亚方舟停靠在今亚美尼亚与土耳其边境的亚拉拉特山上，甚至有说法认为亚美尼亚的首都埃里温就是由挪亚本人建立的城市。亚美尼亚是世界上第一个将基督教列为国教的国家，其历史可以溯源到 4 世纪时，并且在之后的一千年间，一直以独立国家的形态存在，并没因为罗马人、波斯人与蒙古人的侵略而消失。16 世纪中期，原本拥有大面积国土的亚美尼亚被伊朗和奥斯曼帝国瓜分，1805—1828 年，东亚美尼亚地区并入俄国，西亚美尼亚地区依然被土耳其人控制。地域广阔的西亚美尼亚地区长期处在土耳其奥斯曼帝国的统治下，信仰基督教的亚美尼亚人则长期沦为二等公民，并不断遭到土耳其奥斯曼帝国当局的迫害和屠杀。第一次世界大战期间，超过 100 万亚美尼亚人惨遭土耳其奥斯曼帝国当局屠杀，此外数以万计的亚美尼亚人被迫流亡海外。1920 年，亚美尼亚苏维埃社会主义共和国成立，1922 年，亚美尼亚加入外高加索联邦苏维埃社会主义共和国，成为苏联加盟共和国下面的一个自治共和国，1936 年，成为苏联直辖的加盟共和国。1990 年 8 月 23 日，亚美尼亚发表独立宣言，并将国名改为亚美尼亚共和国。1991 年 9 月 21 日，亚美尼亚举行全民公决，正式宣布独立。②

1991 年 12 月 27 日，中国政府正式承认亚美尼亚共和国独立。1992 年 4 月 6 日，两国签署建交联合公报，同年 7 月，中国在亚美尼亚设立大使馆。1996 年 10 月 10 日，亚美尼亚在中国设立大使馆。自

---

① http：//www. fmprc. gov. cn/web/gjhdq_ 676201/gj_ 676203/yz_ 676205/1206_ 677028/1206x0_ 677030/，2016 年 10 月 28 日。

② 孤竹博客：《列国志·亚美尼亚共和国》，2014 年 8 月 20 日，http：//blog. sina. com. cn/u/ 2547761387，2016 年 10 月 28 日。

亚美尼亚独立以来，中亚两国一直保持着良好和稳定的政治关系，没有出现过严重政治分歧或双边关系的大波折。

三 人口经济

在苏联时期，亚美尼亚水利电力和原子能发电工业，机器制造业、石油和冶金工业，有机化学工业等主要工业名列全苏前茅。食品工业中的葡萄白兰地酒和果品、蔬菜罐头等商品畅销全苏，是全苏的葡萄种植业基地。独立初期，受经济基础薄弱和纳卡争端持续等负面因素的影响，经济发展速度连年下滑。2001 年起开始逐步回升，GDP 连续保持两位数快速增长，人均国民收入增长较快。国民生活水平有所提高。GDP 总计 105.61 亿美元（2015 年，国际汇率），人均 GDP 3500 美元（2015 年，国际汇率）。主要有铜矿、铜钼矿和多金属矿等矿藏，此外，还有硫磺、大理石和彩色凝灰岩等资源。中方一向重视同亚美尼亚发展与深化务实友好合作关系。据亚美尼亚的统计，2014 年中亚双边贸易额较 2013 年增长了 29.4%，占亚对外贸易总额的 9.9%。萨尔基相总统多次表示，共建"丝绸之路经济带"为两国深化全方位合作提供了新的历史机遇，亚美尼亚认同自身是古丝绸之路上的重要一环，愿为实现这一倡议贡献积极力量。①

亚美尼亚的教育体制包括学前教育、普通中小学教育、职业技术教育、中等专业教育和高等教育。普通中小学实行免费教育，大学对国家计划内的学生实行免费教育。2015 年 3 月 24—28 日，亚美尼亚总统谢尔日·萨尔基相访问中国，发表《中华人民共和国和亚美尼亚共和国关于进一步发展和深化友好合作关系的联合声明》，提出：双方愿共同探讨联合办学、相互学习对方国家的语言，支持孔子学院在亚发展。双方将扩大互派留学生，中方愿继续为亚美尼亚青年学生提供中国政府奖学金名额，帮助亚方培养各领域专业人才。

人口数量为 300 万（2016 年），主要民族亚美尼亚人（约占

---

① http：//fec.mofcom.gov.cn/article/gbdqzn/，2016 年 10 月 28 日。

96%），其他民族有俄罗斯族、乌克兰族、亚述族、希腊族、格鲁吉亚族、白俄罗斯族、犹太族、库尔德族等。

早在 4 世纪早期（301 年），亚美尼亚是世界上第一个将基督教视为官方宗教的国家。因此，亚美尼亚经常被指为"第一个基督教国家"。绝大部分国民信奉基督教（东正教），但因为周围被伊斯兰教国家所包围着，再加上与邻国之间的国界争议问题，成为高加索地区动荡不安的火药库地带。

四　语言政策

官方语言为亚美尼亚语，由于复杂的历史背景和影响，多种文化的入侵和几次大融合后，形成了现有的亚美尼亚语，是亚美尼亚共和国及纳戈尔诺－卡拉巴赫共和国的官方语言，属于印欧语系的一支，但它没有任何近似语言，亚美尼亚语目前广泛被亚美尼亚人使用。在亚美尼亚，居民多通晓俄语，俄语是进入高等学校学习的必要条件。

第二节　汉语教学简史

在历史上，亚美尼亚和中国的渊源可追溯到公元 1000 年，很多历史学家认为中国古代的丝绸之路是促进两国文化、贸易的一条重要纽带，促使当时很多亚美尼亚人来到中国经商定居，因此也可以说亚美尼亚跟中国的关系源远流长。

亚美尼亚国小人口少，与中国地理位置比较遥远，亚美尼亚人对汉语的认知程度不高，对中国的文化、风俗等也知之甚少，因此，汉语教学开展较晚。但自建交以来，中方高度重视与亚美尼亚在文化、教育等领域的交流。2008 年 12 月，山西大学与亚美尼亚埃里温"布留索夫"国立语言与社会科学大学签署协议，建立孔子学院。埃里温国立语言与社会科学大学孔子学院的成立在当地影响巨大，亚美尼亚外交部部长，教育、科技部部长和中国驻亚美尼亚大使及参赞，中亚双方孔子学院的院长应邀出席了成立仪式。① 孔子学院配备有先进的教材和设备，2009 年 2 月正式运营，开设了汉语、中国武术、中国书法绘画等课程，教学由来自中国的教师承担。孔子学院为亚美尼亚大中小学生及广大民众提供了良好的学习汉语、了解中国文化的机会和平台。近年来，中国向亚美尼亚提供的政府奖学金名额不断增加，赴华留学深造在亚美尼亚青年中已经成为一种新潮流。2011 年 4 月 11 日，中共中央政治局委员李长春在访问亚美尼亚期间，考察了埃里温"布留索夫"国立语言与社会科学大学孔子学院，为孔子学院赠送了孔子像，并提供了 30 个中国国家政府奖学金名额。

2014 年和 2015 年，"契诃夫"第 55 中学、"马尔加良"第 29 中学设立了孔子课堂。2014 年 12 月 26 日，斯拉夫大学成立"汉语语言文化中心"；2015 年 5 月，斯捷潘纳万市"图马尼扬"中学成立"中国文化中心"；2016 年 4 月 11 日，阿尔马维尔市重点中学成立"中国文化中心"。亚美尼亚汉语教学的层次逐渐从面向社会的孔子学院向国民教育的中小学扩散，这一现象一方面说明汉语的普及度在逐渐加深，更加专业化细致化，同时也说明汉语越来越受到亚美尼亚人，尤其是各级学校和学生们的重视。2015 年 8 月，亚美尼亚教育与科学部正式批准将汉语纳入国民基础教育体系。

亚美尼亚"汉语热"方兴未艾，截至 2015 年 12 月，已有 1 所孔子学院、3 个孔子课堂、3 个汉语中心，汉语学习者的人数由一两年前的几十人发展到近 800 人。2015 年，中国在独联体地区援建的首所中文学校在亚美尼亚开工。两国教育合作的法律基础不断完善，两国政府已签署相互承认学历学位证书的协议。②

---

① 《山西日报》记者：《山西大学与亚美尼亚埃里温国立语言大学合作，我省在国外推出首个孔子学院》，《山西日报》2008 年 12 月 23 日第 B2 版。
② 田二龙：《牵手亚美尼亚》，《人民日报》2015 年 8 月 14 日第 3 版。

第三节　汉语教学的环境和对象

一　高等院校汉语教学

2014 年 12 月 26 日，斯拉夫大学成立"汉语语言文化中心"。斯拉夫大学十分重视汉语和中国文化教学，早在 2007 年就开始筹划开设汉语专业，并于 2009 年成为亚美尼亚第一所将汉语作为第一外语的高校。

埃里温"布留索夫"国立语言不愉快社会科学大学是亚美尼亚培养语言与外交人才的重点高校。语言大学所有学外语的学生，一般要学三门外语，第一外语是英语、法语、德语、意大利语、西班牙语、俄语等，汉语被设置成第三外语。随着越来越多的亚美尼亚学生选择学习汉语，2013 年，汉语课程被正式列为第二语言课程；2015 年，汉语课程发展成为第一外语。

2015 年 4 月 17 日，亚美尼亚埃里温国立大学"汉语语言文化中心"举行揭牌仪式。埃里温国立大学建于 1919 年，是亚美尼亚规模最大的大学，有汉语专业学生约 150 人。

二　中小学汉语教学

2015 年 9 月 10 日，亚美尼亚三所重点中学——"契诃夫"第 55 中学、"马尔加良"第 29 中学、埃里温市第 2 中学迎来了汉语纳入该国中小学教学体系后的第一堂汉语课。"契诃夫"第 55 中学有 240 名汉语学生，"马尔加良"第 29 中学有 120 名汉语学生，第 2 中学共有 50 名汉语学生。此前，埃里温"布留索夫"国立语言与社会科学大学孔子学院先后于 2014 年和 2015 年在"契诃夫"第 55 中学、"马尔加良"第 29 中学设立了孔子课堂。2014 年 10 月，孔子学院正式向亚美尼亚国家教育与科学部提交了"中小学基础汉语教学计划和教学大纲"；2015 年 8 月，汉语课正式纳入亚美尼亚基础教育课程体系。

　　2014 年 2 月 14 日，"布留索夫"国立语言与社会科学大学孔子学院的师生来到"契诃夫"第 55 中学，共同庆祝中国的元宵节。孔院教师首先向"契诃夫"第 55 中学的师生介绍中国元宵节的传统习俗，教会大家用汉语说"元宵节快乐"。然后，手把手教会了孩子们制作孔明灯。讲座结束，学生们踊跃提问，并主动用刚学会的汉语句子向中国老师祝贺"元宵节快乐"。2014 年 9 月 18 日，孔子学院在"马尔加良"第 29 中学举办首场汉语体验课。孔院中方院长运用生动活泼的教学语言、多媒体、图片展示，教会孩子和家长用中文问候、用中文数数，讲述了汉字的由来和演变，介绍了简单的文化知识，最后还进行了趣味互动，"看图猜字"游戏让孩子和家长彻底解除了对汉字的畏难心理。这次汉语体验课，对汉语教学走进亚美尼亚中小学课堂起到了推动作用。2015 年 2 月 27 日，"契诃夫"第 55 中学孔子课堂举行"2015 春节联欢会"。孔院教师带来了中国剪纸和编绳艺术、茶艺、中国书法等中华文化体验活动。"契诃夫"第 55 中学的孩子们则用画笔描绘了"我眼中的中国"，用熊猫、长城、中国山水、人物等元素展现了他们眼中独特的中国印象。活动中间，穿插了中国驻亚美尼亚大使和埃里温国立语言与社会科学大学校长为"契诃夫"第 55 中学"汉语语言文化中心"揭牌的仪式。孩子们用汉语向所有来宾献上最真诚的祝福，中国传统儿歌《两只老虎》被改编成《我爱你老师》，表达对中国汉语教师的热爱与感谢。一名参与演出的学生说，她的汉语教师经常在教学中加入中文歌曲，帮助他们更好地理解与记忆汉语。2015 年 9 月 25 日、26 日，"契诃夫"第 55 中学、"马尔加良"第 29 中学孔子课堂开展"欢度中秋喜迎国庆"系列文化活动，两校校长、教师代表和近 500 名汉语学习者参加。孔院教师以视频动画、PPT 和歌曲等形式介绍了中国中秋节和国庆节的来历、习俗和文化内涵，并带领大家学习了"中秋节快乐""月饼""孔明灯"等词语，学生们声情并茂地朗诵了《水调歌头》《望月怀远》《静夜思》等中国古典诗歌，表演了太极拳、孔雀舞。2016 年 4 月 5 日，俄罗斯圣彼得堡市教育局副局长偕教育官员、中小学校长一行 15 人访问亚美尼亚汉语教学示范学校——"契诃夫"第 55 中学孔子课堂。中、亚、俄三方共同观摩了汉语公开课，就中小学汉语教学相关问题进行了探讨，并参与了中国文化体验活动。2016 年 4 月 21 日，"马尔加良"第 29 中学孔子课堂举行首届汉字书法大赛颁奖仪式。本次汉字书法大赛是该校孔子课堂成立后的首次大型活动，共收到近 100 幅书法作品。2016 年 5 月 18 日，"契诃夫"第 55 中学孔子课堂举办"我和汉语"朗诵比赛。全校 5 个年级 40 余名学生报名参加，最终有 8 名学生进入决赛。本次活动让当地学生对汉语产生了更浓厚的兴趣，让更多的学生爱上汉语，更好地学习汉语。

2015 年 12 月 2 日，孔子学院在亚美尼亚国家博物馆举办"我眼中的中国"绘画展。此次画展面向埃里温及周边城市中小学征集了千余幅作品，从中选出 230 幅优秀作品进行展览和最终评选。孩子们用画笔表达出他们对中国文化的热爱。这些作品会在埃里温市各中小学巡回展览。2016 年 2 月 19 日，"布留索夫"国立语言与社会科学大学孔子学院与亚美尼亚中学联盟共同举办中小学生"2016 年春节·贺年卡展"。亚美尼亚中小学生用灯笼、中国结、剪纸等中国元素，制作出一张张别具匠心的贺年卡。本次贺卡展的消息一经发布，便得到了亚美尼亚各中小学的高度关注与支持，一些中小学代表甚至专程来到孔子学院了解中国文化习俗。本次展出共收到了 43 所学校的 500 多幅贺年卡作品，充分体现了亚美尼亚中小学生对中国文化的热情。

2016 年 4 月 8 日，孔院教师在埃里温第 135 中学和第 197 中学举行汉语公开课。孔院教师介绍了常用汉字的理据性和汉语声调所蕴含的乐感，并带领学生们学习了"你好""你叫什么""我叫……""你好吗""谢谢""我很好""再见"等常用表达。学生们对汉语和中国文化产生浓厚兴趣。公开课后，两校分别有超过 100 人和 400 人报名学习汉语。校长承诺在一周内各组建 2 个实验班进行汉语教学。2016 年 5 月，第 135 中学和第 197 中学正式开设汉语课程，两校分别在 5—8 年级各开设了 2 个汉语班，经过挑选，共有 102 名学生参加学习。到目前为止，已有 8 家当地中小学与亚美尼亚孔子学院合作开设汉语课。

三 孔子学院的汉语教学

亚美尼亚现有 1 所孔子学院。[①]

埃里温"布留索夫"国立语言与社会科学大学孔子学院

所在城市：埃里温

承办机构：埃里温"布留索夫"国立语言与社会科学大学

合作机构：大连外国语大学

启动时间：2009 年 2 月 25 日

2008 年 10 月，山西大学与亚美尼亚埃里温"布留索夫"国立语言与社会科学大学签署协议，建立孔子学院。2009 年 2 月，埃里温"布留索夫"国立语言与社会科学大学孔子学院启动运营。在第一阶段协议到期后，合作院校更改为大连外国语大学。孔子学院一开始仅有 5 名学生，2015 年 9 月，学生人数已超过 600 人。2016 年 1 月 18 日，亚美尼亚教育科学部向埃里温"布留索夫"国立语言与社会科学大学孔子学院正式颁发《〈亚美尼亚初级汉语教学大纲〉批准令》和《亚美尼亚中小学汉语教学许可证书》，这两份文件分别于 2015 年 5 月和 9 月签发。

2010 年 8 月 13—30 日，孔子学院举办第二届"山西文化之旅"夏令营，20 位亚美尼亚营员参观了上海世博会、北京、山西等地的名胜古迹，并在山西大学学习汉语、体验中华文化。10 月 1 日，为庆祝中华人民共和国成立 61 周年，孔子学院为参加夏令营的营员们举办了《亚美尼亚学生体验中国》图片展。2011 年 10 月 1 日，为庆祝中华人民共和国成立 62 周年，孔子学院再次举办《亚美尼亚学生体验中国》

---

① 以下有关亚美尼亚孔子学院汉语教学的信息主要来自国家汉办/孔子学院总部网页，不再一一注明具体出处。http://www.hanban.org/article，2016 年 11 月 3 日。

图片展。曾经去过中国的学生现身说法，介绍自己在中国的亲身经历和图片内容，更具感染力和说服力。

2011 年 4 月 11 日，中共中央政治局常委李长春参观了亚美尼亚埃里温"布留索夫"国立语言与社会科学大学孔子学院，100 多名孔子学院师生代表挥舞两国国旗欢迎中国贵宾的到来。李长春代表中国政府向孔子学院赠送了孔子铜像，为孔子学院提供 10 个来华进修一学年的奖学金名额，并邀请 20 名学员 2011 年来华参加为期 4 周的汉语夏令营活动。随后，李长春与亚美尼亚文化部部长一起为孔子铜像揭幕，并与学习汉语的亚美尼亚学生进行了亲切交谈，观看了孔子学院学员们的汇报演出。

2012 年 11 月 6—7 日，孔子学院举办第一届国际汉学研讨会，研讨会主题为"亚美尼亚与中国：政治、经济、语言和文化合作 20年"。中国驻亚美尼亚大使、亚美尼亚共和国总统行政处总长、亚美尼亚议会发言人、外交部部长、文化部部长、联合国驻亚美尼亚办事处代表以及来自中国、俄罗斯、乌克兰、德国、保加利亚等国的专家学者出席研讨会。对于汉学研究刚刚起步的亚美尼亚来说，这次研讨会意义重大。2014 年 11 月 4—5 日，孔子学院举办第二届国际汉学研讨会，本次研讨会主题为："中国—亚美尼亚：合作历史与前景展望"。亚美尼亚文化部部长、外交部副部长教育部副部长、"布留索夫"大学校长、中国驻亚美尼亚代办、亚美尼亚各级教育文化主管部门及教学机构的负责人以及俄罗斯、乌克兰、保加利亚、亚美尼亚等国的国际汉学专家等共计 200 余人参加。本次研讨会体现出了很高的科研水平，为两国进一步深化友好合作奠定了良好的基础，推动了亚美尼亚汉语教学事业的持续繁荣发展。2015 年 11 月 20 日，孔子学院举办"21 世纪的丝绸之路：合作与展望"国际论坛。亚美尼亚外交部副部长、文化部副部长、总统府代表、中国驻亚美尼亚大使馆参赞以及来自中国、亚美尼亚的专家学者、孔院师生等 300 余人参加，就"丝绸之路经济带"建设与前景展望和新形势下孔子学院的发展等论题进行研讨。本次论坛为进一步提高亚美尼亚学术界和社会民众对"丝绸之路经济带"的认识、积极探讨两国合作新机制提供了一个重要的平台。2016 年 3 月 23 日，孔子学院邀请亚美尼亚"中国科学与文化中心"主任、亚美尼亚公共商会国际经济合作小组委员会主席穆拉江·伊莎贝拉作了"历史上的中国—亚美尼亚关系"的讲座。孔子学院中外方院长与师生代表等 80 余人到场聆听。穆拉江论述了中—亚两国不可限量的合作前景，介绍了许多鲜为人知的史实，详细讲解了两国在历史上的密切关系。据了解，在接下来的三周时间内，穆拉江还将围绕中—亚政治交往、经济联系、文化互融、人员往来、中国法律等内容展开系列报告和讲座。

2015 年 12 月 3 日，孔子学院与亚美尼亚中小学联盟联合在亚美尼亚国民议会举办第一届亚美尼亚中小学校长"中小学汉语教学前景"研讨会。亚美尼亚国民议会副议长、外交部副部长、教育部副部长、中国驻亚美尼亚大使以及开展汉语教学的中小学校长等近 70 人出席。与会人员就亚美尼亚中小学汉语教学的前景与合作方式进行了深入探讨。

中国传统节日是中国文化的重要组成部分，也是传播推广汉语及中华文化的良机。每到中国传统佳节，亚美尼亚孔子学院就会组织丰富多彩的庆祝活动。2010 年 9 月 25 日，孔子学院在埃里温萨拉扬公园广场举办"庆中秋·中国美食节"，月饼、饺子、包子、炒面、油炸馒头、麻花、焦叶等中国传统美食吸引了 200 多名亚美尼亚大中小学生和埃里温市民。中国驻亚美尼亚使馆代表、亚中友协会长、亚美尼亚文化协会主席、语言与社会科学大学副校长等参加了美食节开幕式。孔子学院学生、中国留学生演唱了《水调歌头》《万水千山总是情》《送别》《十五的月亮》《敖包相会》等中国歌曲，朗诵了多首描写月亮的中国古诗词。亚美尼亚电视台、《共和国报》等媒体报道了此次活动。2011 年 2 月 2 日，中国农历腊月三十，孔子学院贴对联、挂灯笼、穿唐装、备年夜饭，邀请亚美尼亚议会议长、亚美尼亚文化部部长、亚美尼亚教育科学部副部长、教育科学部高教司司长、外交部亚非司司长、亚美尼亚孔子学院理事长（埃里温国立语言与社会科学大学校长）、孔子学院中方院长与孔院师生、埃里温市民一起，品中国美食，话中亚友谊，寄语孔院为亚美尼亚培养出更多更好的汉语人才。2011 年 6 月 6 日，孔子学院中方院长特意从中国山西大学带来糯米、红枣和干粽叶，为孔院师生包粽子、庆端午。汉语教师还为大家介绍了端午节的文化、习俗。2014 年 2 月 14 日，孔院师生来到埃里温"契诃夫"第 55 中学，与孩子们一起庆祝元宵节。这次孔子学院把中国的传统节日带到了当地中学，带动了孩子们学习汉语的热情和对中国的向往。2015 年 2 月 27 日，孔子学院下设"契诃夫"第 55 中学孔子课堂举行"2015 春节联欢会"。中国驻亚美尼亚大使、孔子学院中外方院长、孔子学院全体教师及亚美尼亚部分政府官员、"契诃夫"第 55 中学师生及家长代表共 150 余人参加活动。活动期间，还为该校"汉语语言与文化中心"举行了揭牌仪式。2016 年 2 月，孔子学院在社区和中小学开展"中国文化月"活动，参加活动的民众多达 2500人次。此次"中国文化月"包括春节文化讲座、汉字认知讲座及书法、气功、茶艺体验等活动。活动在"契诃夫"第 55 中学、"马尔加良" 29 中学、国立医科大学附属中等学校受到热烈欢迎。自从亚美尼亚教育与科学部正式批准初级汉语教学大纲并为亚美尼亚孔子学院颁发中小学汉语教学许可证后，希望开设汉语课程的中小学不断增多。

　　2011 年 4 月 20 日，孔子学院在联合国驻亚美尼亚代表处举办"联合国中国语言日"活动，中国驻亚美尼亚大使、亚美尼亚外交部亚太非洲司司长等应邀出席。"联合国中国语言日"由联合国新闻部发起，得到了中国常驻联合国代表团和联合国相关部门的大力支持，旨在推动语言和文化的多样性，以及联合国六种官方语言（英语、法语、俄语、汉语、西班牙语、阿拉伯语）的平等使用。联合国驻亚美尼亚代表处协调员 Dafina Gercheva 女士表示，"中国语言日"活动不仅提高了亚美尼亚人学习汉语、了解中国传统文化的兴趣，同时还向亚美尼亚人民展示了汉语在联合国的重要作用以及联合国各成员国如何因语言的多样性而受益。孔院师生展示了中国书法、中国歌舞、中国服饰、武术等传统文化活动，亚美尼亚主流媒体对活动进行了报道。2012 年 4 月 13 日，亚美尼亚孔子学院举办第二届"联合国中国语言日"活动。2015 年 4 月 20 日，斯拉夫大学孔子课堂举办"联合国中国语言日"活动。

2014 年 12 月 25 日，应亚美尼亚埃里温电台邀请，孔子学院中外方院长共同接受《博览天下》栏目的访问，在节目中系统介绍了孔子学院的职能与发展情况及其在中亚文化交流方面的作用。主持人就孔子学院的未来发展以及汉语教学工作计划等问题对中外方院长进行了采访。这一活动表明，孔院在亚美尼亚社会的影响力越来越深入和广泛。2014 年 12 月 28 日，亚美尼亚"21 世纪"电视台正式播出大型电视纪录片《你好，中国》（亚美尼亚语）。《你好，中国》共 20 集，主要介绍中国传统文化以及今日中国的发展。纪录片的播出，有助于提高亚美尼亚民众了解中国文化、学习汉语的热情，从而推动汉语和中国文化在亚美尼亚的传播。2016 年 1 月 20 日，孔子学院中国语言文化系列节目《中国之声》在亚美尼亚电台"新闻之声"正式开播。《中国之声》包括"跟我学汉语""中国奇迹"和"丝绸之路经济带名人访谈"三大板块，以汉语和亚美尼亚语进行广播。在接下来的一年中，各板块节目将于每周各推出一期，每期节目时间为 10 分钟。"新闻之声"电台系亚美尼亚国家电台，覆盖该国全境。2016 年 7 月 1 日，亚美尼亚国家电视台、ATV 电视台联合正式推出电视纪录片《中国文化百题》，一共有 54 期节目，涵盖了中国文明与艺术、风俗习惯、哲学与宗教、民族风情、名胜古迹等内容，播放周期大约一年。

2013 年 2 月 8 日，孔子学院举办"埃里温市首届大学生汉语作文大赛"。来自孔子学院、语言与社会科学大学东方语言系以及埃里温市其他高校的汉语学习者共 50 多人参加比赛。此次汉语作文比赛旨在检验亚美尼亚汉语教学水平，提高汉语教学质量。2015 年 4 月 10 日，孔子学院举办亚美尼亚首届中文歌曲大赛，来自亚美尼亚 4 所高校、6 所中小学及孔子学院的 21 名选手参赛。亚美尼亚电视台、电台等媒体对此次活动进行了全程报道。2015 年 4 月 25—26 日孔子学院与亚美尼亚传统武术协会共同举办第五届"中国武术节"。来自哈萨克斯坦、阿富汗、伊朗等国的武术代表团以及亚美尼亚国内十余家武术俱乐部的代表应邀出席。亚美尼亚国家电视台等多家媒体对此次表演进行了报道。2016 年 6 月 28 日—7 月 1 日，孔子学院和亚美尼亚传统医学与辅助医学协会联合举办中医培训活动。来自甘肃中医药大学的两位中医医师参加了亚美尼亚国家电视台的中医推广直播节目，并为 50 余名亚美尼亚医生及医科大学学生做了中医文化专题讲座及现场教学。亚美尼亚卫生部人事司司长、亚美尼亚传统医学与辅助医学协会会长、亚美尼亚医科大学东方医学教研室主任等陪同参加各项活动。

2014 年 5 月 8 日，孔子学院举办第十三届"汉语桥"世界大学生中文比赛亚美尼亚赛区选拔赛。中国驻亚美尼亚大使、亚美尼亚国民议会副议长、教育科学部外交部文化部官员、国立语言大学校长、大中小学校长以及各界代表等近 300 人到场观赛。亚美尼亚多所大学层层选拔出来的 9 位优秀选手参加角逐。2015 年 5 月 8 日，孔子学院举办第十四届"汉语桥"世界大学生中文比赛亚美尼亚赛区选拔赛。中国驻亚美尼亚大使、亚美尼亚国民议会副议长、亚美尼亚外交部文化部官员、埃里温市教育局局长、大中小学校长、师生代表和社会各界人士 300 余人到场观看。经过激烈的初选和复选，共有 8 位选手入围决赛。2016 年 4 月 28 日，孔子学院举办第十五届"汉语桥"世界大学生中文比赛和第九届"汉语桥"世界中学生中文比赛亚美尼亚地区选拔赛。亚美尼亚文化部副部长、中国驻亚美尼亚大使、"布留索夫"语言与社会科学大学校长以及亚美尼亚教育界代表、学校校长、师生代表等 300 余人参加。这是亚美尼亚继"汉语桥"世界大学生中文比赛选拔赛后，举行首次"汉语桥"世界中学生中文比赛选拔赛。经过选拔，共有 8 名大学生选手和 6 名中学生进入比赛。"汉语桥"系列赛事在亚美尼亚反响越来越大，新华社驻埃里温分社、亚美尼亚国家电视台、阿拉拉特电视台、亚美尼亚新闻网、106.5电台等主流媒体每年都跟踪采访报道。

目前，亚美尼亚"布留索夫"埃里温国立语言与社会科学大学孔子学院下设有"契诃夫"第55中学孔子课堂、"马尔加良"第29中学孔子课堂、斯拉夫大学孔子课堂3个孔子课堂。

第四节　汉语教学法

亚美尼亚学生感到学汉语很困难，首先认为书写汉字就是一大难题。需要花大量的时间进行反复训练。先把每个汉字拆开一笔一画地教，把它们写在黑板上，告诉学生每个汉字先写哪一笔，再写哪一笔，用汉语拼音再把每一个笔画名称也写出来。经过长时间的训练，学生也就不觉得汉字难写了。大部分语言都有它的书写规律，一旦掌握了书写规律，就不觉得难写了。在这种训练下，也从中慢慢地掌握了汉字的书写规律，甚至有的学生非常有书写汉字的天赋，写的汉字非常漂亮。没学多长时间，学生们居然能写出这么漂亮的汉字，实在是一种可喜的成绩。通过大量的作业训练，学生读的能力和书写汉字的能力也大大地提高了，逐渐解决了汉语读写困难，也为笔试打下了一定的基础。因在这之前，埃里温国立语言大学的汉语课没有笔试，只有口试。自2010年9月开始要求汉语课程要有笔试。每一篇课文都要一句句地领读，第一句学会了，再学第二句，学会第二句后，让学生再从第一句背到第二句，再学第三句，第三句学会了，再让学生从第一句背到第三句，下面再学第四句，就这样一直学完整篇课文后，学生也学会怎么读全篇课文了。这样教的好处是：第一，学生可以反复跟着老师读，在读的过程中既掌握了正确的发音，又学会了课文的正确读法；第二，学生也可以在一遍又一遍读的过程中，掌握课文的内容，然后学生自己背也觉得容易多了。在亚美尼亚，一句一句教学生读课文也是十分必要的方法。在没有汉语语言环境的国家和地区，这种传统的方法效果还是非常好的。学唱中国歌曲，既提高了学生学习汉语的兴趣，也活跃了课堂气氛。每次上课前，利用 5 分钟学唱中国歌曲。临下课前的 5 分钟，再练习学唱中国歌曲。每当这个时候，学生是最高兴的。他们觉得自己能用汉语唱中国歌曲，是一件多么愉快的事。学生学会唱汉语歌曲，也为参加埃里温国立语言大学孔子学院举办的各种中国文化活动准备了节目。这几年，学生多次登台演唱中国歌曲，既展示了汉语学习成果，又在热烈的掌声中获得自信。①

在亚美尼亚有很多中国著作的译本得到广泛阅览，如《论语》《道德经》《孙子兵法》《骆驼祥子》等中国传统和现当代文学作品。在教学过程中，教师先让学生通过读译本对故事梗概有所了解，在此基础上反复使用汉语讲解，这样学生能够将两种语言对应上，同时也能搞懂自我学习时不明白的地方，通过这种"复刻"的方法学习汉语。②

2014 年 11 月 3 日，埃里温"布留索夫"国立语言与社会科学大学孔子学院举办首届亚美尼亚汉语教师培训讲座，吸引来自中国、乌克兰、亚美尼亚等多国汉语教师参加。培训邀请俄罗斯圣彼得堡独立孔子课堂校长、俄籍汉语专家韩丹星博士主讲，一共 8 个学时，涵盖了汉语教师素质及发展、汉语教学方法、教学对策等多方面的问题。2015 年 11 月 21 日，孔子学院邀请北京师范大学著名汉语教学专家、汉语教材《跟我学汉语》的作者陈绂教授举行汉语教师培训，孔子学院院长及教师代表 40 余人参加。培训内容包括"汉字与汉字教学""量词与量词教学""中小学课堂教学"。陈绂教授知识渊博，拥有丰富的对外汉语教学经验，无论是汉字和量词这两大教学难点，还是汉语课堂教学管理，都提供了具体有效的教学方法、教学技巧。

亚美尼亚孔子学院历来高度重视教学质量，长期开展教师间的传

---

① 马建疆：《我是怎么教亚美尼亚学生学汉语的》，《世界汉语教学学会通讯》2013 年第 1 期。
② 米丽娜：《亚美尼亚的汉语教育》，硕士学位论文，陕西师范大学，2015 年，第 15 页。

帮带工作。从 2014 年开始，新学年开始之前，孔子学院都召集新任汉语教师志愿者及有经验的汉语教师共同交流传授教学经验。2014 年 9 月 3 日，孔子学院举办首次新汉语教师试讲暨汉语教学经验交流会。国立语言与社会科学大学校长、外事处长、孔子学院中外方院长、斯拉夫大学汉语教学负责人及汉语教师志愿者出席。2015 年 9 月 4 日，孔子学院举办第二届新汉语教师试讲暨汉语教学经验交流活动。国立语言与社会科学大学校长、外事处长、孔子学院中外方院长及全体汉语教师共计 18 人参加。2016 年 8 月 27—28 日，孔子学院举办第三届新教师试讲暨汉语经验交流会，20 余名新老教师参加。每年的经验交流会主要由新教师试讲、老教师点评和教师经验交流两部分组成。每位新教师试讲结束后，老教师们都做细致点评、提出中肯建议。然后，有经验的老师会为新到任的教师展示示范课、分享教学的成功经验和心得体会，并详细介绍亚美尼亚汉语教学实际情况、亚美尼亚学生学习汉语特点、亚美尼亚汉语课堂管理等方面问题及经验。这种交流活动有利于新手教师尽快进入角色、更好开展汉语教学。

本章主要参考文献

马晓华：《近年中国和亚美尼亚两国的双边关系》，《中外企业家》2015 年第 2 期。

马建疆：《我是怎么教亚美尼亚学生学汉语的》，《世界汉语教学学会通讯》2013 年第 1 期。

米丽娜：《亚美尼亚的汉语教育》，硕士学位论文，陕西师范大学，2015 年。

田二龙：《牵手亚美尼亚》，《人民日报》2015 年 8 月 14 日第 3 版。

《山西日报》记者：《山西大学与亚美尼亚埃里温国立语言大学合作，我省在国外推出首个孔子学院》，《山西日报》2008 年 12 月 23 日第 B2 版。

后　记

　　2005 年 9 月，我报考中国教育部组织的"汉语作为第二语言教学能力证书（高级）"的考试，开始深入了解"对外汉语教学"。虽然当年我就顺利拿到了当时最高等级的"高级能力证书"，但"纸上得来终觉浅"，我没有任何"对外汉语教学"经历和经验。2008—2010 年，我作为教育部"国家公派汉语教师"赴蒙古国立大学外国语言文化学院中文系教授汉语，终于有机会把理论运用于实践，在实践中提高理论水平。

　　在蒙古国的两年时间里，圆满完成汉语教学工作是我的主要目标和任务，但收获的远不止"汉语教学能力的提升"。在一所刚刚开始开展汉语教学的小学，我请蒙古汉语老师帮我对一个一年级的小姑娘说："看见你就像看见我的女儿"，小姑娘马上主动拥抱我、亲吻我；一个周末，我在乌兰巴托街头偶遇我国立大学的学生和她的妈妈，她妈妈一遍遍用汉语说"您好"，学生告诉我：我妈妈很高兴很激动，她特别感谢中国老师来蒙古教汉语；我教的和辅导的蒙古大学生、中学生代表蒙古国参加"汉语桥"世界大学生、中学生汉语比赛，取得优异成绩，他们回到蒙古国，兴奋地讲述在中国的所见所闻、激动地欢呼"我要到中国学汉语"；在蒙古国"教师节"上，中蒙汉语老师一起唱《甜蜜蜜》；在国立大学中文系学生的毕业典礼上收获的满怀的鲜花……这一次，在调查蒙古国汉语教学状况时，那一所所熟悉的学校的名字，是一张张鲜活的笑脸。蒙古两年多的汉语教学经历，最大的收获是真正理解了为什么说"对外汉语教学是一项国家和民族的事业"。

2014 年，孔子学院成立 10 周年，我参加河南省教育厅组织的"我是中文使者"宣讲活动，在演讲中，我说："2009 年中蒙建交 60 周年，两国还是'睦邻互信伙伴关系'；2014 年，国家主席习近平访问蒙古，两国关系已经提升为'全面战略伙伴关系'。在这个过程中，许许多多和我一样的'中文使者'奉献了自己的一份绵薄之力。"今天，呈现在大家面前的这本书，是我的另一份"绵薄之力"，为"一带一路"这项造福沿线国家人民和世界人民的伟大事业奉献的"绵薄之力"。由于时间仓促、水平有限，书稿势必还存在一些不足，敬请专家学者批评指正。

一个人的力量太过"绵薄"。本书写作过程中，参考了诸多专家学者的研究成果，在此对引文作者表示深深的感谢！感谢信阳师范学院文学院领导的大力支持！感谢我们这套丛书编写团队"小伙伴们"的相互扶持、不离不弃！感谢我的学生孟爽在资料收集过程中给予的帮助。最后要特别感谢著名汉语国际教育专家赵金铭教授为丛书惠赐佳序！

钱道静

2016 年 12 月 10 日